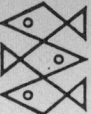

Über dieses Buch

Ausführlich hat die Psychoanalyse bisher den Sexualneid der Frau auf den Mann untersucht und beredet. Bettelheim weist nach, daß ebenso ein Neid des Mannes auf die Frau existiert.

Die Männer in primitiven Gesellschaften fügen sich symbolische Wunden zu, um teilzuhaben an der Macht und Stärke der Frauen, menstruieren und gebären zu können. Die Wunden sind Ausdruck des Neides wie Formen seiner Befriedigung.

Mit seiner Integration von Anthropologie und Ich-Psychologie erweitert und vertieft Bettelheim nicht nur unser Verständnis für die Initiationsriten und die höchst variantenreiche Geschlechterrollenausprägung primitiver Gesellschaften, er erschließt damit auch eine neue Interpretation der Kastrationsangst und des Ödipuskomplexes.

Für unsere Gesellschaft schließt Bettelheim, daß wir die diese symbolischen Wunden und Initiationsriten ersetzenden Lösungen erst noch finden müssen: »Jedes Geschlecht könnte dann größere innere Autonomie erreichen, könnte die eigene Rolle und die des anderen besser akzeptieren, und die beiden Geschlechter könnten in befriedigenderer Weise miteinander leben.«

Der Autor

Bruno Bettelheim, 1903 in Berlin geboren, studierte dort Psychologie und Philosophie. Er war bis 1938 als Psychoanalytiker tätig und emigrierte 1939, nach einjähriger Haft in den Konzentrationslagern Dachau und Buchenwald, in die USA. Dort leitete er fast dreißig Jahre die »Orthogenic School« in Chicago, eine Modellschule vorwiegend für emotionell gestörte Kinder und jugendliche Erwachsene. Bruno Bettelheim ist Professor für Erziehungswissenschaften, Psychologie und Psychiatrie an der Universität Chicago. Durch seine Veröffentlichungen zur Kindererziehung, zur Entwicklungs- und Sozialpsychologie sowie zu anthropologischen und ethnologischen Themen in psychoanalytischer Sicht wurde er weltweit bekannt.

BRUNO BETTELHEIM

Symbolische Wunden

Pubertätsriten
und der Neid des Mannes

Mit einem Vorwort des Autors
zur deutschen Ausgabe

Aus dem Amerikanischen
von Helga Triendl

FISCHER TASCHENBUCH VERLAG

FISCHER WISSENSCHAFT

Ungekürzte Ausgabe
Fischer Taschenbuch Verlag
November 1982

Fischer Taschenbuch Verlag GmbH, Frankfurt am Main
Lizenzausgabe mit freundlicher Genehmigung
der Kindler Verlag GmbH, München
Für die deutschsprachige Ausgabe:
© 1975 Kindler Verlag GmbH, München,
alle Rechte bei
Fischer Taschenbuch Verlag GmbH, Frankfurt am Main.
Der Übersetzung zugrunde liegt die 4. Auflage
der amerikanischen Originalausgabe
»Symbolic Wounds – Puberty Rites and the Envious Male«,
erschienen bei Collier Books New York
(Collier Macmillan International Inc., New York),
© 1954 by the Free Press, A Corporation.

Umschlaggestaltung: Mendell & Oberer
Druck und Bindung: Clausen & Bosse, Leck
Printed in Germany
980-ISBN-3-596-27322-6

Inhalt

Dem Gedächtnis Sigmund Freuds gewidmet,
dessen Theorien über die Sexualität
und das Unbewußte ein tieferes Verständnis
des menschlichen Geistes möglich machen.

Vorwort zur deutschen Ausgabe

Ich freue mich sehr, daß dieses Buch nun auch dem deutschen Leser zugänglich sein wird. Seit dem ersten Erscheinen des Buches sind zwanzig Jahre vergangen und zwölf, seit ich es überarbeitete, um es auf den neuesten Stand zu bringen. In diesen Jahren erhielt ich viele Zuschriften, die meine Entdeckungen bestätigten und mir neues, meine These stützendes Fallmaterial lieferten. Durch die wachsende Freiheit, sexuellen Druck zuzugeben und auszuagieren, wurden immer häufiger Beispiele von europäischen Männern bekannt, die so unzufrieden mit ihrer Männlichkeit waren, und die so sehr wünschten, selbst eine weibliche Erscheinung sowie weibliche Sexualorgane zu haben, daß sie unglaublich schwierige und schmerzvolle chirurgische Eingriffe über sich ergehen ließen, um eher wie Frauen auszusehen. Am Ende sind sie weder Männer noch Frauen. Gäbe es für sie so etwas wie ein Ritual, durch das sie in symbolischer Form am Geheimnis des Weiblichen teilnehmen könnten, so hätten sie vielleicht nicht das Bedürfnis verspürt, Teile ihres Körpers zu zerstören, ohne dadurch irgendwelche funktionellen Vorteile zu gewinnen. Sie mußten sich echte Wunden zufügen, weil unsere Kultur ihnen nicht die Möglichkeit anbietet, sich in einer Weise symbolisch zu verwunden, die ihre emotionalen Bedürfnisse befriedigen würde. Als ich überlegte, was ich dieser neuen deutschen Ausgabe hinzufügen könnte, schien mir dies das einzige, worauf ich den Leser aufmerksam machen wollte.

Im Januar 1975

Bruno Bettelheim

Vorwort

Die Beobachtungen an Kindern der Sonia Shankman Orthogenetischen Schule der Universität von Chikago, die zuerst mein Interesse an Initiationsriten wachriefen, wurden von verschiedenen Mitarbeitern gemacht, denen ich hiermit meinen Dank und meine Anerkennung aussprechen möchte.

Weil ich in diesem Buch mein Spezialgebiet und meine Kompetenz überschritt, waren Rat und Kritik von Freunden und Spezialisten sehr erwünscht und willkommen. Ich möchte hier besonders die vielen hilfreichen Vorschläge erwähnen, die ich für die erste Fassung des Buches erhielt von Paul Bergmann, William Caudill, Fred Eggan, Robert Fliess, Maxwell Gitelson, Jules Henry, Morris Janowitz, Gardner Murphy, David Rapaport, Fritz Redl, Jack Seeley, Walter Weisskopf und Fred Wyatt. Sie alle sind für keinen der Mängel des Buches verantwortlich (von denen sie mir einige aufgezeigt haben), sondern trugen eine Menge zu den etwaigen Verdiensten bei.

Jenen, welche später das Buch besprachen, möchte ich für ihre hilfreiche Kritik und für die Nachsicht danken, mit der sie einen Neuling auf dem Gebiet der Anthropologie behandelten. Auf manches ihrer Kritik bin ich im Text selbst eingegangen; aber bei einigen Punkten habe ich es vorgezogen, sie hier abzuhandeln, da sie sich mit der Methode an sich, die ich anwandte, befassen und nicht mit einigen speziellen Schlüssen, zu denen ich kam.

Ich wurde beschuldigt (und rechtens, falls so etwas falsch ist), »alle primitiven Völker in einen Topf zu werfen«[1] und »Kind, Psychotiker und primitiven Menschen gleichzusetzen«.[2/3] Und es stimmt: Ich bin überzeugt, daß alle Menschen gewisse Gefühle, Wünsche und Ängste teilen, daß diese nicht nur bei verschiedenen Naturvölkern verbreitet sind – wie auch bei Kindern, psychotischen Erwachsenen und dem Urmenschen – sondern bei uns allen. Sowohl die Praxis der Psychoanalyse als auch meine Arbeit mit Schizophrenen – alles Mitglieder der modernen westlichen Gesellschaft – haben mich, wie viele andere vor mir, überzeugt, daß man dieselben Tendenzen in allen Menschen entdecken kann und auch tatsächlich entdeckt. Bei Kindern und manchen Schizophrenen werden sie leichter und offener sichtbar, während sie bei »normalen« westlichen Erwachsenen vielleicht sorgfältig verborgen sind.

Weit davon entfernt, zwischen dem primitiven Menschen (in der Naturgesellschaft oder auch sonst) und schizophrenen Jugendlichen Parallelen ziehen zu wollen, versuchte ich zu zeigen, wie ähnlich die primitiven Wünsche aller Menschen sind. Die Parallele tritt lediglich bei schizophrenen Jugendlichen deutlicher zutage (die sich radikal der Anpassung an die Forderungen entzogen haben, welche dem modernen Menschen des Westens gestellt werden) und jenen, die niemals das Problem hatten, diese Forderungen zurückzuweisen, deren Verhalten den Forderungen ihrer eigenen Gemeinschaft eher entspricht als sie zu verletzen.

Wir haben kaum einen Beweis dafür nötig, daß Männer Ehrfurcht vor der lebenspendenden Kraft der Frauen empfinden, daß sie wünschen, daran teilzunehmen und daß beide Gefühle in der westlichen Gesellschaft leicht anzutreffen sind. In der Tat sehen manche Dichter diese Gefühle als die Quelle einiger der höchsten Errungenschaften des westlichen Geistes an,[4] und mindestens ein Literaturkritiker ist zu einem ähnlichen Schluß gekommen.[5] Meine Absicht war, zu zeigen, daß einige Naturgesellschaften, die uns in dieser Hinsicht keineswegs unterlegen sind, den spontanen Schritt von der negativen Erfahrung der Furcht zur positiven Erfahrung, die Furcht zu bewältigen, taten – indem sie versuchten, die Macht der Frauen zu ihrer eigenen zu machen.

Dies erkannte ein Freund und Rezensent, als er sagte: »Der Autor scheint mir jedoch seinen Fall nicht so sehr zu stützen, wie er könnte, wenn er den Transvestismus abhandelte – zum Beispiel bei den Indianern der Plains – als eine teilweise Flucht der Männer vor der Verantwortung der männlichen Rolle mit ihrem Zwang zu kämpfen und zu streben, während die neue (Berdache)*-Rolle ebenfalls die Gebärbürde und den Menstruationsfluch umgeht, die Los der Frauen sind. In der modernen Welt, wo diese formalisierte Flucht fehlt, dient vielleicht die Homosexualität ähnlichen Zwecken; aber im ganzen gesehen müssen Männer, kraft gerade der patriarchalischen Dominanz, die sie an die Spitze stellt, das Ausmaß ihrer Sehnsucht nach der Einfachheit und den unbestreitbaren Fähigkeiten des Weiblichen unterdrücken, wohingegen Frauen viel freier sind, ihren Neid auf Ausstattung und Rolle des Mannes zu äußern.«[6]

Gerade weil dieser Wunsch im Mann des Westens so tief unterdrückt wird und heutzutage die Furcht vor einem solchen Begehren so groß ist, fliehen so viele Männer in die offene oder unbewußte Homosexualität.

Kurzum, weit entfernt davon, »alle primitiven Völker in einen Topf zu werfen«, bin ich überzeugt, daß sie mit allen von uns gewisse Bedürfnisse und Wünsche teilen, die für die Menschheit grundlegend sind. Diese Gefühle sind so grundlegend, daß sie um so stürmischere Schicksale erfahren, je komplexer die Gesellschaften sind; bei einigen Gesellschaften werden Gefühle auf ausgeklügelte Weise unterdrückt, verleugnet und zugedeckt; bei anderen werden sie auf ebenso komplizierte Art in gesellschaftliche Bräuche transformiert; oder es geschieht beides. Noch einmal: diese Wünsche sind nicht deshalb primitiv, weil sie zu primitiven Menschen gehören, sondern weil sie buchstäblich primär, ursprünglich, nicht abgeleitet sind. So handelt mein Buch nicht vom primitiven Menschen (ein Konzept, für das ich keine Verwendung habe), sondern vom Primitiven in allen Menschen (was mich außerordentlich interessiert).

---

* Das indianische Wort für eine männliche Prostituierte (»Tunte«), die in der Prostitution die weibliche Rolle übernimmt.

Ich habe keinen Grund, mich mit jenen Ethnologen und Anthropologen zu streiten, die fürchten, daß, wenn wir das allen Menschen Gemeinsame überbetonen, die großen Unterschiede zwischen Stämmen und Sitten, die zwar sehr ähnlich in Äußerlichkeiten sind, verdunkelt werden. Ihre Position korrigiert einen früheren Ethnozentrismus, der versuchte, Gebräuche nach dem Grad ihrer Ähnlichkeit mit den unseren zu beurteilen. Gewiß widmet sich die Psychoanalyse den einzigartigen Wegen, auf welchen jeder von uns sich mit den primitiven Bedürfnissen und Ängsten befaßt, die wir mit allen Menschen teilen. Die Unstimmigkeit, falls eine solche zwischen meinen Kritikern und mir herrscht, liegt darin, daß meiner Meinung nach die Pubertätsriten sich auf etwas so Primitives beziehen, daß alle Menschen daran teilhaben; diese These wird entweder angefochten, oder man ist einfach stärker daran interessiert, wie verschieden die Tendenz in verschiedenen Kulturen erlebt wird.

Ich bin der Überzeugung, daß die wissenschaftliche Entwicklung oft ein dialektischer Prozeß ist, wenigstens in jenen Wissenschaften, die sich mit Menschen in ihren Interaktionen befassen: Die totalen Verallgemeinerungen bilden die These; die Untersuchung der spezifischen Unterschiede bildet die Antithese, welche die alten Verallgemeinerungen sprengt. Im Falle der Initiationsriten führte eine Reihe von übertriebenen Verallgemeinerungen, die zu wenig auf Einzelheiten eingingen, zu einer psychoanalytischen These; jene Funktionsanthropologen, die darauf beharrten, daß spezifische Unterschiede die Gesamtthese ungültig machten, waren eine sehr notwendige Antithese. Dieses Buch kann also als ein Versuch gesehen werden – wie unzureichend auch immer, vielleicht sogar verfrüht – zu einer neuen Synthese zu gelangen. Falls dann ein neuer antithetischer Prozeß einsetzt, wird er schließlich eine neue Synthese auf einer höheren Ebene des Verständnisses bringen.

Am Ende dieser Abschweifung in die Verdienste oder Nachteile von Verallgemeinerungen bezüglich der Kulturen verweise ich den interessierten Leser auf eine erst kurz zurückliegende Kontroverse über Frazer, den Vater der modernen Anthropologie, der die beiden gegensätzlichen Positionen zusammenfaßt.[7] Solange solche Kontroversen weitergehen, können wir vielleicht zu einer höheren Synthese gelangen.

Bruno Bettelheim

Ein uraltes Rätsel

Die ersten Erfindungen des menschlichen Geistes sind – nachdem dieser sich nicht mehr ausschließlich mit dem Überleben beschäftigen mußte – wahrscheinlich frühe Ansätze zu religiösem Ritual und Glauben gewesen. Ursprung und Urform dieser ersten Schöpfungen menschlicher Vorstellungskraft werden wohl für immer in das gleiche Dunkel gehüllt bleiben, das auch die Anfänge des Menschen selbst, die frühe Entwicklung seines Geistes und den Beginn seiner Sozialstrukturen umgibt. Glauben und Rituale der Naturvölker unserer Tage stellen nur die jüngsten Phasen eines langen und komplexen Vorganges dar, der uns, wie ihnen selbst völlig unbekannt ist. Wir können also nichts Genaues über ihren Ursprung aussagen, wenn wir die Wesenszüge untersuchen, die sie heute aufweisen. Dennoch gibt es kaum ein faszinierenderes Thema, über das man spekulieren kann; unsere Neugierde läßt uns fragen, wie wohl die ersten religiösen Gedanken und Rituale des Menschen beschaffen waren, und welche emotionalen Bedürfnisse sie befriedigen sollten. Rituale und jene Strukturen, die dem sozialen Zusammenhalt dienen, sind so innig verflochten, daß oft schwierig zu erkennen ist, wo das eine endet und das andere anfängt. Dies gilt besonders für Initiationsriten, denen diese Arbeit gewidmet ist.*

Aber wie auch immer Ursprung und Bedeutung der Initiationsriten sein mögen, sie müssen aus tiefen menschlichen Bedürfnissen entstehen, da sie offensichtlich bei vielen Völkern unabhängig voneinander – wenn auch in unter-

---

* Wenn ich hier und im weiteren von Initiation spreche, so verstehe ich darunter die Aufnahme des Adoleszenten in das Erwachsenenleben durch besondere Rituale. Die vielen anderen Initiationszeremonien (zum Beispiel jene, durch die ein Erwachsener in eine geheime Gemeinschaft aufgenommen wird) liegen außerhalb des Rahmens dieser Diskussion.

schiedlicher Gestalt – aufgetreten sind. Frazer, der fast alle Riten und Mythen untersucht hat, kam zu der Überzeugung, daß sie »das zentrale Mysterium der primitiven Gesellschaft«[1] * darstellen. So ist zum Beispiel die Beschneidung, die in vielen Initiationsriten eine auffallende Rolle spielt, eine der am weitesten verbreiteten Sitten. Es scheint, daß nur die Indogermanen, die Mongolen und die finnisch-ugrischen Völker sie bis in die Neuzeit überhaupt nicht kannten.[2]

Doch selbst wo die Kenntnis dieses Eingriffs sich durch Diffusion ausgebreitet haben mag, übernimmt ein Volk, wie Ashley-Montagu beobachtet hat, nicht einfach einen solchen Brauch in einer Art osmotischem Prozeß.[3] Eine derart merk-würdige Verstümmelung, die man sowohl bei den primi-tivsten als auch bei den höchst zivilisierten Völkern und auf allen Kontinenten antrifft, muß tiefgründige Bedürfnisse widerspiegeln.

Dennoch hätte ich mich wahrscheinlich nicht so weit von meinem eigenen Interessengebiet entfernt und mich in das mir fremde Reich der Anthropologie gewagt, wenn es hier nur um eine weitere Diskussion über Initiationsriten oder Beschneidung gegangen wäre. Ich bin Laie auf dem Gebiet der Anthropologie und kann mich also nur für die Irrtümer entschuldigen, die möglicherweise dem unterlaufen, der sich außerhalb seines eigenen Fachgebietes bewegt. Was als kurze Abhandlung begann, entwickelte sich zu einer Monographie, als ich mich mit einem Tatbestand konfrontiert sah, der ein zentrales theoretisches Problem der Psychologie darzustellen schien. Aus Gründen, die ich bald nennen werde, erhob sich die Frage: Aus welchem Blickwinkel kann man mensch-liches Verhalten am besten begreifen: aus dem der inneren Freiheit und der menschlichen Autonomie oder dem des Zwangs blinder Triebmächte oder gefühlloser Gewalten der Tradition?

* Die hochgestellten Ziffern beziehen sich auf die Literaturhinweise der einzel-nen Kapitel; siehe ab S. 237 (Anm. d. Red.)

In vielen Gesellschaften, insbesondere in einigen der primitivsten, ist das Initiationsritual in doppelter Hinsicht von Bedeutung: erstens als Erlebnis, das die Gruppe verbindet, und zweitens als erlesenste Zeremonie des Stammes. Aufgrund dieser zweifachen Bedeutung und vielleicht auch gewisser merkwürdiger, geradezu furchteinflößender Einzelzüge wegen haben die Initiationsrituale die Aufmerksamkeit so vieler moderner Soziologen und Psychologen auf sich gezogen.

Obwohl sehr viel über diese Rituale geschrieben wurde, sind zur Erklärung ihres Wesens und ihrer Bedeutung im Grunde doch nur zwei Modelle angeboten worden, das eine von der Anthropologie, das andere von der Psychoanalyse. Erstere interpretiert im allgemeinen diese Riten als ganzheitliches Phänomen; die zweite greift einfach einen speziellen Punkt heraus, häufig den Brauch der Beschneidung, und erklärt die Riten auf dieser Grundlage.

Anthropologische Interpretationen

Die Anthropologen sehen heute die Initiation als *rite de passage** an, der die Jugendlichen in die Erwachsenengemeinschaft einführt. Früher befaßten sich die Anthropologen im allgemeinen nicht mit den Hintergründen der Anwendung eines besonderen Verfahrens; folglich ließen sie die Rolle der zentralen und erschreckenden Einzelheiten wie Beschneidung und andere Verstümmelungen ungeklärt. Sie neigten dazu, die psychologischen Motive außer Acht zu lassen, die diese Einrichtung im allgemeinen und die Bedürfnisse, die der Mensch durch besondere Einzelheiten zu befriedigen hofft, möglicherweise erklären. Doch diese Bedürfnisse sind meiner Meinung nach entweder ständig vorhanden oder müssen in jeder Generation neu auftreten; und

* Übergangsritus (magischer Reinigungsbrauch beim Eintritt in einen neuen Lebensabschnitt; vgl. Initiation (Anm. d. Red.)

da die Riten überleben, müssen sie zumindest teilweise befriedigend sein (außer natürlich, man nimmt an, daß sie heute andere Bedürfnisse als früher befriedigen).

Viele Anthropologen sind der Auffassung, daß der Hauptzweck vieler Einzelheiten des Rituals darin besteht, den Initiationsbereiten von seiner alten Gruppe zu trennen, um ihn dann nach einer Zeitspanne relativer Isolation um so wirkungsvoller in die neue Gruppe einzuführen. Andere sind der Auffassung, daß wichtige Einzelheiten dazu dienen, den Jugendlichen in das Wissensgut des Stammes einzuführen. Speiser, zum Beispiel, faßt – obwohl auch er eine psychologische Erklärung sucht – die Initiation hauptsächlich als Versuch auf, den Jugendlichen auf seinem Weg zum Erwachsensein anzutreiben, indem man ihm die »Lebenskraft« vergangener Generationen übermittelt.[4] Allerdings verrät er uns nicht, *warum* dies durch das Ausschlagen eines Zahnes, durch Beschneidung oder durch die Subinzision* bewirkt wird. Obwohl ihm bewußt ist, daß dies die Subinzision nicht ausreichend erklärt, sieht er in ihr doch nicht viel mehr als eine Ergänzung der Beschneidung. Ohne die Frage aufzuwerfen, oder sie zu beantworten, warum ein solcher Zusatz benötigt wird, und warum man gerade diese merkwürdige Methode wählte, gibt er doch stillschweigend die Berechtigung solcher Fragen zu, wenn er bemerkt, daß er bis jetzt noch keine bessere psychologische Erklärung anbieten könne.[7]

Nach Miller »sollen die Initiationszeremonien den Jugendlichen von seiner unbedeutenden Vergangenheit abschneiden, als ob er gestorben wäre, und ihn danach in die völlig neue Existenz eines Erwachsenen auferstehen lassen.«[8]

---

* Durch die Subinzision des Penis »wird die Harnröhre vom Meatus bis zum Scrotum freigelegt.«[5] Spencer und Gillen, die sehr ausführlich über den australischen Stammesbrauch der Subinzision berichtet haben, erklären, daß »dieser zweifellos ein höchst ungewöhnlicher Brauch ist, und überdies einer, von dem man annehmen könnte, daß er schwere Konsequenzen hat; doch offensichtlich kommt es nie zu solchen, obwohl nach Art der Eingeborenen der Eingriff nur mit Hilfe eines scharf geschliffenen Feuersteins ausgeführt wird.«[6]

Er sieht in der Initiation »eine systematische zeremonielle Einführung des Adoleszenten in die volle Teilnahme am sozialen Leben. ... Solche Bräuche stellen Bemühungen dar, den Jugendlichen verläßlich in die herrschende Sozialordnung einzufügen und dienen dazu, den sozialen Zusammenhalt weiter zu festigen.«[9] Dies ist zweifellos richtig; doch hierdurch wird zum Beispiel nicht die Funktion der regelmäßig zugefügten Verstümmelungen erklärt.

In jüngerer Vergangenheit haben die Funktionsanthropologen der sozialen und psychologischen Bedeutung der Riten größere Beachtung geschenkt. Sie beschreiben die Einzelheiten und analysieren die sozialen Aspekte, doch im großen und ganzen erklären sie nicht, warum sich die mannigfaltigen Erscheinungsformen überhaupt entwickelt haben und weshalb eine Praktik der anderen vorgezogen wird. Malinowski zum Beispiel hat wie in der folgenden Darstellung, ziemlich ausführlich über die Funktion geschrieben, die die Initiation für die Gesellschaft hat:

»In ihrer weiten Verbreitung zeigen sie doch gewisse höchst erstaunliche Ähnlichkeiten. So müssen die Novizen eine mehr oder minder lange Zeit der Abgeschlossenheit und Vorbereitung auf sich nehmen. Dann kommt die eigentliche Initiation, in der der Jugendliche, nachdem er durch eine Reihe von schweren Prüfungen hindurchgegangen ist, schließlich einem Akt der körperlichen Verstümmelung unterworfen wird: im mildesten Fall einem leichten Schnitt oder dem Ausschlagen eines Zahnes; oder, bereits härter, der Beschneidung; oder, nun wirklich grausam und gefährlich, einem Eingriff, wie ihn die Subinzision darstellt, die bei einigen Stämmen Australiens gebräuchlich ist. Die qualvollen Prüfungen sind gewöhnlich mit der Vorstellung des Todes und der Wiedergeburt des Initiierten verknüpft, welche manchmal in einer mimetischen Darstellung ausgedrückt werden. Doch jenseits der Mutprobe, weniger auffällig und weniger dramatisch, in der Realität jedoch von größerer Bedeutung, liegt der zweite Hauptaspekt der Initiation: die systematische Unterweisung des Jugendlichen im heiligen Mythos und der Tradition, die stufenweise Entschleierung der Stammesmysterien und das Zurschaustellen der geweihten Gegenstände.«[10]

Die Entscheidung darüber, welche Elemente der Rituale »in der Realität wichtiger« sind, wird hier von Malinowski getroffen; mir scheint jedoch, daß hier ein angenommenes Endziel überbetont und der Weg, auf dem es zu erreichen ist, vernachlässigt wird. Wir können in keinem Fall sicher sein, daß das, was der westliche Beobachter als Weg und Methode betrachtet, nicht in Wirklichkeit das Ziel ist, und daß das, was er als Ziel ansieht, nicht ein mehr oder weniger zufälliges Resultat oder eine Verfeinerung der Methode ist.

Viele anthropologische Berichte über die Riten der einzelnen Stämme, besonders die jüngeren Arbeiten der Funktionsanthropologen, kommen dem viel näher, was wie eine richtige Erklärung aussieht. Mead, zum Beispiel, meint, daß in der Initiation die Männer versuchen, die Funktionen der Frauen zu übernehmen.[11] Ashley-Montagu[12], Bateson[13], die Berndts[14] und andere haben die wichtige Rolle erkannt, die weibliche Funktionen, wie Menstruation und Niederkunft, im emotionalen und rituellen Leben der Naturvölker spielen. Wenn diese Interpretationen alle gesammelt und auf Pubertätsrituale angewandt würden, könnte sich daraus eine andere Auffassung der Zeremonien ergeben.

Psychoanalytische Interpretationen

Gewisse psychoanalytische Vorstellungen über Initiation und Beschneidung haben sich, obwohl sie niemals von der Mehrheit der Anthropologen akzeptiert wurden, weit über den Kreis der Psychoanalytiker hinaus ausgebreitet und das Denken vieler Laien beeinflußt. Psychoanalytische Forscher haben im Gegensatz zu Anthropologen ihre ganze Aufmerksamkeit der Deutung von zeremoniellen Einzelheiten gewidmet. Während jede Diskussion über Initiationsriten sich stark auf anthropologische Feldbeobachtungen stützen muß, scheinen die psychoanalytischen Theorien handlichere Kategorien anzubieten, um Wesen, Ursprung und Funktion – kurz, den Sinn – von einigen Hauptwesenszügen zu erklären, die mich am meisten interessieren.

Die psychoanalytischen Theorien der Beschneidung und damit verwandter Bräuche bei den Naturvölkern sind ausführlich erörtert, wiederholt angeführt und in jüngerer Vergangenheit (von Nicht-Anthropologen) öfter akzeptiert als abgelehnt worden. Wenn ich es für nötig erachte, sie zu revidieren, so beinhaltet dies keine Kritik an der Psychoanalyse als Bezugsschema oder als Forschungsmethode. Im Gegenteil, meine eigenen Anstrengungen, diese Rituale zu verstehen, gründen sich auf beides.

Die gegenwärtige psychoanalytische Theorie über die Initiationsriten nimmt als Ausgangspunkt die Kastrationsangst und den Ödipuskonflikt an. Doch hat sich mir der Schluß aufgedrängt, daß wir, wenn wir eine adäquate Erklärung der Pubertätsriten finden wollen, genauso, wie wir es in der psychoanalytischen Praxis und Theorie gelernt haben, weiter zurück in die Kindheit und jenseits des Alters der ödipalen Situation gehen und viel früher liegende emotionale Erfahrungen in Betracht ziehen müssen; dazu gehören die enge Bindung des kleinen Kindes, – gleichgültig ob Junge oder Mädchen – an die Mutter; die Ambivalenz des Mannes und seine positiven Gefühle für weibliche Gestalten; und die aus prägenitalen Fixierungen herrührende Ambivalenz der Jungen und Mädchen, ihre vorgeschriebenen erwachsenen Geschlechtsrollen anzunehmen. Es scheint mir, daß diese eine adäquatere Basis zum Verständnis der Initiationsriten darstellen als die gegenwärtige analytische Theorie. Nach dieser entspringen die Ereignisse dieser Zeremonien der Eifersucht der Väter auf ihre Söhne, und ihre Absicht ist, sexuelle (Kastrations-) Angst zu schaffen und das Inzestverbot abzusichern.

Je weiter meine Studie fortschritt, desto mehr beeindruckte mich in der Tat eine ganz andere psychoanalytische Prämisse zu einem Verstehen der tieferen Bedeutungen und Funktionen der Initiationsriten: die Prämisse, daß *das eine Geschlecht in bezug auf die Sexualorgane und -funktionen des anderen Neid empfindet.*

Freud dachte, daß alle Menschen mit bisexuellen Neigungen[15] geboren seien und sprach von »der großen Rätselhaftigkeit der biologischen Tatsache der Zweiheit der Geschlechter.« Er spürte, daß dieses Problem nicht durch die Psychoanalyse gelöst werden könne, obwohl diese im Seelenleben der Menschen viele Reaktionen auf das, was er »diese große Antithese« der Geschlechter nennt, aufdeckt.[16]

Als ich erst einmal begonnen hatte, diese Rituale weniger in Hinblick auf die Kastrationsangst als auf die Dualität der Geschlechter zu sehen, wurde immer deutlicher, daß diese Riten wohl aus dieser Antithese entstanden, vielleicht sogar Versuche waren, die Sexualangst und den daraus erwachsenden Neid zu bewältigen.

Ein weiterer bedeutsamer Gegensatz gehört zu den Pubertätsriten. Wenn man sie als Reifungszeremonien bezeichnet, wird man der besonderen Alterstrennung nicht gerecht, die sie markieren. Die Antithese zwischen sexueller Reife und Unreife muß daher ebenfalls in Betracht gezogen werden. Mit sehr geringen Ausnahmen sind Initiationsriten durch die Tatsache charakterisiert, daß sie etwa zur Pubertät stattfinden. Sie werden daher auch »Pubertätsriten« genannt. Die Psychoanalytiker wurden besonders von der Beschneidung, einem der erstaunlichsten Wesenzüge, eingenommen; indem sie ihre Aufmerksamkeit in erster Linie diesem Ritus zuwandten, stellten sie eine direkte Verbindung zwischen ihm und der Säuglingsbeschneidung her.

Wenn sie stattdessen von der Tatsache ausgegangen wären, daß die Initiation in der Pubertät stattfindet, wäre wohl Freuds Bemerkung mehr Beachtung geschenkt worden, daß erst in der Pubertät eine scharfe Sonderung von männlichem und weiblichem Charakter errichtet wird.[17] Somit scheinen die Riten das Ende eines Lebensabschnittes zu akzentuieren, in dem die Unterscheidung noch nicht voll besteht, und einen neuen Abschnitt zu verkünden, der frei sein sollte von der Ambivalenz bezüglich der erwachsenen Geschlechtsrolle. Dies stimmt mit der fast einheitlichen Ansicht der Anthropologen überein: daß ein Hauptzweck dieser Riten die endgültige Trennung der Kindheit vom Erwachsenenalter ist.

Als ich erst einmal anfing, diese Gesichtspunkte in Betracht zu ziehen, tauchte ein komplexes, jedoch begreifbares Schema auf, in das viele Bräuche, die von Anthropologen berichtet wurden, zu passen schienen. Andere Bräuche lassen sich natürlich nicht leicht einem solchen Gesamtschema einfügen. Dies muß erwartet werden, und sei es auch nur wegen der langen Geschichte der Riten, während der sie eine Vielzahl von Funktionen in einer Vielzahl von Kulturen erfüllen mußten. Doch können bestimmte Grundzüge, die oberflächlich nichts gemein zu haben scheinen, wie die Subinzision in Australien und das Verstopfen des Mastdarms in Afrika* auf der Grundlage dieser Prämissen erklärt werden.

Zwei Ansichten über die menschliche Natur

Ein anderer Aspekt dieser Studie über Pubertätsriten sollte ebenfalls erwähnt werden. In meiner Arbeit mit asozialen Kindern, Delinquenten, Schizophrenen und schweren Neurotikern habe ich gelernt, daß Verhaltensweisen, die als Ausdruck der stürmischsten Feindseligkeit, aus »dem Es im Rohzustand« erscheinen, in Wirklichkeit heftige Versuche des Ichs sind, rationale Kontrolle über eine Gesamtpersönlichkeit zu erlangen, die von irrationalen Triebmächten überwältigt wurde. Dies ist keineswegs eine neue Beobach-

* Siehe S. 135, S. 172

25

tung – im Gegenteil, es ist eine anerkannte Ansicht über die Schizophrenie.[18]

Eine andere Perspektive der menschlichen Natur könnte auftauchen, wenn diese Ansicht als heuristische Hypothese mehr angewandt würde. Vieles, das uns an der Humanität des Menschen zweifeln läßt, könnte dann wie Anstrengungen aussehen – manchmal stürmische, verzweifelte und oft erfolglose –, die seine Menschlichkeit trotz mächtigen Drucks der Triebe bestätigen. Zum Beispiel hoffe ich zu zeigen, wie wahrscheinlich es ist, daß gewisse Initiationsriten aus den Versuchen des Adoleszenten herrühren, seinen Neid auf das andere Geschlecht zu bewältigen oder sich der sozialen Rolle anzupassen, die seinem Geschlecht vorgeschrieben ist, und prägenitale, kindliche Freuden aufzugeben. Wenn dieses Bemühen gelingt, können die Geschlechter eher in befriedigender Weise zusammenleben. Doch selbst wenn solche integrierenden Anstrengungen erfolglos verlaufen, stehen sie für einen positiven Zweck, im Gegensatz zu dem Negativismus, der ihnen von der gegenwärtigen psychoanalytischen Theorie zugeschrieben wird.

Ich glaube, daß die vorherrschende psychoanalytische Auffassung der Beschneidung und der Pubertätsriten eine unausgewogene Ansicht über die Natur des Menschen darstellt. Dies scheint wenigstens zum Teil das Ergebnis der Auffassung zu sein, daß soziale Einrichtungen weitgehend destruktive oder irrationale Triebtendenzen ausdrücken. Zu Beginn der Psychoanalyse war dies vielleicht notwendig, als der eingefleischten Verleugnung der Triebtendenzen entgegengewirkt werden mußte. Aber das ist eine einseitige Ansicht und läßt sich nur auf einen Teil des theoretischen Systems der Psychoanalyse zur Untersuchung der menschlichen Natur anwenden. Sie spiegelt die frühe Theorie wieder, die sich hauptsächlich mit dem Es beschäftigte im Gegensatz zur Ich-Psychologie, die seit neuestem im Mittelpunkt der psychoanalytischen Spekulation steht. Ich und Über-Ich sind nicht »bloße« Superstrukturen, die sich über der »einzigen Realität« des Es erheben. Die menschliche Persönlichkeit resultiert aus dem ständigen Wechselspiel aller drei Instanzen des Bewußtseins. Soziale Phänomena dürfen nicht nur eine Instanz widerspiegeln, das Es (in diesem Fall der kastrierende Vater), sondern auch das Über-Ich und am meisten das Ich. Gesellschaftliche Institutionen sind tatsächlich Schöpfungen des Ich – das Über-Ich und das Es können nur über das Ich auf die Welt einwirken.

Ich glaube, daß der Funktionsanthropologe, der danach fragt, was die Initiation zum Wohl der Gesellschaft bezweckt, die Frage richtig gestellt hat, obwohl er vielleicht eine zu rationale Antwort geben wird. Wir können uns mit einer Erklärung nicht zufrieden geben, die lediglich die destruktiven, die sexualfeindlichen und angsterzeugenden Aspekte einer großen sozialen Einrichtung berücksichtigt, selbst wenn diese eine wichtige Rolle spielen. Ich bin tief beeindruckt von dem Ausmaß, in dem Initiationsriten aus Versuchen zu entstehen scheinen, asoziale Triebtendenzen zu integrieren statt sie freizusetzen.

Unser Verlangen, vom Menschen Gutes zu denken, hat der wissenschaftlichen Genauigkeit viele Streiche gespielt, und diese Studie wurde nicht begonnen, um die Würde des Menschen zu verteidigen. Doch bei meiner Arbeit mit Kindern habe ich erfahren, daß zwar wenig Gutes von einer ungerechtfertigt hohen Meinung von Personen und Motiven herrührt, häufiger und schwerer Schaden jedoch von einer ungerechtfertigt niedrigen Meinung verursacht wird. Wenn letztere vorherrscht, können mutige Versuche zur Integration (welche in den Initiationsriten trotz einiger Züge erkennbar sind, die zivilisierten Menschen so erstaunlich vorkommen) als kaum kontrollierte Aggression mißdeutet werden. Ich glaube, daß wir in unserer Diskussion der Initiation und der Beschneidung viel zu sehr das betont haben, was wie Zerstörung aussieht (Beschädigung des Genitales) und die eher verborgene Faszination, die von Schwangerschaft und Geburt ausgeht, übersehen haben. Vielleicht kann das, was eng und pessimistisch mit der Kastration verbunden wurde, die wirklich eine Zerstörung des Lebens darstellt, einmal als viel mehr von den sehr konstruktiven Wünschen herrührend angesehen werden, nämlich jenen, die mit Zeugung, mit neuem Leben zusammenhängen.

Daß solche Auffassungen in der Luft lagen, als ich dieses Buch schrieb, kann aus der Tatsache ersehen werden, daß nur ein Jahr später E. Neumann bemerkte:

»Wenn man die psychologischen Bedingungen betrachtet, welche Anlaß zu einer Pubertätseinweihung, zu Geheimriten und zur Abgeschlossenheit bilden könnten oder besser müßten, dann findet man in der normalen männlichen Entwicklung nichts dergleichen, während das geheimnisvolle Eintreten der Menstruation ebenso wie das der Schwangerschaft und das überaus gefährliche Ereignis der Geburt geradezu eine psychologische Nötigung dafür darstellen, daß die unerfahrene Frau von denen, welche um diese Dinge wissen, eingeweiht wird. Die monatliche »Absonderung« in dem geschlossenen, tabuierten weiblichen Sakralbezirk ist nur die sinngemäße Fortsetzung der an diesem Ort mit der ersten Menstruation erfolgenden Initiation. Am gleichen Ort, der das natürliche, soziale und psychologische Zentrum der Frauengruppe ist, in dem die alten erfahrenen Frauen herrschen, erfolgt die Geburt.«[19]

Seine Ansichten basieren auf solchen Überlegungen wie:

»Der früheste heilige Bezirk der Urzeit ist wahrscheinlich der, in dem die Frauen geboren haben. Er ist der Ort, an dem die »große weibliche Göttin« herrscht, und von dem – wie noch in den späten weiblichen Mysterien – alles Männliche ausgeschlossen ist. Nicht nur, daß überall der Geburtsort ein Sakralort des weiblichen Lebens war, es ist auch evident, daß er im Mittelpunkt aller Kulte stehen muß, die der großen weiblichen Gottheit als Herrin der Geburt, der Fruchtbarkeit – und des Todes geweiht sind... In Malekula finden wir daher ›the birth enclosure‹ nicht nur als echtes Gehege, innerhalb dessen die Frauen gebären, sondern auch als Gehege um den Ort, an die die Wiedergeburtsmysterien der Männer gefeiert werden.«[20]

Hoffentlich bringt dieser Exkurs in die weit zurückliegende

Vergangenheit und in das Leben der Naturvölker unserer Zeit etwas von Belang sowohl für den Soziologen als auch für den Kliniker, die sich beide in der Gegenwart und in unserer komplexen Gesellschaft für das Wohl des modernen, zivilisierten Menschen abmühen. Tatsächlich machte ich, während ich mit heutigen schizophrenen Kindern arbeitete Beobachtungen (die im folgenden Kapitel beschrieben werden), die mein Interesse am Menschen der Vorzeit erweckten und meine Gedanken schließlich zurück auf unsere Gesellschaft lenkten.

Wiederaufnahme des Falles

Vor einiger Zeit beobachtete ich eine Gruppe heranwachsender Kinder*, wie sie Pläne schmiedeten, die mich an Berichte über primitive Initiationsriten erinnerten. Ihre Pläne und Taten waren spontane Anstrengungen, einige der Ängste zu bewältigen, die von dem Aufruhr der Pubertät herrührten. Obwohl sie in einem Heim für emotional gestörte Kinder lebten**, schmälert diese Tatsache meiner Meinung nach nicht die möglicherweise weiterreichenden Folgen ihres Verhaltens.

Es sollte auch erwähnt werden, daß Kinder in Internaten oder Heimen in gewisser Weise viel stärker in einer Gemeinschaft Gleichrangiger, einer Altersgruppe, leben als Kinder, die in Familien aufwachsen. Wie in den Initiationsgesellschaften der Naturvölker leben hier heranwachsende Jungen mit anderen heranwachsenden Jungen zusammen, desgleichen die Mädchen, und alle stehen in der Obhut von Erwachsenen, die mit den Bedürfnissen einer solchen Altersgruppe wohl vertraut sind. Dies erlaubt den Kindern, sich viel stärker mit den drängendsten emotionalen Problemen ihres Alters zu befassen: mit der Geschlechtsreife und den damit einhergehenden Ängsten und Wünschen.

Da sie sich gegenseitig bestärken und die Neugierde der anderen sie anstachelt, wagen sie eher, ihrer Faszination darüber, wie dieselben Probleme bei ihrem und dem anderen Geschlecht auftauchen, freien Lauf zu lassen, als wenn sie nicht in einer Art Altersgesellschaft lebten.

Zum Beispiel haben die Mädchen, die in dieser Institution leben (viel mehr als die Jungen), ohne irgendwelches Zutun der Erwachsenen, spontan etwas geschaffen, was man eine

---

* Alle etwa 12 Jahre alt, mit Intelligenzquotienten von 115 bis 140, weiß und aus der Mittelklasse stammend.
** Die »Sonia Shankman Orthogenetische Schule« der Universität von Chicago.

*passage sans rite** nennen könnte. Mädchen, die schon menstruieren, wissen ganz genau, wann ein pubertierendes Mädchen sich seiner ersten Monatsblutung nähert; was die noch nicht menstruierenden Mädchen betrifft, so sehnen sie den Beginn herbei und fürchten ihn zugleich. Sobald ein Mädchen zum erstenmal menstruiert, wird es sofort von der Gruppe aufgenommen, die diese Altersgrenze überschritten hat. Es ist nun eines von den »großen Mädchen« und gehört nicht mehr zu den »Kleinen«.

Die meisten der pubertierenden Jungen sind äußerst neugierig und auch eifersüchtig auf das Geheimnis der Mädchen. Die Mädchen schüren diese Neugierde und prahlen so sehr mit ihrem Geheimnis, daß das Mysterium bald alles andere als geheim ist.

Die Ermutigung, innerhalb vernünftiger Grenzen ihrer eigenen Neigung zu folgen, trägt zu einer natürlichen Gruppenbildung bei; und das freie Äußern der gemeinsamen Interessen schweißt die Gruppen weiter zusammen. All dies macht es den Kindern leichter, ihre Gefühle einander und den Erwachsenen mitzuteilen, ihr Interesse an der Menstruation offen zu zeigen und sich auf spontane Aktionen einzulassen.

Ein spontaner »Initiationsritus«

Es begann ganz harmlos mit einer Gruppe dieser heranwachsenden Kinder, die Pläne für ihr Leben als Erwachsene machten. Wegen des stärkeren Drucks ihrer emotionalen Konflikte waren sie weniger gehemmt, schneller beim Handeln auf der Basis von Motiven, die dem Durchschnittskind sorgfältiger verborgen bleiben. Ihre Integration lag ziemlich weit unter dem Altersdurchschnitt, und sie spielten ihre Phantasien durch, welche – zum Teil aufgrund ihrer Intelli-

---

* Übergang ohne Ritus (Anm. d. Red.)

genz und aus Mangel an Zurückhaltung – immer intensiv, farbig und höchst erfindungsreich waren.

Die Gruppe bestand aus zwei Jungen und zwei Mädchen, die man alle als schizoid, wenn nicht schizophren bezeichnen konnte. Ein dritter Junge schloß sich ihren Plänen für kurze Zeiten an, doch am aktivsten der vier war das erste Mädchen. Sie hatte zu menstruieren begonnen, was ihre alten Sexualängste intensivierte, die dadurch verschlimmert wurden, daß sie ihre Weiblichkeit stark ablehnte. Sie und die beiden Jungen agierten gern und gut; sie lebten ihre vorgeblichen Rollen viel mehr aus als etwa normale Kinder.

Das zweite Mädchen war der Gesundung in gewisser Weise näher. Doch als sie zu menstruieren begann, wurde ein großer Teil ihrer Feindseligkeit aktiviert; das meiste davon richtete sie gegen Jungen, von denen sie sich verfolgt fühlte. Der eine der beiden Jungen hatte eine starke feminine Identifikation, die ihn sehr ängstigte und auch Frauen fürchten ließ. Bewußt haßte er den Gedanken, ein Junge zu sein und wünschte, er wäre eine Frau. Der andere Junge sah sich als unwiderstehlich an (und daher verfolgt) in bezug auf Frauen. Er glaubte, daß sie ihm sein Geschlecht, sein Aussehen, seine Fähigkeiten usw. neideten.

Alle vier Kinder waren, wie die meisten Adoleszenten, fasziniert und verängstigt zugleich von den Vorgängen des Erwachsenwerdens, dem Erreichen der Geschlechtsreife und was damit zusammenhing. Die Jungen waren besonders furchtsam. Ihre Angst mischte sich mit einer Unfähigkeit zu warten – um die Spannung zu lindern, wünschten sie, den ganzen Vorgang beschleunigen und hinter sich bringen zu können. Nächtliche Ergüsse, die sie gelegentlich hatten, schienen ihnen kein ausreichender Beweis der Reife zu sein. Mehrmals, vor und nach der hier beschriebenen Episode, vertrauten uns die Jungen ihren Neid auf die Mädchen an, die wenigstens *wußten,* daß sie in sexueller Hinsicht erwachsen geworden waren, als die Menstruation begann. Jungen, das spürten sie, konnten niemals so sicher sein.

Zu Beginn waren es nun gerade das erste Mädchen und die beiden Jungen, die sich daran machten, ihr Leben vorauszuplanen. Für sie bedeutete das, Schauspieler oder Fernsehunterhalter, Teil der Welt des Nachtlebens zu werden, sexuelle Erregung und Lust, wie es Hollywood und der Broadway darstellten, zu genießen. Da ergab sich das Problem, wie man sich verläßlich in diese faszinierende Welt Zugang verschaffen konnte. Das erste Mädchen hatte eine Idee: Sie würden eine geheime Gemeinschaft gründen, was ihnen trotz allen Widerstandes der Erwachsenen nach oben helfen würde. Ihr Plan war, daß Mitglieder der Gruppe, sowohl Jungen als auch Mädchen, sich einmal im Monat schneiden und dann ihr Blut vermischen sollten. Dies, so behauptete sie, würde wie ein Zauber wirken und zu Erfolg führen. Die Jungen zögerten zuerst, obwohl sie schon so gebannt waren, daß sie nicht mehr zurück konnten. An dieser Stelle schloß sich das zweite Mädchen der Gruppe an. Doch nach einiger Zeit schienen alle vier das Interesse zu verlieren, und das Vorhaben ruhte fast vier Monate lang.

Dann begann das zweite Mädchen – das bisher mehr oder weniger abseits gestanden hatte – zu menstruieren. Sobald die anderen drei dies erfuhren, erreichten ihre sexuelle Angst und Erregung einen neuen Höhepunkt. Sie nahmen ihre Gespräche wieder auf, und die Pläne wurden genauer ausgearbeitet. Schließlich faßten sie den Entschluß, daß die Jungen jeden Monat in ihren Zeigefinger schneiden und das Blut mit dem der Menstruation vermischen sollten. Der Wunsch des ersten Mädchens, die Jungen sollten das Blut von ihrem Genitale nehmen, ging niemals darüber hinaus, daß es »von einer geheimen Stelle ihres Körpers« kommen sollte. An dieser Stelle wurde es notwendig einzugreifen, damit das Vorhaben der Kinder nicht zu Verletzungen führte.

In beiden Stadien sprach das erste Mädchen mit ihrer Betreuerin über ihren großen Groll darüber, daß nur Mädchen regelmäßig bluten mußten, während Jungen davon befreit waren. Ihr war dies ein weiterer Beweis für die Verfolgung der Frauen im allgemeinen und ihrer selbst im besonderen. Schließlich erzählte sie ihrer Betreuerin (in der sie ein Mitopfer der Monatsblutung sah) ziemlich stolz von ihrem Plan, nach dem Männer ebenfalls jeden Monat bluten sollten, und welche Macht es ihnen allen verleihen würde, wenn sie regelmäßig ihr Blut mischten.

Obwohl das zweite Mädchen viel weniger aktiv war, erzählte sie uns später ebenfalls, daß sie der Meinung sei, etwas solle geschehen, damit Jungen ebenso bluteten, wie Mädchen es müssen.

Menstruation

Andere schizophrene Mädchen zeigen eine andere Haltung gegenüber der Menstruation. Oberflächlich geben sie vor, die Tatsache zu verbergen, daß sie gerade menstruieren, da sie es als »ekelhaft« oder »schmutzig« ansehen. Dennoch gelingt es ihnen, alle ihre Mitmenschen von ihrer Periode in Kenntnis zu setzen; sie sprechen fast nur noch darüber und zeigen deutlich ihre Monatsbinden.

Andere weigern sich einfach, Monatsbinden zu tragen und bringen es fertig, daß ihre Blutung – zum Beispiel auf der Kleidung – deutlich sichtbar wird. Und dies sind manchmal Mädchen, die anderen sexuellen Dingen gegenüber ganz zurückhaltend sind. Eine Zwölfjährige, die sehr deutlich ihr Verlangen aussprach, ein Junge zu sein (indem sie oft darauf beharrte, ein »er« zu sein und »er« genannt zu werden), kündigte ihre Monatsblutung besonders ausführlich an, aber hauptsächlich dann, wenn Jungen in der Nähe waren. Dann schrie sie gewöhnlich aus Leibeskräften über ihre »Tropfperiode« und bewerkstelligte auch wirklich, daß ihr Monatsblut auf den Boden tropfte. Doch darin unterschied sie sich nicht von anderen, die dieselben Wünsche hegten, sondern war einfach offener.

Obwohl viele Mädchen vor der Menstruation offen zurückzuschrecken scheinen, hält auf einer tieferen Ebene die magische Kraft, die sie der Menstruation zuschreiben, sie unwiderstehlich gefangen. Wenn sie die Jungen wissen lassen wollen, daß sie menstruieren, so geschieht dies oft wegen der Macht über Jungen, die ihrer Meinung nach ihnen damit verliehen wurde. Auf der bewußtesten Ebene ist es die Macht, die Jungen sich unbehaglich fühlen zu lassen, wenn nicht offen zu erschrecken; und dies geschieht nicht durch eine wohlbedachte Tat, sondern allein durch eine normale Funktion ihres Körpers, einfach dadurch, daß sie weiblich sind. Dies erscheint wie Zauberei, denn es ist ihre Weiblichkeit an sich, die die Jungen schaudern läßt und nicht etwas Besonderes, das sie getan haben, um eine solche Macht zu erlangen.

Doch alles, was Macht verleiht, ist möglicherweise auch gefährlich. Was in anderen Furcht erregen kann, ist möglicherweise eine destruktive Kraft, und wenn sie anderen Schaden zufügen kann, so könnte sie auch den Besitzer zerstören. Das Mädchen, das die Monatsblutung in dieser Weise erlebt, hat deren Funktion nicht wirklich akzeptiert oder emotional bewältigt, sondern bleibt ihr zum Teil ausgeliefert. Sie behält über ihre »Hexenkraft« nicht die Oberhand, sondern ist bestenfalls ein weiblicher »Zauberlehrling«, der in jedem Augenblick Opfer seiner eigenen Hexerei werden kann.

Während einige dieser Mädchen also manchmal offen ihre Menstruation zur Schau stellen, pervertieren andere Mädchen diese Funktion, die mit dem Lebenspenden verbunden ist, in wahnhafter Weise in die entgegengesetzte Richtung, und die Menstruationsflüssigkeit wird zu einem starken Gift. Zwanghaft beschäftigen sie sich mit dem Problem, die gebrauchten Monatsbinden loszuwerden und entwickeln komplizierte Rituale zu deren Beseitigung; sie sind überzeugt, daß der menstruelle Ausfluß mächtig genug ist, um die gesamte Bevölkerung einer Großstadt zu vergiften.

Viele normale Frauen, selbst jene, die die Menstruation nicht als »Fluch« ansehen – ein Fluch, der mit dem Übernatürlichen in Verbindung gebracht wird und daher mächtig und geheimnisvoll ist – betrachten die Menstruation als etwas Abstruses, und ihre Haltung in bezug auf die Blutung ist ambivalent, eine Mischung aus gebanntem Interesse und Ekel. Fasziniert können sie, wie einige unserer Mädchen, es nicht über sich bringen, ihre beschmutzten Monatsbinden wegzuwerfen, sondern behalten sie als Zeichen ihrer geheimen Kräfte. Ihre Vorkehrungen im Aufheben und Verstecken der Binden sind so ausgefeilt, wie die unserer Mädchen, die sich verzwickte Rituale zur Beseitigung ausdenken.

Negative Gefühle der Mädchen in bezug auf Weiblichkeit und Menstruation verbinden sich leicht mit einer Feindseligkeit gegenüber Jungen, insbesondere gegenüber dem Penis. Der nächste Schritt ist zu wünschen, daß auch Jungen aus ihren Sexualorganen bluten. Manchmal ist dieser Wunsch, die Penes der Jungen eingeschnitten zu sehen (wie in der Beschneidung oder der Subinzision) so groß, daß er Wirklichkeit werden muß. Und wenn sich dies nicht am Körper eines Jungen ausführen läßt, dann muß es an einem Teil des eigenen Körpers geschehen, den das Mädchen schließlich als Penis ansieht.

Eine schizophrene Zwölfjährige spürte meistens, daß sie ihre Weiblichkeit verachtete und lieber ein Junge gewesen wäre. Doch manchmal glaubte sie, gleichzeitig Junge und Mädchen zu sein. Zu solchen Zeiten agierte sie oft Geschlechtsverkehr symbolisch aus, indem sie ihren Zeigefinger als erigierten Penis und einen ringförmigen Gegenstand als Vagina benutzte. Aber es war nicht ihr Zeigefinger in seiner normalen Verfassung, der zu ihrem Penis wurde; es war lediglich der Finger in erigierter Steifheit. Dies nannte sie »meinen Fingerknochen« und unterschied ihn somit deutlich von ihren anderen Fingern. Wenn sie einen Fingerknochen hatte, dann war es immer ein Penis, und sie war nicht in der Lage (oder wollte nicht), ihn zu beugen. Benutzte sie hingegen den Finger zu anderen (sogar sexuellen) Zwecken, etwa wenn sie masturbierte, so war es nur ein leicht gebeugter Finger.

Durch viele Monate hindurch wollte sie immer, wenn sie menstruierte, in diesen Fingerknochen schneiden, damit er blutete. Während ihrer Periode sprach sie tagaus, tagein hartnäckig davon und versuchte, es zu tun. Mehrmals gelang es ihr trotz unserer größten Wachsamkeit, und nur unsere ausgeklügeltsten Vorsichtsmaßnahmen verhinderten, daß sie sich eine ernsthafte Wunde zufügte. So errichtete sie in ihrem Geist die enge Verbindung zwischen der Menstruation und dem Schnitt an einem Penis. Sie spürte (und sagte), daß sie ihre Menstruation nur dann akzeptieren könne, wenn auch Fingerknochen bluten könnten. Nur langsam, als sie anfing, sich als Mädchen zu akzeptieren und nicht länger einen Teil ihres Körpers als den Penis eines Jungen ansehen konnte, gab sie ihren Wunsch auf, in den Fingerknochen zu schneiden. Es war kein Teil ihres Körpers, den sie geschnitten und bluten sehen wollte, sondern der Penis eines Jungen.

Die Ambivalenz bei Mädchen

Penisneid bei Mädchen ist so bekannt und so oft beschrieben worden, daß seine Allgemeingültigkeit kaum diskutiert werden muß. Unsere schwer gestörten Kinder gehen darin, ihn zu äußern, weiter als normale Mädchen. Zum Beispiel haben wir oft gesehen, wie ein Mädchen einen Ballon mit Wasser füllte, ihn in eine längliche Form preßte, zwischen die Beine hielt und das Wasser herausspritzen ließ, als ob sie durch einen Penis urinierte.

Eine unserer schizophrenen Siebenjährigen gab vielleicht ihrem Wunsch nach einem Penis einen viel primitiveren Ausdruck. Mehrmals täglich zog sie an der Haut der Vulva und den äußeren Schamlippen und versuchte, diese zu verlängern, wobei sie sich den anderen zeigte und sagte: »Schaut meinen Penis an.« Dies war kein Ersatz für Masturbation.

Obwohl sie oft und ungehindert masturbierte, war dies (für sie) eine ganz andere Erfahrung als ihre Anstrengungen, einen Penis zu schaffen und ihren Glauben, daß ihr das gelungen sei.

Andere Mädchen der Schule dachten während jeder Menstruationsperiode, daß ihnen ein Penis wüchse und waren jeden Monat zutiefst enttäuscht, als sich das als falsch herausstellte. Solche wahnhafte Verbindung der Menstruation mit dem Penis läuft vielleicht mit einer Überzeugung parallel, die manche Männer zu haben scheinen: daß sie neue Sexualfunktionen erwerben können, wenn sie aus ihrem Genitale bluten.

Diese Hoffnung, daß ein Penis während und durch die Menstruation erworben werden kann, ist ein Beispiel für die positive Seite der Ambivalenz bei Mädchen. Viele emotional gestörte Mädchen drücken die negative Seite dadurch aus, daß sie den Penis als ekelerregend und häßlich ansehen. Bei bestimmten schwer gestörten Mädchen geht das negative Empfinden gegenüber penisartigen Organen noch viel weiter. Ein solches Mädchen der Schule, das es nicht ertragen konnte, weiblich zu sein, haßte ihre Klitoris, indem sie sie als Makel ihres Körpers empfand. Sie glaubte, wenn sie das Organ beseitigte, könne sie ganz weiblich werden und diese Tatsache ertragen.

Da sie den Wunsch nach einem Penis unterdrücken mußte, und da ihre Klitoris, besonders, wenn sie stimuliert wurde, sie an diesen Wunsch erinnerte, war das Ergebnis das Verlangen, die Klitoris loszuwerden. Dieser Wunsch war so stark, daß sie weitgehende Vorsichtsmaßnahmen treffen mußte, damit sie die Klitoris nicht herausriß. Die Furcht bestand nicht vor der Masturbation als solcher, da sie zwanglos masturbierte, indem sie Wasser über ihre Vulva laufen ließ, ihre Hose straff hochzog oder die Beine aneinanderrieb. Aber sie wagte nicht, die Klitoris mit ihren Fingern zu berühren, denn das, dessen war sie sicher, wäre eine unwiderstehliche Versuchung, die Klitoris herauszureißen.

Während dieses Mädchen das penisähnliche Organ in sich haßte und es zu zerstören suchte, greifen andere Frauen männliche Genitale aus ähnlichen Gründen offen an. Auch zeigt sich diese Neigung nicht nur bei Schizophrenen. Wir haben in der Schule einen präadoleszenten Jungen, dessen zentrales Trauma war, daß seine (nichtschizophrene Mutter) in betrunkenem Zustand eine Schere nahm und ihm ein wenig Haut von seinem Penis abschnippte. Solche extremen Anzeichen von Penisneid, die zu Inzision führen, sind keineswegs so selten, wie man glauben möchte.

Die Ambivalenz bei Jungen

Eine Reihe von Beobachtungen an mehreren kleineren Jungen darf hier durch die Daten repräsentiert werden, die über einen Siebenjährigen und einen Achtjährigen zusammengetragen wurden. Ihrem Lebensalter gemäß sollte man sie, wenn man Standardmethoden anwendet, der Latenzphase zuordnen. Da sie jedoch schwer gestört waren, hatte die Sexualunterdrückung, die angeblich diese Entwicklungsphase kennzeichnet, nicht in diesem Grad stattgefunden.

Jeder der Jungen stellte wiederholt fest, und dies unabhängig voneinander und verschiedenen Personen gegenüber, daß er sich als »Betrüger« und als »Gauner« fühle, da er keine Vagina habe. Sie gaben Bemerkungen von sich wie: »Sie glaubt, sie ist etwas Besonderes, weil sie eine Vagina hat«, oder »Warum kann ich keine Vagina haben?« Einer der beiden sagte in bezug auf die unglückliche Stimmung eines anderen Jungen: »Ich weiß, warum er weint, – weil er eine Vagina haben möchte.« Noch hartnäckiger als das Verlangen nach weiblichen Organen war jedoch der zwanghafte Wunsch, *sowohl* männliche *als auch* weibliche Genitale zu besitzen. Sie fragten: »Warum kann ich nicht beides haben?«

Enttäuscht und neidisch auf Frauen, weil diese (so empfanden sie es) die überlegenen Sexualorgane hatten, äußerten beide Jungen häufig den Wunsch, Mädchen und Frauen die Vagina herauszureißen oder -zuschneiden.

Ein dritter schizophrener Siebenjähriger ritualisierte auf dramatische Weise sein Verlangen nach sowohl männlichen als auch weiblichen Sexualwerkzeugen. Er konnte fast augenblicklich von einer Rolle in die andere schlüpfen. Als männliches Kind saß er auf der Toilette und sah geradeaus, wobei er seinen Penis unverblümt zeigte; als weibliches Kind saß er da, versteckte ihn und sah die Wand an. Lange Zeit urinierte er nicht im Stehen; dies wäre eine zu tiefe Hingabe an die männliche Rolle gewesen. Wenn er »männlich« war, masturbierte er frei und offen nur seinen Penis; war er weiblich, praktizierte er genauso frei die anale Masturbation. Als Junge benutzte er seinen eigenen Namen, als Mädchen einen Phantasienamen; manchmal bedeutete dieser ihm ein Mädchen und zu anderen Zeiten einen Clown, der gleichzeitig männlich und weiblich war.

Ohne ganz so weit zu gehen, bestehen viele unserer sehr gestörten Jungen ebenfalls darauf, daß sie eine Vagina haben, indem sie sich weigern, die Tatsache zu akzeptieren, daß die Mädchen unten zwei Körperöffnungen haben. Sie behaupten, daß Anus und Vagina eins seien und daß Mädchen wie sie selbst nur eine Öffnung hätten.

Bei anderen Jungen verschiedenen Alters, die im großen und ganzen ihre maskuline Rolle akzeptieren, haben wir oft eine Feindseligkeit gegenüber weiblichen Geschlechtsmerkmalen bemerkt, die genauso heftig war wie die der Jungen, die wünschten, sie hätten eine Vagina. Während diese Jungen nicht aussprechen, daß sie weibliche Geschlechtsorgane haben möchten, haben sie viele Phantasien, in denen Brüste und Vagina herausgerissen oder -geschnitten werden. Bestimmte extrem gestörte Jungen haben monatelang kaum etwas anderes als diesen verzehrenden Wunsch ausgesprochen (genauer: herausgeschrien). Milder, aber oft genauso durchdringend, ist bei Jungen das Verlangen, Kinder bekommen zu können und das Gefühl, betrogen worden zu sein, weil dies nicht möglich ist.* Solch ein intensiver Neid auf die weibliche Sexualität ist keineswegs auf die primären Sexualorgane und Sexualfunktionen der Frauen beschränkt. Wir haben mehrere Jungen beobachtet, die von dem Verlangen gequält wurden, weibliche Brüste zu besitzen. Der Wunsch, in der Lage zu sein, sich selbst zu ernähren (sie sind überzeugt, daß Frauen dies tun können), ist nur ein Teil ihres Motivs. Sie neiden die Brüste unabhängig von der Laktation – was bedeutet, daß sie Quellen der Macht und der Stärke in ihnen sehen.

Ein Rätsel, das sie wiederholt stellten, lautete: »Was ist die stärkste Sache auf der Welt?« Und sie blieben auch nie die Antwort schuldig: »Ein Büstenhalter, denn er hält zwei riesige Berge und eine Milchfabrik.« Mädchen schienen sich nie für dieses Rätsel zu interessieren, aber die emotional gestörten Jungen in der Vorpubertät waren fast immer fasziniert davon.

* Wolf betont die Häufigkeit, mit der er bei Jungen Neid auf die Schwangerschaft beobachtete.[1] Reik berichtet von Beobachtungen Abrahams, die zeigen, wie weit Männer in diesem Neid gehen können. Ein Patient, der die Menstruation imitierte, litt so sehr, daß er alle vier Wochen mehrere Tage im Bett bleiben mußte; ein Fünfzehnjähriger ging durch eine simulierte Schwangerschaft hindurch, die einer echten stark ähnelte.[2] Kürzlich widmete Rangell eine Arbeit der »Austauschbarkeit von Phallus und weiblichem Genitale.« Einer seiner Patienten phantasierte seinen Penis als Vagina und stellte sich vor, daß er, wenn er Gegenstände in den Penis einführte, die weibliche Geschlechtsrolle spielen könne. Rangell erwähnt, wie häufig Jungen, sei es in der Phantasie oder der Realität, Gegenstände in den Penis einführen, was oft von masturbatorischen Handlungen und Phantasien der Empfänglichkeit und weiblicher Identifikation begleitet wird. Frauen andererseits stellen sich vor, daß die Vagina das gleiche Organ wie der Penis ist, was sich in der Aussage einer Patientin widerspiegelte, die sagte: »Beim Männchen steht das Organ heraus ... beim Weibchen geht dasselbe Organ nach innen ....«[3] Ähnliche Vorstellungen werden oft von den Jungen und Mädchen der Orthogenetischen Schule geäußert. Beide haben die Vagina einen nach innen gekehrten Penis und den Penis eine nach außen gekehrte Vagina genannt. Parallele Beobachtungen wurden von Ferenczi[4] und anderen gemacht. Viele kleine Jungen versuchen, wenn sie zum erstenmal erfahren, daß Frauen Kinder gebären, den Glauben aufrechtzuerhalten, daß dies nur auf Mädchen zutreffe und Jungen von ihren Vätern geboren würden. [5]

Der Wunsch nach einem beschnittenen Penis unterscheidet sich sehr stark von dem zwanghaften Interesse dieser Jungen an weiblichen Geschlechtsmerkmalen und deren Funktionen. In der Schule wünschte ein unbeschnittener Zehnjähriger in einer Gruppe, die im Säuglingsalter beschnitten worden war, diesen Eingriff inbrünstig.

Schließlich mußten wir einen Adhäsion wegen Schritte für seine Beschneidung in die Wege leiten. Als er davon erfuhr, freute er sich, hatte jedoch auch Angst, was zu erwarten war. Sehr ausführlich sprach er von seiner Furcht vor den Schmerzen der Operation. Doch nachdem sie vorüber war, gab er auch zu, daß er befürchtet hatte, der Arzt könne einen Fehler machen und zuviel oder vielleicht seinen ganzen Penis abschneiden. Er erzählte uns ängstlich, daß er sich zu erinnern glaubte, von Menschen gehört zu haben, die als »Junge und Mädchen zugleich« geboren worden waren, und »wie der Arzt es abschneiden mußte«, um die Person ein Mädchen werden zu lassen. So zeigte er seine große Kastrationsangst.

Doch so mächtig seine Befürchtungen auch waren, noch eindrucksvoller waren zuerst sein Verlangen nach dem Eingriff und danach sein Stolz über das, was er seinen »neuen Penis« nannte. Dieses Gefühl überwog seine Kastrationsangst völlig. Sobald die Wunde verheilt war, zeigte er jedem seinen Penis, den er sonst immer zu verbergen suchte. Sobald der Verband abgenommen war, erklärte er: »Ich finde, mein Penis ist jetzt sehr hübsch und elegant.« Mit großem Stolz erzählte er, daß dieser jetzt viel besser funktionierte, wie er beim Urinieren jetzt einen größeren und besseren Strahl machen und ihn dorthin lenken könne, wo es ihm beliebe. Nun genoß er die Masturbation erst richtig, die vorher wegen der Adhäsionen zum Teil schmerzhaft gewesen war. Er faßte seine Gefühle mit den Worten zusammen: »Junge, jetzt kann ich alles tun.« Die Beschneidung zeigte ihm die Wichtigkeit des Organs. Die befreite Eichel stellte eine neu gewonnene Männlichkeit dar. Die Beschneidung hatte ihn tatsächlich mit einem besseren Penis ausgestattet und ihm sexuelle Freuden beschert, die vorher nicht erreichbar waren.

Ähnliche Beobachtungen machte Nunberg bei einer Erwachsenenanalyse. Der Patient hatte die Beschneidung als eine Bestätigung seiner Männlichkeit im allgemeinen und der Wichtigkeit des Penis im besonderen erlebt: »Das Schmerzgefühl um die Eichel nach der Beschneidung zog narzißtische Libido auf den Penis. Als Folge davon wurde sich der Patient seines Genitales mehr als bisher bewußt. Das Erlebnis der Beschneidung verstärkte die Penisbewußtheit, als wenn es eine Demonstration der Wichtigkeit des Organs wäre.«[6]

Wenn sie nicht daran gehindert werden, so zeigen Jungen (»normale« ebenso wie emotional gestörte) gerne ihre Penes mit einem Stolz, den man »phallischen Stolz« nennen könnte. Wettbewerbe um den größten oder besten Penis werden wichtig und in Verbindung damit Wettkämpfe, die beweisen sollen, wer höher oder weiter urinieren kann. Dies sind vielleicht Überbleibsel der phallischen Entwicklungsphase, in der, so wird behauptet, der Junge sich »mit seinem Penis identifiziert hat.«[7] Doch hier zeigt sich auch das Verlangen, herauszufinden, wer in seiner Entwicklung weiter fortgeschritten ist, wer männlicher und weniger kindlich ist. Das Zurschaustellen der von der Vorhaut befreiten Eichel, ist Teil solcher Anstrengungen, die Männlichkeit zu bestätigen, und hierin ist der beschnittene Junge eindeutig im Vorteil: Seine Eichel ist immer zu sehen, was oft als Zeichen größerer Männlichkeit betrachtet wird.

Auch in diesem Zusammenhang entsprechen Nunbergs Beobachtungen denjenigen, die wir an unseren Kindern machten. Er sagt: »Durch die Beschneidung wird der Eichel-Penis befreit . . . Ein neuer Penis wird geboren, der wie ein erigierter Phallus mit zurückgezogener Vorhaut aussieht.«[8]

Seit dem ersten Erscheinen dieses Buches erhielt ich mehrere Zuschriften von männlichen Lesern, die mir von Erlebnissen in der Adoleszenz berichten: wie sie spontan Gruppen bildeten, um sich selbst und gegenseitig zu beweisen, daß sie die Geschlechtsreife erreicht hatten, und wie sie ohne die Bestätigung durch die Gruppe darüber nicht sicher sein konnten. Wenn es stimmt, was sie mir schreiben, und ich habe keine Veranlassung, dies zu bezweifeln, dann finden mangels Beschneidung und Subinzision viele der Bräuche, die Teile der Initiationsriten bei Naturvölkern sind, spontan und sporadisch auch bei normalen Adoleszenten der westlichen Gesellschaft statt.

Wie manche Banden neue Mitglieder vor der Aufnahme einschüchtern, ist bekannt. So gibt es die Gepflogenheit, daß ein Junge, um die Musterung erfolgreich hinter sich zu bringen, sich dem gemeinsamen Beischlaf mit einem oder mehreren Mädchen anschließen muß. Dies ähnelt natürlich dem Brauch, daß ein frisch Initiierter sofort mit einer Frau sexuell verkehren muß. Während ich dies schreibe, berichten die Chicagoer Zeitungen über zwei Gewaltverbrechen, von denen das eine mit Mord endete, wobei die beiden jugendlichen Täter als Motiv angeben, sie hätte einer Bande, in die sie eintreten wollten, ihren Wagemut beweisen wollen. Wenn sie keine solche Brutalität zeigen könnten, so behaupteten sie, würde die Bande sie nicht akzeptabel finden. Dies erinnert an jene Stämme, die die Tötung eines Mannes als Beweis für die erreichte männliche Geschlechtsreife fordern.

Von den mannigfaltigen Mitteilungen, die mir zugingen, werde ich nur die eine anführen, von der ich mich völlig überzeugen konnte. In der kubanischen Hauptstadt Havanna bildeten pubertierende, etwa zwölfjährige Jungen spontan Gruppen, die von neuen Mitgliedern verlangten, daß diese die Vorhaut zurückschieben und die Eichel hervortreten lassen konnten. (Die Jungen waren nicht beschnitten.) Wer es nicht konnte, wurde mit der Begründung abgewiesen, er sei für eine Aufnahme in die Bande zu jung oder zu schwach. Konnten kleinere Jungen dieser Anforderung nicht entsprechen, so brachten ihnen einige der älteren in täglicher Übung etwa eine Woche lang das Zurückschieben der Vorhaut bei. Oft war dieses Verfahren wegen einer Phimose sehr schmerzhaft. Doch wenn nach einer Woche solch ein Junge die Eichel hervortreten lassen konnte, galt er als stark und männlich und wurde Teil der Gruppe; wenn nicht, wurde er für immer ausgeschlossen.*

Hier zeigt sich also bei normalen Jungen der westlichen Welt ein Gegenstück zu der spontanen Initiationsgemeinschaft, die bei Kindern der Orthogenetischen Schule entstand. Diese normalen Kinder nahmen freiwillig eine schmerzhafte Manipulation ihres Genitales auf sich, um ihre Geschlechtsreife zu beweisen, denn der Beweis der Reife bestand darin, daß die Eichel von der Vorhaut befreit erscheinen konnte.

Transvestismus

Zu *Hallowe'en*** in bizarre Kostüme zu schlüpfen, gehört überall in unserer Gesellschaft zu diesem Kinderfeiertag einfach dazu. An diesem Tag dürfen Kinder ihr asoziales und destruktives Verhalten ungehinderter als sonst ausagieren. In der Orthogenetischen Schule steht es den Kindern das ganze Jahr über frei, sich zu verkleiden, und das tun sie auch oft. Doch in Einklang mit dem Volksbrauch verkleiden sie sich zu *Hallowe'en* noch ungehemmter. Daher können Beobachtungen, die an diesem Tag gemacht werden, für viele andere im Laufe des Jahres stehen.

Unsere kleineren Kinder verwandeln sich wie normale Kinder in Gespenster, Hexen, Räuber, wilde Kerle, Prinzen, Tiere usw. Einige Kinder aller Altersstufen sind zu ängst-

* Diesen Bericht verdanke ich Dr. Jerome Kavka aus Chicago.
** Wird am 31. Oktober gefeiert und geht auf eine keltische Feuerzeremonie am Vorabend von Allerheiligen »zur Verhinderung der schädlichen Einwirkung von Hexen« (Frazer) zurück. (Anm. d. Ü.)

lich, um sich überhaupt zu verwandeln oder geben sich mit irgendeiner Verzerrung ihrer normalen Erscheinung zufrieden.

Zu unserer Überraschung haben wir jedoch gesehen, daß pubertierende Kinder sich nicht unbedingt diesem Muster gemäß verhalten. Wenn sie schon seit mehreren Jahren bei uns leben und fähig geworden sind, ihre relative Freiheit, Wünsche zu äußern zu nutzen, scheinen sie ein ganz anderes Verhaltensmuster zu entwickeln. Die Mädchen verkleiden sich entweder als sehr männliche oder sexuell attraktive Jungen oder als äußerst verführerische Frauen. Wenn sie sich als Jungen verkleiden, machen sie ihre Wünsche dadurch deutlich, daß sie Pistolen, Angelruten, Schwerter, Dolche und andere männliche Geräte oder penisähnliche Werkzeuge und Gegenstände als wichtige Assessoires dem Kostüm hinzufügen.

Jungen ab elf Jahren und viel mehr mit zwölf oder dreizehn verkleiden sich gern als Mädchen oder Frauen, wobei sie die Brüste sehr stark betonen (nur mit den größten Kissen zum Ausstopfen geben sie sich zufrieden). Einige ziehen sich sogar als Frauen in den letzten Stadien der Schwangerschaft an. Interessant ist, daß wir niemals sahen, wie echte Transvestiten – und unter unseren Kindern sind einige – sich in dieser Weise verkleideten. Sie tragen entweder überhaupt keine Kostüme (vielleicht wäre das des Guten zu viel getan) oder es genügt ihnen, ein einziges weibliches Kleidungsstück anzuziehen oder Lippenstift und Rouge zu benützen.

Meist treten zu *Hallowe'en* gerade diejenigen Jungen am wirkungsvollsten als Frauen auf, die gewöhnlich ihre Männlichkeit sehr hervorkehren – gute Sportler etwa oder ehemalige Delinquenten, die an ihren kühnen Heldentaten gehindert werden müssen. Einige maskieren sich so gut, daß die Leute auf der Straße sie für Mädchen halten. Doch die Motivation ist nicht so einfach. Die Verkleidung stellt ein Verlangen dar, eine Frau zu sein und herauszufinden, wie man sich als Frau fühlt. Doch sie ist auch eine ängstliche und feindselige Karikatur der Frauen.

Wichtig ist festzustellen, daß Jungen, die in der Latenzzeit sich nicht als Mädchen oder Frauen verkleideten, dies tun, sobald sie in die Pubertät eingetreten sind, und daß fast alle Jungen, die sich frei genug fühlen, dies wenigstens einmal tun. Weiterhin ist zu erwähnen, daß sich unsere Kinder, wenn sie sich auch oft verkleiden, im Spiel der Rolle des anderen Geschlechts nie so weit gehen lassen wie während der besonderen Freiheit zu *Hallowe'en*.

Dies sind einige unserer Beobachtungen des spontanen, frei gewählten Verhaltens von gestörten Kindern unserer Zeit während der Pubertät und der Vorpubertät.

Herausforderung der Theorie

Mein Interesse an Initiationsriten begann mit dem Wunsch, die Motive der vier pubertierenden Kinder zu verstehen, von denen im letzten Kapitel die Rede war. Ihre Angst, daß ihr Plan von uns mißbilligt würde, machte uns doppelt begierig zu verstehen, denn dies waren Kinder, für deren Wohlergehen wir die Verantwortung übernommen hatten. Doch zunächst soll für jene Leser, die vielleicht nicht mit der psychoanalytischen Theorie vertraut sind, welche die Beschneidung mit der Kastrationsangst in Verbindung bringt, die Theorie noch einmal formuliert werden.

Unter den theoretischen Formulierungen der Psychoanalyse können Anspielungen auf die Kastration als ein historisches Ereignis gefunden werden, wobei die Beschneidung eine rituelle Ersatzhandlung darstellt. Daher: »Die Beschneidung ist der symbolische Ersatz der Kastration, die der Urvater einst aus der Fülle seiner Machtvollkommenheit über die Söhne verhängt hatte, und wer dieses Symbol annahm, zeigte damit, daß er bereit war, sich dem Willen des Vaters zu unterwerfen, auch wenn er ihm das schmerzlichste Opfer auferlegte.«[1]

Die Beschneidung wird hier als stützender Beweis für die historische Theorie herangezogen, die andernfalls auf schwankendem Boden stünde. Kastration und Beschneidung dienen also dazu, sowohl die Sexualangst als auch die Angst des Jungen vor dem Vater sowie die Unterwerfung unter ihn zu erklären. Es ist diese Furcht, die die Beschneidung mit dem Ödipuskomplex verbindet, der eine der wichtigsten theoretischen Konstrukte der psychoanalytischen Theorie darstellt. Freud selbst scheint zeitweise Zweifel an der Stichhaltigkeit seiner Theorie gehabt zu haben. Bei der Beschreibung, wie er zu seinen Spekulationen über den Urvater kam, sagt er: »Nahm ich die Darwinsche Vermutung hinzu, daß die Menschen ursprünglich in Horden lebten, deren jede unter der Herrschaft eines einzigen, starken, gewalttätigen und eifersüchtigen Männchens stand, so gestaltet sich mir aus all den Komponenten die Hypothese, oder ich möchte lieber sagen: die Vision des folgenden Hergangs: Der Vater der Urhorde hatte als unumschränkter Despot alle Frauen für sich in Anspruch genommen ...«[2] Freud gibt hier stillschweigend zu, daß es fragwürdig ist, historische Ereignisse zu rekonstruieren, und zwar sowohl in der Vergangenheit des Individuums als auch der Art. Er reduziert dann seine eigene Hypothese auf den Status einer Vision, obwohl er sie lieber als Hypothese gesehen hätte.

Später schien er jedoch zu dem Schluß zu kommen, daß solche Vorsicht übertrieben war, und gab seiner Meinung wiederholt und wahrhaft apodiktisch Ausdruck:

»Wir vermuten, in den Urzeiten der menschlichen Familie wurde die Kastration vom eifersüchtigen und grausamen Vater wirklich an den heranwachsenden Knaben vollzogen, und die Beschneidung, die bei den Primitiven so häufig ein Bestandteil des Mannbarkeitsrituals ist, sei ein gut kenntlicher Rest von ihr.«[3]

In seiner letzten Aussage über die psychoanalytische Theorie schrieb Freud:

»Daß an der außerordentlichen Schreckwirkung der Drohung eine phylogenetische Erinnerungsspur mitschuldig ist an die Vorzeit der prähistorischen Familie, da der eifersüchtige Vater den Sohn wirklich des Genitales beraubte, wenn er ihm als Rivale beim Weib lästig wurde, ist nicht auszuschließen. Die uralte Sitte der Beschneidung, ein anderer Symbolersatz der Kastration, läßt sich nur verstehen als Ausdruck der Unterwerfung unter den Willen des Vaters. (Siehe die Pubertätsriten der Primitiven).«[4]

Der Hinweis auf Erinnerungsspuren als beitragendem Faktor scheint nahezulegen, daß Freud nicht völlig davon überzeugt war, daß das eigene Erleben des Kindes – die Drohungen seiner Eltern, ihr Verbieten der Masturbation, ihre

Mißbilligung seiner sexuellen Interessen oder auch nur seiner Beobachtung des Genitales des anderen Geschlechtes – ausreichte, um die »außerordentlich furchterregende« Kastrationsangst zu erklären.

Es ist dieser vorausgesetzte Zusammenhang von Kastrationsangst und Beschneidung in Pubertätsriten, der die Initiation bedeutsam für die psychoanalytische Theorie werden läßt; andernfalls hätte die Interpretation dieser Riten, so interessant sie auch sein mag, wenig Bedeutung für den Kern des psychoanalytischen Denkens.

Bezüglich der Erinnerungsspuren, wie sie seine Konstruktionen stützten, sagte Freud:

»Wenn wir die Reaktionen auf die frühen Traumen studieren, sind wir oft genug überrascht zu finden, daß sie sich nicht streng an das wirklich selbst Erlebte halten, sondern sich in einer Weise von ihm entfernen, die weit besser zum Vorbild eines phylogenetischen Ereignisses paßt und ganz allgemein nur durch dessen Einfluß erklärt werden kann. Das Verhalten des neurotischen Kindes zu seinen Eltern im Ödipus- und Kastrationskomplex ist überreich an solchen Reaktionen, die individuell ungerechtfertigt erscheinen und erst phylogenetisch, durch die Beziehung auf das Erleben früherer Geschlechter, begreiflich werden... Seine Beweiskraft [dieses Materials] erscheint mir stark genug, um den weiteren Schritt zu wagen und die Behauptung aufzustellen, daß die archaische Erbschaft des Menschen nicht nur Dispositionen, sondern auch Inhalte umfaßt, Erinnerungsspuren an das Erleben früherer Generationen.«[5]

Der Glaube an Erinnerungsspuren, die über die Erfahrung des Individuums hinausgehen und die von einem rassenspezifischen Unbewußten abgeleitet werden, ist besonders bedeutsam, wenn er zum einzigen Weg wird, etwas derart Zentrales, aber andererseits so Dunkles zu verstehen, wie es die Kastrationsangst darstellt. Wenn dieses Symptom, wie es jetzt bei Neurotikern existiert, nur auf der Basis der Erinnerungsspuren, der eigentlichen Kastration durch einen Urvater, vollständig erklärt werden kann, dann wird es sehr wichtig zu erfahren, ob dies ein historisches Ereignis war.

Eigentlich deckt die Psychoanalyse nur auf, daß Jungen die erste genitale Liebe jenen mütterlichen Erwachsenen zuwenden, von denen sie versorgt werden. Sie entwickeln die erste sexuelle Rivalität gegenüber jenen, die sie als Besitzer der Mutterfiguren ansehen. Erikson (und einige andere Psychoanalytiker) halten es für falsch, wie Diderot zu folgern, daß der kleine Junge seine Mutter vergewaltigen und seinen Vater ermorden würde, wenn er so stark wie ein Mann wäre. Wenn er solche Kräfte besäße, wäre er kein Kind und hätte es nicht nötig, bei seinen Eltern zu bleiben – in diesem Fall würde er wohl einfach ein jüngeres, anziehenderes oder verfügbareres Sexualobjekt bevorzugen.[6]

Ich glaube, daß die Angst vor dem Vater, einschließlich der modernen Kastrationsangst, durch die hilflose Abhängigkeit des Kleinkindes von seinen Eltern und durch den Mangel an geeigneten libidinösen Objekten in der modernen Kleinfamilie völlig erklärt werden kann. Hinzu kommt, daß die Lebenssphären von Vater und Kind gewöhnlich weit voneinander getrennt liegen, was den Vater noch ferner, mächtiger und unheilvoller erscheinen läßt.

Die Heftigkeit der kindlichen Wünsche wird bisher nur wenig in Zusammenhang mit einem Verständnis dessen gesehen, was es tun kann; sie werden nicht von seinem Ich kontrolliert oder durch ein Wissen darüber abgeschwächt, was wirklich geschehen kann oder was nicht, oder was die anderen ihm zu tun erlauben. Diese Heftigkeit seiner Wünsche tritt in einem Alter auf, wo es noch nicht deutlich zwischen Phantasie und Wirklichkeit, zwischen Wünschen und deren Erfüllung unterscheidet. Deshalb fürchtet es, daß seine Eltern ihm mit gleicher Münze heimzahlen werden, und diese Angst wird nicht durch irgendwelches realistisches Wissen darüber gemildert, welche Maßnahmen seine Eltern vielleicht treffen. So entsteht ein unlösbarer Konflikt zwischen den Bedürfnissen und Wünschen des Kindes und seinen feindseligen Gefühlen gegenüber denjenigen, von denen es zur Befriedigung seiner Bedürfnisse abhängt. Dieser Konflikt verstärkt dann seine Feindseligkeit, da diese seine Furcht vor Vergeltung wachsen läßt.

Die Beobachtung des Geschlechtsunterschiedes weckt noch andere Ängste, die oft durch das Masturbationsverbot und die elterliche Mißbilligung der sexuellen Interessen, wenn nicht gar durch echte Drohungen verschlimmert werden; dies alles führt zu der Furcht, den Penis zu verlieren und erhöht daher die Kastrationsangst. Der Weg aus dieser Sackgasse heraus ist oft ein Unterdrücken der sexuellen Wünsche oder der Feindseligkeit oder beider; es gibt auch jede Menge anderer neurotischer Lösungen dieses, des sogenannten Ödipuskonfliktes.

In einer Gesellschaft, in der bedrohliche Vaterfiguren aufgrund religiöser Vorschriften und Sanktionierungen großes Ansehen genießen, und in der die Sexualität in geheimnisvolles Dunkel gehüllt ist, scheint keine Theorie der Erinnerungsspuren oder historischer Kastration nötig, um die Kastrationsangst zu erklären. Ich vermute, daß sie aus einem psychologischen Prozeß herrühren, der Gefühlserlebnisse jüngeren Datums projiziert und sie als Ereignisse betrachtet, die wahrscheinlich weit zurück in der Vergangenheit geschahen. Ein weiterer Faktor mag der Wunsch mancher Psychoanalytiker sein, gewisse Ereignisse im Leben des Kindes lieber auf der Phylogenetik als der Ontogenetik basieren zu sehen. Diese vermeintliche Parallele ist im psychoanalytischen Theoretisieren viel zu weit gezogen worden, und die Verwendung biologischer Modelle in der Psychoanalyse sollte grundsätzlich überprüft werden. Ich halte es für wahrscheinlich, daß ein trügerisches biologisches Patentmodell dazu beigetragen hat, daß die Hypothese der Urhorde als Tatsache und die Beschneidung als symbolische Kastration hingestellt wurde und damit zu weiteren Irrtümern des psychoanalytischen Denkens geführt hat.

Jenseits des Werkes von Freud sind die psychoanalytischen Hinweise auf die Beschneidung und verwandte Themen viel zu zahlreich, um im Detail diskutiert zu werden. Ich möchte daher nur einige repräsentative Beispiele anführen.

Zur Zeit der ersten Niederschrift war die Arbeit Nunbergs die jüngste umfassende Darstellung der psychoanalytischen Theorien über die Beschneidung, und sie enthält eine scharfsinnige und überzeugende Analyse eines Falles, in dem die Reaktion des Patienten auf die Beschneidung ein Hauptproblem darstellte.[7]* Nunberg stellt sein Material vor, indem er die Gültigkeit des psychoanalytisch geschmiedeten Zwischenstückes zwischen Beschneidung und Kastration behauptet. Er führt an: »Das Studium der Pubertätsriten der Primitiven bewies, daß die Beschneidung eine symbolische Kastration darstellt, der das Motiv zugrunde liegt, den Inzest zu verhindern.«[8]**

Doch in seiner Darstellung und Diskussion der bedeutsamen Gefühlserfahrungen, die die Beschneidung betreffen, bietet sich eine völlig andere Interpretation an. Dieser Patient sah keineswegs seine Beschneidung als vom Vater zugefügte Kastration an, sondern erlebte sie eher in Verbindung

---

* In seinem Buch stellt Nunberg eine Verbindung her zwischen Beschneidung und Bisexualität. Doch die Patienten, auf die er seine Diskussion gründet, sind alle Männer (selbst die Bisexualität wird auf der Basis psychoanalytischer Erfahrung mit ausschließlich Männern gegründet). Das Konzept der Bisexualität setzt eine physiologische Basis für die Schwierigkeiten voraus, die jedem Geschlecht begegnen, wenn es die Geschlechterrolle annimmt. So verlockend es auch ist, dieses Konzept zu verwenden, um solche Phänomene wie die Beschneidung zu erklären, so bezweifle ich die Berechtigung solcher Erklärungen. Sie sind ein weiteres Beispiel dafür, wie ein biologisches Modell psychologische Spekulationen beeinflußt und zu Verwirrung der Kategorie führt. Die Beschneidung ist psychologischen und sozialen Phänomenen zuzuschreiben, nicht einer biologischen Bisexualität.

** Das einzige, was psychoanalytische Studien der Pubertätsriten wirklich anbieten, sind Spekulationen über die Beziehung zu Kastration und Inzesttabu. Kein direktes Zeugnis für diese Verwandtschaft wird geliefert, und »bewiesen« wird überhaupt nichts.

mit seiner Mutter oder Frauen im allgemeinen. Er hatte viele Träume, in denen Frauen ihn kastrierten.[9] In diesem Zusammenhang kommentiert Nunberg, daß diejenigen seiner Patienten, die in der Kindheit beschnitten worden waren, ihren Müttern den Eingriff anlasteten, sie dafür haßten und jeweils daraufhin Schuldgefühle hatten; er bezieht sich auch auf die vielen wahren Beispiele von sogenannten »kastrierenden«, aggressiven Müttern.

Er bemerkt, daß die Beschneidung in dem Patienten das Gefühl erweckte, sein Penis sei einer Vagina ähnlich geworden: »Als ich diese klaffende Wunde um den Peniskopf herum sah, dachte ich, daß die blutende Vagina genauso aussehen mußte.«[10] Doch in anderem Zusammenhang empfand dieser Patient die Beschneidung als Bestätigung seiner Männlichkeit im allgemeinen und der Wichtigkeit des Penis im besonderen.

Nunberg vermutet auch einen Zusammenhang zwischen der Beschneidung und Geburtsphantasien. »Als er schließlich den Gedanken akzeptierte, daß das Kind aus der Mutter geboren wird, stellte er sich vor, daß im Krankenhaus das Kind in einer Weise aus der Mutter herausgeschnitten würde, die ihn verschwommen an die Beschneidung erinnerte. Tatsächlich wird durch die Beschneidung die Eichel freigelegt; sie taucht wie ein Neugeborenes aus dem Mutterleib auf; mit anderen Worten, nach der Beschneidung wird ein neuer Penis geboren, der wie ein erigierter Phallus mit zurückgezogener Vorhaut aussieht.... Der Initiierte, der beschnittene Junge wird ohne Vorhaut wiedergeboren und ist damit ein Mann.«[11]

Nunberg stellt auch fest, daß unter den bedeutendsten Manifestationen des Kastrationskomplexes Zweifel zu finden sind über das eigene Geschlecht sowie über den Wunsch danach oder die Furcht davor, dem anderen Geschlecht anzugehören. Er bemerkt, daß die Unzufriedenheit mit dem eigenen Geschlecht sowohl bei primitiven als auch hochzivilisierten Völkern weitverbreitet ist, wenn man die Beschneidung als Ausdruck dieser Unzufriedenheit ansieht.[12] Doch trotz dieser Beobachtungen schließt Nunberg seine Untersuchung damit ab, daß er die offizielle psychoanalytische Theorie der Beschneidung neu formuliert, indem er sich auf Freuds Spekulationen über den Menschen der Vorzeit bezieht.

Wie Nunberg, so vernachlässigen viele Schüler Freuds ihre eigenen Beobachtungen und übernehmen seine Theorien über Kastration, Beschneidung und Initiationsriten als unumstößliche Tatsachen, die nicht mehr in Frage gestellt werden sollten. Im Laufe der Jahre scheinen sie immer tiefer zu verwurzeln, als ob die Stichhaltigkeit einer Theorie durch Wiederholung bestätigt würde. Die lässige Art, in der die Verbindung zwischen diesen Phänomenen als ein gelöstes Problem betrachtet wird, zeigt sich an Fenichel. In der umfangreichen Aussage über die psychoanalytische Theorie stellt er fest, daß »Initiationsriten Privilegien und Schutz versprechen unter der Bedingung des Gehorsams und auf dieser Bedingung durch symbolische Kastration bestehen.«[13]

Ich übe keine Kritik an Fenichel, denn diese Aussage steht nur zufällig in einem umfassenden Werk. Sie gibt nicht so sehr Fenichels eigene Ansicht wieder, sondern ist eher eine getreue Zusammenfassung der vorherrschenden Theorie.

Eine andere Psychoanalytikerin, Bonaparte, sagte in einer Interpretation von Poes Werken:

»Diese Befürchtung der schlimmsten vorstellbaren Verstümmelung, des Penisverlustes ... stellt die große Furcht [des Kindes] in bezug zur Gemeinschaft und mehr als Trennungsangst dar, entscheidet wie der künftige Moralkodex sein wird. Die Gefahr der Kastration, so wenig sie auch heutzutage gefürchtet werden muß, existierte ohne Zweifel einmal in vorgeschichtlicher Zeit. Damals hat sich der Vater der Urhorde, der Schöpfer unserer frühesten Moralvorstellungen zweifellos wenig dabei gedacht, seine rebellierenden Söhne zu töten oder zu kastrieren, wenn sie seine Frauen begehrten.«[14]

Bisher ist noch kein Beweis geliefert worden, der zeigte, daß die Menschen jemals in einer Organisation lebten, wie es die Urhorde darstellt, noch, daß eine solche Horde von einem Vater regiert wurde, der als solcher erkannt wurde. Selbst wenn es jemals einen solchen Vater gegeben hat, so wissen wir nicht, wie er über irgendeines dieser Dinge dachte.

Wenn man diese Spekulationen als Tatsachen hinstellt, einfach, weil sie von Freud ausgehen, betreibt man keine Wissenschaft, sondern Mythologie. Der Analytiker spürt zu recht, daß er die Angaben seines Patienten braucht, um mit Sicherheit zu wissen, was im Bewußtsein des Patienten vorgeht; wir sollten zumindest ebenso vorsichtig sein, wenn wir unseren primitiven Vorfahren Gedanken zuschreiben.

Wachsende Zweifel

Wenn wir jetzt zu unseren vier pubertierenden Kinder zurückkehren, so scheint offenkundig, daß es vier Hauptaspekte für ihre spontanen Versuche der Gruppenbildung gab. Diese waren: 1. die Heimlichkeit des Ritus; 2. der Schnitt, den sich die Jungen einmal pro Monat an einer geheimen Stelle des Körpers zufügen sollten; 3. der Blutverlust der Jungen und die Verwendung des Blutes parallel zu Menstruationsblut; und 4. die Überzeugung, daß dieses Ritual sexuelle Freuden und Erfolg in der Erwachsenenwelt gewährleisten würde.

Je mehr wir über die Motive der Kinder Vermutungen anstellten, desto beeindruckter waren wir von der Ähnlichkeit zwischen dem, was sie tun wollten mit gewissen Eigenheiten der Pubertätsriten bei Naturvölkern. Ein Faktor setzt sogar mehr als irgendeine Einzelheit den Plan der Kinder einem Initiationsritus gleich: Ihre Bereitschaft, Schmerzen zu ertragen, um sich des Eintritts in eine Erwachsenengesellschaft zu versichern, welche nach Vorstellung der Kinder die Sexualität freizügig genoß. Dies ließ ihr Unternehmen in funktioneller Hinsicht einem Initiationsritus gleichkommen, da Anthropologen und Psychoanalytiker darin übereinstimmen, daß die Schmerzen während der Initiation der Preis sind, den die Adoleszenten für die Privilegien des Erwachsenseins zahlen.

Doch die Unterschiede zwischen den bekannten Motiven der Kinder und jenen, die Naturvölkern von der psychoanalytischen Theorie zugeschrieben werden, wurden ebenfalls sehr deutlich. Die Theorie behauptet, daß die Beschneidung in der Pubertät von kastrierenden Vaterfiguren ihren widerstrebenden Söhnen mit der Absicht aufgezwungen wird, ihre Unterwerfung, besonders die sexuelle Unterwerfung zu erzwingen.

Bei unseren Kindern hingegen waren es die Mädchen, und nicht etwa die Jungen, welche den Plan ausdachten; und es war die Furcht der Jungen vor ihren übermächtigen Müttern (nicht den Vätern), die im wesentlichen dazu zu führen schien, daß sie die Vorschläge der Mädchen annahmen.

Wenn eine symbolische Kastration angeordnet wurde, so waren es Frauen, die sie anordneten. Überdies waren die Jungen für die Ideen der Mädchen empfänglich, und der Zweck und das erwartete Ergebnis stellten keineswegs eine Unterwerfung unter elterliche Forderungen dar. Die Kinder wußten, daß ihre Eltern – und auch wir in der Schule, die wir in gewissem Sinne als Elternersatz dienten – ihrem Ritual und ihrem Verlangen nach sexueller Befriedigung in einer promiskuitiven Vergnügungswelt ablehnend gegenüberstanden. Mit Hilfe des Ritus erwarteten sie, die Forderungen von uns Erwachsenen umgehen zu können, um nicht zu verlieren oder die Kraft, ihnen zu widerstehen, aufzugeben.

So wie die psychoanalytischen Forscher, die Pubertätsriten untersuchten, waren auch wir zunächst am meisten von jenem Teil ihres Projektes beeindruckt, der das Bluten aus den Genitalien beinhaltete, das heißt einer Operation, die der Beschneidung, wenn nicht sogar der Kastration ähnelte.

So vollzogen sich unsere ersten Versuche zu begreifen in den Begriffen des Kastrationskomplexes. Darin wurden wir durch die Tatsache bestärkt, daß alle vier Kinder, und mit Sicherheit die beiden Jungen unter Kastrationsangst (verbunden mit vielen anderen Ängsten, Besorgnissen und Wahnvorstellungen) litten. Immerhin aber lebten wir seit mehreren Jahren mit diesen Kindern zusammen und hatten die psychologischen Motive untersucht, die ihrem Verhalten zugrunde lagen. Auf der Basis unseres Wissens von ihnen schien es sicher, daß ihr Plan spontan mit dem Einsetzen der Menstruation bei den Mädchen aufkam, und daß das daraus resultierende Verhalten sich völlig von den Methoden unterschied, mit denen sie sonst ihre Kastrationsangst angingen.

So fanden wir immer wieder unseren Weg zum Verständnis verlegt. Die Eleganz der Initiationstheorie und ihre allgemeine Anerkennung (wenigstens unter Psychoanalytikern) verlockten uns weiterhin, eine Erklärung auf dieser Basis zu suchen. Doch dann ertappten wir uns dabei, wie wir einige Tatsachen vernachlässigten, geringfügig, aber wirksam gewisse Fazetten unseres Wissens von den Kindern entstellten und Ereignisse in Übereinstimmung mit der Theorie erklärten, statt Erfahrungen dazu herzunehmen, um die Gültigkeit der Theorie zu prüfen. Kurzum, wir merkten plötzlich, daß wir – statt den Tatsachen – der Theorie Verständnis abzuringen suchten.

Als ich begann, die anthropologische Literatur über die Initiation zu studieren, fand ich, daß Feldbeobachtungen meine wachsenden Zweifel an der Gültigkeit der psychoanalytischen Theorie zu unterstützen schienen. Diese Feldberichte legten in bezug auf das Verhalten der Kinder neue Hypothesen nahe. Auf der Basis davon überprüfte ich viele andere Beobachtungen, die ich bei Kindern gemacht hatte (von denen einige im vorangehenden Kapitel angeführt sind) und entdeckte, daß die Verhaltenstypen verständlicher wurden.

Ich versuche nicht, die folgenden Hypothesen als gültig aufzustellen, sondern möchte lediglich zeigen, daß sie genauso vernünftig sind – oder sogar mehr – wie die gängigen psychoanalytischen Theorien über die Initiation. Sie müssen durch Feldstudien getestet werden, die vielleicht einige für gültig erklären werden und bei anderen bewirken werden, daß man sie fallenläßt oder radikal verändert.

1. Initiationsriten, einschließlich Beschneidung, sollten im Zusammenhang mit Fruchtbarkeitsriten gesehen werden.

2. Initiationsriten bei Jungen wie bei Mädchen können dazu dienen, die vollständige Annahme der von der Gesellschaft vorgeschriebenen Geschlechtsrolle zu fördern und zu symbolisieren.

3. Eine Absicht der männlichen Initiation ist vielleicht, zu behaupten, daß auch Männer Kinder gebären können.

4. Durch die Subinzision versuchen die Männer, Sexualwerkzeuge und -funktionen zu erlangen, die denen der Frauen gleichwertig sind.

5. Die Beschneidung ist vielleicht ein Versuch, die Sexualreife zu beweisen, oder eine Verstümmelung, die von Frauen eingesetzt wurde, oder beides.

6. Das Geheimnis um die männliche Initiation dient vielleicht dazu, die Tatsache zu verschleiern, daß das angestrebte Ziel nicht erreicht wird.

7. Weibliche Beschneidung ist vielleicht zum einen Teil das Ergebnis der männlichen Ambivalenz bezüglich der weiblichen Sexualfunktionen und zum anderen Teil eine Reaktion auf die männliche Beschneidung.

Es gibt keine geschlossene Theorie, die mehr als das Wesentliche der Initiationsriten zusammenfassen kann, denn sie weichen unendlich voneinander ab, was Form, Inhalt und Ursprung angeht. Viele Einzelheiten der Rituale sind nur durch die herrschenden Umstände der Gesellschaft zu erklären, in der sie vorkommen. Ein großer Vorzug der anerkannten psychoanalytischen Theorie ist, daß sie alle Initiationsriten einfach, knapp und umfassend erklärt. Aber hier liegt auch die Wurzel ihrer größten Unzulänglichkeiten. Denn um eine solche Sparsamkeit und Eleganz aufrechtzuerhalten, sind gewisse Fakten vergewaltigt worden, um zur Theorie zu passen, und andere, wiederum, wurden vernachlässigt.

Wenn ich später Daten vorstellen werde, die meine Hypothesen* stützen, so ist mein Ziel begrenzt. Die anthropologischen Feldbeobachtungen sind so zahlreich, daß ein ganzes Menschenalter vonnöten wäre, um sie auszuwerten. Ich habe in den Feldbeobachtungen oder in der psychoanalytischen Literatur keine Daten gefunden, die meinen Hypothesen widersprochen hätten. Wo Widersprüche vorhanden zu sein scheinen, sind sie nicht auf das ursprüngliche Quellenmaterial zurückzuführen, sondern darauf, wie dieses interpretiert wurde; und ich fühle mich frei genug, diese Interpretationen außer Acht zu lassen.

An dieser Stelle könnte die Frage gestellt werden: Wie soll man es rechtfertigen, daß man die Theorie über die Initiationsriten auf Beobachtungen gründet, die an schizoiden oder schizophrenen Kindern des 20. Jahrhunderts gemacht wurden – und umgekehrt, daß man das Verhalten solcher Kinder mit den Begriffen belegt, die das Verhalten von Naturvölkern in der Zeit der Pubertät beschreiben? Tatsächlich ist ein solches Vorgehen nicht stichhaltig, da es mehr den Charakter eines *argumentum ad judicium* hat. Deshalb sollten einige meiner nächsten Anmerkungen nicht als Ganzes geschluckt werden, obwohl sie einem von Freud stammenden Präzedenzfall folgen.

Freud führte seine anthropologischen Spekulationen ein, indem er bemerkte, daß das psychische Leben der sogenann-

---

* In denen ich nicht die obige Reihenfolge einhalten werde, denn dies käme einer ermüdenden Wiederholung von Punkten gleich, die sich auf mehr als auf eine Hypothese anwenden lassen.

ten wilden und halbwilden Rassen »ein besonderes Interesse für uns gewinnt, wenn wir in ihm eine gut erhaltene Vorstufe unserer eigenen Entwicklung erkennen dürfen.« Dies bezweifle ich, da ich nicht glaube, daß die Ontogenese die Phylogenese wiederholt. Aber wenn Freud weiterhin sagt, »... so wird eine Vergleichung der ›Psychologie der Naturvölker‹ mit der Psychologie des Neurotikers zahlreiche Übereinstimmungen aufweisen müssen«[15], dann bezieht er sich auf heuristisch gültige Hypothesen der vergleichenden Psychologie, nur sollten sie, meiner Meinung nach nicht auf Neurotiker beschränkt bleiben, sondern auf die Psychologie aller Menschen ausgedehnt werden. Dennoch hat man seitdem auf der Grundlage seiner Bemerkungen die Deutung von Kindheitserlebnissen freizügig benutzt, um Mutmaßungen über das Verhalten der Primitiven zu stützen und umgekehrt.

Hier könnte man sogar vermuten, daß, wenn die Naturvölker so komplexe Persönlichkeitsstrukturen wie der moderne Mensch hätten, wenn ihre Abwehrmechanismen so kompliziert und ihr Bewußtsein so subtil und anspruchsvoll, wenn das dynamische Wechselspiel zwischen Ich, Über-Ich und Es ebenso kompliziert, und wenn ihr Ich so gut geeignet wären, der äußeren Realität zu begegnen und sie zu verändern – dann hätten sie so komplexe Gesellschaften wie die unsere entwickelt, wenn auch wahrscheinlich andere. Ihre Gesellschaften sind jedoch klein geblieben und verhältnismäßig unwirksam in der Auseinandersetzung mit der äußeren Umgebung. Vielleicht ist einer der Gründe dafür ihre Neigung, Probleme eher durch autoplastische als durch alloplastische Manipulationen zu lösen; das heißt, indem sie ihre Körper oder ihr Verhalten anstelle der physischen Umgebung verändern.

Zwei sehr aufmerksame Kritiker nahmen starken Anstoß an diesen Bemerkungen; der eine nannte sie wahnhafte Behauptungen, während der andere sich von meinen Mutmaßungen abgestoßen fühlte.[16] Obwohl ich über die Angelegenheit viel nachgedacht habe, sehe ich keine Veranlassung, meine Bemerkungen zu ändern, mit der Ausnahme, daß einige Bemerkungen deutlicher als nur als Spekulation zu etikettieren sind. Doch sei dem Leser warnend mitgeteilt, daß zumindest zwei Gelehrte überzeugt waren, daß ich mich hier im Irrtum befinde.

Der Grund dafür, daß ich auf ihre Kritik nichts gebe, ist, daß ich ja nicht behaupte, der Naturmensch könne keine ebenso komplexe Persönlichkeit haben wie der moderne Mensch, sondern lediglich, daß er sie nicht hat. Ich bezweifle nicht seine Entwicklungsmöglichkeit; im Gegenteil, meine ganze These basiert auf der Überzeugung, daß wir im Grunde alle mehr oder weniger gleich sind. Gerade weil ich glaube, daß unsere Anlagen sich nur wenig unterscheiden, muß es einen anderen Grund dafür geben, daß verschiedene Menschengruppen sich verschieden entwickelt haben. Warum haben denn einige Gruppen die menschliche Natur in Frage gestellt, versucht, sich selbst, die Welt und einander zu begreifen, und im Verlauf ihres Strebens komplexe Gebäude errichtet, sich selbst wie die äußere Natur und ihre Gemeinschaften auf der Basis größeren rationalen Verstehens verändert? Warum schuf eine Gruppe von Menschen, durch die Jahre hindurch und in kleinen Schritten, die moderne Gesellschaft, die moderne Wissenschaft und Technologie, während eine andere Gruppe in einer ähnlichen Zeitspanne, unter Bedingungen, wie sie bei den australischen Ureinwohnern herrschen, relativ stationär blieb? Wenn dieser Unterschied nicht darin zu finden ist, daß die eine Gruppe eine immer komplexere Persönlichkeitsstruktur auf einer Grundlage, die beiden gemeinsam ist, entwickelt hat, dann möchte ich gerne wissen, woher sonst der Unterschied rührt. Andernfalls kehren wir zu dem Glauben an einen grundlegenden Unterschied der intellektuellen Begabung bei verschiedenen Menschengruppen zurück, einem Glauben, der hoffentlich mit jenen Vorurteilen verbannt wurde, die wir hinter uns gelassen haben, als wir uns vernunftgemäß und in der Komplexität unserer Persönlichkeitsstruktur entwikkelten.

Da meine Bemerkungen von zwei verschiedenen Gelehrten mißverstanden wurden, fällt mir die Last der Verteidigung zu. Leider kann ich nichts anderes tun, als ein Argument *ad judicium* zu liefern, denn dies ist eine Angelegenheit, wo die Kenntnisse fehlen, obwohl wir nicht nachlassen, unsere Unwissenheit zu überwinden. Aus verständlichen Gründen ist das folgende Beispiel der Eltern-Kind-Beziehung entnommen, welche in diesem Buch von so großer Bedeutung zu sein scheint.

In einem primitiveren Umfeld, als es das unsere darstellt, ist die Sexualität vielleicht weniger in geheimnisvolles Dunkel gehüllt, doch liegt alles übrige eher in permanenter Unwissenheit. Diese Ignoranz zeigt sich etwa als Ungewißheit darüber, wie ein Kind empfangen oder wodurch die Abfolge der Jahreszeiten oder, in trockenen Ländern, die Regenzeit verursacht wird, was so wichtig für die Regeneration der Pflanzen und damit der Verfügbarkeit der Nahrung ist (denn wenn nicht genügend Regen fällt, muß das Kind in primitiveren Gesellschaften vielleicht ein Jahr lang hungern oder sogar verhungern). Das moderne Kind weiß vielleicht viel weniger über die Sexualität als sein Gegenstück in der primitiven Gesellschaft und auch viel weniger darüber, wo seine tägliche Nahrung herkommt. Schließlich weiß das moderne Großstadtkind, daß trotz der Geschichten, die wir ihm vorlesen, nicht etwa der Bauer uns die Lebensmittel gibt, denn wir kaufen sie ja für Geld im Supermarkt. Aber durch welche geheimen Manipulationen seine Eltern es zuwegebringen, daß dieses Geld immer wieder vorhanden ist – das ist ihm etwas viel Unbekannteres als für das australische Eingeborenenkind das Nahrungssammeln. Das moderne Großstadtkind weiß wirklich weniger und ist von viel mehr Geheimnissen umgeben, in die es eindringen muß. Aber es weiß – und das ist der entscheidende Punkt –, daß es potentiell wissen kann, welches die wahre

Ursache der Befruchtung ist, wie Geld verdient wird und warum der Bauer bereit ist, Nahrungsmittel für Geld abzugeben. Es ist diese Überzeugung – daß man wissen kann, sobald man genug Wissen erworben hat –, die dem modernen Kind solch großen Antrieb gibt, das zu entwickeln, was ich eine komplexe Persönlichkeitsstruktur nenne. Ein solch mächtiger Anreiz, seine Fähigkeit zu vernunftgemäßen Folgern zu entwickeln, wird dem Kind in der Naturgesellschaft nicht zuteil. Und da diesem eines der Geheimnisse, die ein Kind am neugierigsten machen, nämlich das der Sexualität und des Geschlechtsverkehrs, kein Geheimnis ist, fehlt ihm ein mächtiger Ansporn, Geheimnisse überhaupt aufzudekken. Was jedoch das moderne Kind angeht, so kann sein Wunsch, die Sexualität zu enträtseln, das Verlangen entstehen lassen, auch hinter andere Geheimnisse zu kommen. Solch ein Verlangen wird durch die Überzeugung der Gesellschaft (einschließlich der Massenmedien) bestärkt, daß durch mehr Lernen alle Geheimnisse erkannt werden können. Und dies besonders dann, wenn das Kind gelernt hat, daß es durch das, was hinter dem großen Geheimnis der Sexualität liegt, vielleicht ermutigt wird, viele andere Geheimnisse auf eigene Faust zu erforschen.

Beobachtungen wie diese veranlaßten mich, eine komplexe Gesellschaft mit einer komplexen Persönlichkeitsstruktur, einschließlich der komplexen psychologischen Abwehrmechanismen und Abwehr gegen diese, in Zusammenhang zu bringen. Sie führten mich zu der Annahme, daß, während in der primitiven Gesellschaft das Kind eher über grundlegende Tatsachen Bescheid weiß, dieses Wissen den Ansporn verschwinden läßt, eine sehr komplexe Persönlichkeit zu entwickeln. Kurzum, ich glaube, daß primitive Kinder ebenso komplexe Persönlichkeiten wie die unseren entwickeln können; aber ihre Lebensbedingungen geben ihnen dazu wenig Veranlassung.

Roheim hat ohne zu differenzieren gesagt, daß die Kultur des Australiers autoplastisch sei.[17] (Er wandte dieses Konzept jedoch nicht auf die Beschneidung an). In unserer Gesellschaft können wir beobachten, wie ein kleines Kind, das in seiner Anstrengung frustriert wurde, ein Spielzeug oder eine Situation zu beherrschen, sich selbst schlägt oder seinen Kopf auf den Boden haut; es hält nicht inne, um zu ergründen, ob die Frustration in der Außenwelt oder in seinen Gefühlen begonnen hat. In ähnlicher Weise handeln Menschen in der Naturgesellschaft oft so, als könne man der äußeren Realität nur mit Resignation begegnen, oder indem man etwas mit dem oder am eigenen Körper unternimmt. Weiter, das kleine Kind versucht, wie seine Mutter zu werden, aber nicht, indem es ihre Verhaltensweise übernimmt oder gemäß ihrer Wertvorstellungen zu leben versucht, sondern indem es ihre Kleider anzieht. In gleicher Art neigen einige Naturvölker eher dazu, Äußerlichkeiten zu kopieren als weniger sichtbare Charakteristika zu internalisieren. Wenn Männer durch Subinzision *sich* den Frauen *ähnlich machen*, so ist der offensichtliche Grund der, daß sie versuchen, Frauen zu *sein*. Nur wenn auch die Daten eine solche Interpretation ausschließen, müssen wir nach einer anderen suchen.

Ein weiteres Anzeichen für den relativ unterentwickelten Status des primitiven Ichs ist, daß das Über-Ich zu manchen Zeiten äußerst grausam erscheint und zur anderen Zeit kaum in der Lage, sich selbst zu behaupten. Wie gültig solche Vergleiche sind, wurde natürlich nicht festgestellt. Aber wenn die Theorie der vergleichsweisen Unreife, also einer relativ dürftigen Persönlichkeitsintegrierung, richtig ist, dann könnte das Nettoergebnis sein, daß die Schranken gegen die Äußerung bestimmter Neigungen niedrig sind. So könnte in einer Kultur, die noch keine Schrift kennt, ein Mensch frei ausagieren, was bei einem Menschen des Abendlandes als Anzeichen einer Persönlichkeitsdesintegration angesehen würde; der Primitive könnte Wünsche ritualisieren, die bei »normalen« Menschen unserer Kultur tief unterdrückt oder sonstwie integriert und sublimiert werden müssen und höchstens in Phantasien ausgedrückt werden können.

Ich wurde außerdem von der Annahme geleitet, daß Motivationen, die »normalen« Menschen unbewußt sind, von schizophrenen Erwachsenen häufig offen ausgedrückt werden, und daß »normale« Kinder ein Verhalten zeigen, das bei »normalen« Erwachsenen verborgen bleibt. Daher schien die Schlußfolgerung stichhaltig, daß sich Unbewußtes am sichtbarsten im Verhalten (und in den Aussagen) schizophrener Kinder zeigt. Fenichel geht sogar so weit zu sagen, daß »in der Schizophrenie ›das Unbewußte bewußt‹« ist[18] und aller Wahrscheinlichkeit gilt das für schizophrene Kinder noch mehr als für schizophrene Erwachsene.

Obwohl die psychoanalytische Theorie glaubt, daß das Unbewußte relativ oder völlig unberührt vom Zivilisationsprozeß bleibt, bin ich davon nicht überzeugt. Nur umfassende Studien über das Unbewußte der Naturvölker würden definitive Aussagen in dieser Angelegenheit erlauben. Was ich jedoch glaube: wenn Menschen in völlig verschiedenen Umfeldern als Antwort auf die gleiche Herausforderung (in diesem Fall das Einsetzen der Pubertät) ähnliche Verhaltensweisen entwickeln, dann sind sie von ähnlichen Wünschen motiviert; dies scheint um so wahrscheinlicher, wenn die bekannten Tatsachen solche Vorstellungen eher unterstützen als ihnen widersprechen. Dennoch kann das Verhalten unserer Kinder nur nahelegen, unsere Theorien über die Motive der Naturvölker neu zu durchdenken: es verrät nicht, welche Motive dies sind.

Man kann zum Beispiel nicht die Tatsache ignorieren, daß die Jungen in der Orthogenetischen Schule unter Sexualängsten litten, die vermutlich viel stärker waren als die der Adoleszenten bei Naturvölkern, und daß dies ihre Motive beeinflußte.

Die Wünsche und Motive des Jungen, der so lebhaft die Vorzüge der Beschneidung pries, unterscheiden sich sehr stark von jenen der zwei, die sich der geheimen Gemeinschaft anschlossen. Sein Fall läßt keine eindeutigen Schlußfolgerungen zu, erstens, weil er unter Jungen lebte, die als

Säuglinge beschnitten worden waren, und zweitens schmerzhafte Adhäsionen das zufriedenstellende Funktionieren des Penis beeinträchtigen. Von daher können wir keine Vermutungen über die Gefühle primitiver Jungen in bezug auf die Beschneidung anstellen, wenn sie nicht unter Adhäsionen leiden. Sein Verhalten zeigt vielmehr, daß das Leben unter Beschnittenen die Beschneidung als sehr begehrenswert erscheinen läßt, und diese Bedingung herrscht in den meisten Gemeinschaften vor, die die Beschneidung in ihren Initiationsriten enthalten.

Was die anthropologische Literatur über die Initiation angeht, so stützt sie zwar einige meiner Vermutungen über das Verhalten der Kinder, dies jedoch nicht eindeutig. Es gibt keine leicht zu ziehende Parallele zwischen dem Verhalten der Jungen in unserem hochzivilisierten zwanzigsten Jahrhundert – Kindern, die in einer mehr oder weniger patriarchalischen und sexualfeindlichen Gesellschaft aufgewachsen sind – und dem Verhalten von Kindern, die in einer Gemeinschaft leben, die relativ große, oft totale sexuelle Freiheit gewährt. Symptome können berechtigterweise nur aus dem Zusammenhang heraus verglichen werden, insbesondere, wenn sie aus sehr verschiedenen sozialen und psychologischen Feldern herkommen. So bot mir auch hier meine Erfahrung, die mich bewog, die anerkannten Interpretationen bestimmter Aspekte der Initiationsriten herauszufordern, und andere herauszuarbeiten und zu qualifizieren, hauptsächlich den Ansporn, weiterzuforschen.

Einige erste Vergleiche

Welches waren also die Berührungspunkte zwischen der Arbeit über die Initiation, wie sie von Feldbeobachtern berichtet wird und der Untersuchung des Betragens unserer Kinder? Die erste Ähnlichkeit war, daß diese vier pubertierenden Kinder durch ihren Geheimbund, wie die Novizen bei der Initiation versuchten, durch einen magischen Akt ein für allemal aus der Kindheit in das Erwachsensein aufzurücken. Bei den Mädchen hieß dies, daß sie einen Weg zur Annahme der weiblichen Rolle finden mußten, eine Aufgabe, wie sie die erste Menstruation oft brüsk und traumatisch dem heranwachsenden Mädchen auferlegt. Um wenigstens diesen Aspekt der Weiblichkeit – den, der jetzt am dringlichsten war – annehmbar zu machen, schufen sie eine Situation, in der die Menstruation nicht länger eine Bürde allein ihres Geschlechts war. Wenn dies also die Jungen ihnen ähnlicher machte, könnten sie weniger fürchterlich, weniger verschieden und fremdartig erscheinen.

Andere Haltungen in bezug auf die Menstruation können teilweise auch durch die Suche nach Möglichkeiten, die Frauenrolle anzunehmen, erklärt werden. Sieht man die Menstruation nicht als etwas Schwächendes an, sondern als etwas, das außergewöhnliche magische Kräfte verleiht, so macht sie die genitale Sexualität akzeptabler. Die neue Macht wiederum läßt die Männer weniger beneidenswert und gefährlich, und den Geschlechtsverkehr mit ihnen weniger gewagt erscheinen. Dies alles macht es den Mädchen leichter, die prägenitalen, präödipalen Strebungen aufzugeben, die Freud als erster erkannte, der sie die polymorphperverse Anlage des Kindes nannte.[19]

Das Aufbewahren von beschmutzten Monatsbinden usw. mag das Verlangen zeigen, den Beweis, daß die Geschlechtsreife erlangt wurde, sicherzustellen. Wo es von dem entgegengesetzten Wunsch, nämlich Kind zu bleiben, herrührt, wird die Menstruation als ekelerregend angesehen.

Eine weitere Ähnlichkeit ist das Verlangen der Frau nach einem männlichen Genitale, was sowohl in den Initiationsriten als auch im Verhalten unserer Kinder gesehen werden kann. Das Mädchen, das an der Haut der Genitalregion zog, hoffte, daß sich dort ein Penis entwickeln würde. Sie verzichtete jedoch weder auf ihre Vagina noch auf die künftige Fähigkeit, Kinder zu bekommen, was sie häufig ausagierte. Im Gegensatz zu den vier adoleszenten Kindern war sie nicht zu größerer Sexualreife oder erwachsener Unabhängigkeit motiviert. Ihre Handlungen hatten wie die des kleineren Jungen ihren Ursprung in dem Verlangen in beiden Geschlechtern Erfüllung zu finden, entweder gleichzeitig oder in rascher Folge nacheinander. Sie erinnerte mich an jene afrikanischen Mädchen, die etwa in demselben Alter die Klitoris oder die Schamlippen oder beides manipulieren, damit sie vergrößert und hängend (bin ich versucht zu sagen) wie ein Penis werden.* Diese Entstellung des weiblichen Genitales wird bei mehreren Völkern von der Stammessitte gefordert. In unserer Zeit wird sie nicht von Männern aufgezwungen, sondern im Gegensatz zu weitverbreiteten Ansichten bestehen die Frauen darauf. Die Feldberichte lassen nicht vermuten, daß die kleinen Mädchen dieser Sitte etwa unwillig nachkommen.

Das Gegenteil hiervor ist die Extirpation (Entfernung) der Klitoris, eine Operation, die bei verschiedenen Stämmen Teil der Initiationsriten der Mädchen ist. Obwohl die Exzision gewöhnlich von Frauen und nicht von Männern ausgeführt wird, vermutet man allgemein, daß diese Sitte den Frauen von den Männern aufgezwungen wird. Die Wünsche unserer kleinen Jungen lassen in der Tat vermuten, daß manche Männer die weiblichen Sexualorgane teilweise herausschneiden würden, wenn sie nicht daran gehindert würden. Aber das Beispiel des Mädchens, das sich zurückhalten mußte, die eigene Klitoris herauszureißen, läßt Zweifel aufkommen, ob selbst diese weitreichende Verstümmelung nicht zum Teil ebenfalls durch spontane weibliche Wünsche verstärkt wird.

Das »Initiations«-Ritual unserer Adoleszenten, insbesondere der geforderte Schnitt in das Genitale der Jungen, ging von einem Mädchen aus. Es muß noch geklärt werden, ob die Riten der Naturvölker, in denen eine analoge Operation

---

* Ihr Verhalten wird auf Seite 191/192 beschrieben.

am männlichen Genitale stattfindet, ähnliche Ursprünge haben.

Das wahnhafte Verknüpfen der Menstruation mit dem Penis, wie es von einem unserer Mädchen demonstriert wurde, kommt gewissen Vorstellungen der Australier in bezug auf den subinzisierten Penis gleich. So wie dieses Mädchen phantasierte, daß es während der Menstruation einen Penis bekäme, so glauben die australischen Ureinwohner, daß sie Vulvas erhalten, wenn sie aus ihren Penes bluten. Obwohl keine direkte Verbindung existiert, scheinen diese beiden Verhaltenstypen parallele unbewußte Tendenzen auszudrücken.

Unsere Jungen wollten, wie ihre Gegenstücke in der Naturgesellschaft, einen ebenso endgültigen Beweis für ihr Erreichen der Geschlechtsreife haben, wie ihn die Menstruation für die Mädchen darstellt. Vielleicht haben sie auch versucht, ihre Angst dadurch zu vermindern, daß sie die Mädchen zufriedenstellten oder sich ihnen unterwarfen. Der Akt, durch den sie dies zu tun hofften, war in sich selbst wichtig, da er bei ihnen etwas der Menstruation Ähnliches hervorbringen würde. Dies – das mögen sie ebenfalls gefühlt haben – würde ihnen zu einem besseren Verständnis der weiblichen Sexualität verhelfen. Für den Jungen, der die Beschneidung erbat, diente der beschnittene Penis mit der nun ständig befreiten Eichel vielleicht ebenso wie die Menstruation dazu, ihm zu bestätigen, daß er die Sexualreife erreicht hatte.

Parallel zum Neid der Frauen läuft das Verlangen des Mannes, ein weibliches Genitale zusätzlich zum eigenen zu besitzen. Die Jungen, die dies so intensiv wünschten, waren beträchtlich jünger als die Adoleszenten, die sich an den »Initiations«plänen beteiligten. Doch der Altersunterschied war nicht unbedingt von besonderer Bedeutung, da wir ähnliche, wenn auch weniger frei geäußerte Wünsche bei adoleszenten Jungen beobachtet haben. Bei den beiden kleineren Jungen war das Ich nicht entwickelt, und sie waren in ihrem

Handeln viel primitiver als die vier Adoleszenten. Beziehungslos, völlig unfähig, eine Bindung mit einem Erwachsenen oder anderen Kindern einzugehen, konnten sie nicht zweckmäßig handeln oder auch nur längere Zeit spielen. Es hätte keines Zwanges bedurft, um sie zum Verändern ihres Körpers zu bringen, so daß sie eine vaginaartige Öffnung bekämen. Hätten wir sie nicht zurückgehalten, so hätten sie Experimente nach Art der Subinzision angestellt.

Diese Jungen waren weniger als die Adoleszenten um Geschlechtsreife und Menstruation besorgt. Sie wollten beide Geschlechter haben: eine Vagina – also *sein* – wie die mächtigen, gefürchteten, geliebten und gehaßten Frauen. Mit diesem Wunsch ging der mächtige Drang einher, die Sexualorgane der Frauen herauszuschneiden. So mag das Verlangen, eine Vagina zu besitzen, eine Identifikation mit den Frauen darstellen, während der Wunsch, die Vagina herauszuschneiden, aus dem Haß und der Angst herzurühren scheint, die von Frauen ausgehen und aus dem Verlangen, sie zu besiegen.

Die Rituale vieler Naturvölker scheinen eine Befriedigung dieser beiden Wünsche darzustellen: Durch die Subinzision operieren die Männer den Penis in einer Weise, daß er der Vulva ähnlich sieht. In der sogenannten Beschneidung der Mädchen werden die Klitoris und manchmal auch die Schamlippen herausgeschnitten.

Eine weitere Ähnlichkeit liegt in dem Verlangen der Männer, Kinder zu gebären und an anderen weiblichen Funktionen teilzuhaben. Die feindseligen Gefühle der Jungen gegenüber dem Genitale der Frau waren eher wild und destruktiv als konstruktiv. Der Wunsch, Kinder zu gebären, ist positiver; er kann als konstruktiv angesehen werden, selbst wenn er von Jungen geäußert und mit Neid auf die Frauen verbunden wird, weil diese dergleichen können. Obwohl wenige Jungen so weit gehen, die Schwangerschaft auszuagieren, haben wir dies dennoch mehrmals beobachtet. Doch die Wiederholung der Niederkunft ist ein universeller

Wesenszug der Initiationsriten, und »schwangere« Jungen kann man zu *Hallowe'en* sehen.

In den *Hallowe'en*-Kostümen unserer Kinder läßt sich schließlich noch eine Ähnlichkeit zu den Initiationsriten sehen, da das maskierte Auftreten als Vertreter des anderen Geschlechts, oder wenigstens das Tragen von dessen Kleidern Teil zahlreicher Riten ist. Bei einigen Stämmen kommt Transvestismus nur bei ganz besonderen Anlässen vor. Bei anderen gestatten ihn die Initiationsbräuche nicht nur, sondern fordern ihn sogar.

Transvestismus scheint ein weiteres Anzeichen für den starken Wunsch sowohl der Männer als auch der Frauen zu sein, an den Sexualfunktionen und der sozialen Rolle des anderen Geschlechts teilzuhaben. Er scheint auch das Kind zu versichern, daß mit dem Erreichen der Geschlechtsreife sein Verlangen, an den Vorrechten und Freuden des anderen Geschlechts teilzuhaben, nicht ein für allemal aufgegeben werden muß. Zu *Hallowe'en* Kleider des anderen Geschlechts anzuziehen, scheint nicht nur den Wunsch auszudrücken, die andere Geschlechtsrolle zu spielen; es ist auch die Versicherung, daß dies von Zeit zu Zeit gestattet sein wird. So können die übermännlichen Jungen, die sich so gut als Frauen verkleiden, gelegentlich offen zeigen, in welchem Grad ihr männliches Auftreten eine Abwehr gegen starke Wünsche, weiblich zu sein, ist. Das Verhalten dieser sehr unintegrierten Kinder, die sowohl männliche als auch weibliche Sexualorgane haben möchten, nimmt Formen an, die gesellschaftlich wenig akzeptabel sind. Ihre Wünsche scheinen nicht nur ihre infantile Weigerung zu verraten, sich einer bestimmten Sexualrolle anzuvertrauen, sondern auch ihren Neid auf jeden, der dazu in der Lage ist. Doch selbst ihr Verhalten hat integrative Nebenbedeutungen bis zu dem Ausmaße, daß ihr Neid schwächer wird und ihnen erlaubt, mit sich selbst in Frieden zu leben. Dennoch ist die Art, wie sie es tun, sichtlich destruktiv und kann nicht zu höherer Integration führen.

Unsere Beobachtungen dieser Kinder ließen vermuten, daß eine Auffassung der Pubertätsriten, die psychoanalytische und anthropologische Spekulationen integriert, sehr wohl möglich ist. In dem spontanen Verhalten unserer Jungen sahen wir eine Anzahl Parallelen zu den Initiationszeremonien, einschließlich der Anstrengungen, ihres Neides auf das andere Geschlecht Herr zu werden, den Status der Erwachsenen zu erreichen und so weiter. Daß ihre Pläne unwirksam oder möglicherweise gefährlich waren, ändert daran nichts. Obwohl diese Kinder auf irrationalen Druck reagierten, erschienen ihnen die erreichten Lösungen konstruktiv. Dies stellt diese auf eine völlig andere Basis, als wenn sie aus Versuchen der Erwachsenen herrührten, Sexualangst zu erzeugen und die Kinder zur Unterwerfung zu zwingen.

Obgleich ihr Verhalten aus der bedrohenden Einstellung von Erwachsenen (in den meisten Fällen ihrer Eltern) entstand, so war es doch niemals der Wunsch der Erwachsenen, daß die Kinder ihre eigenen Genitale oder die des anderen Geschlechts manipulierten. Das Verlangen danach entstand, als die Kinder mit nicht-bedrohlichen Erwachsenen in der Orthogenetischen Schule lebten. Was auch immer der Ursprung ihrer Angst sein mochte, der Wunsch, ihre Genitale zu verändern, wurde ihnen nicht von außen gegen ihren Willen aufgezwungen.

All dies legt nahe, daß die Initiationsriten nicht nur (oder etwa hauptsächlich) aus feindseligen Gefühlen von Erwachsenen gegenüber Kindern herrühren können; daß die gelebte Erfahrung nicht primär die sexuellen Freuden der jungen Menschen oder ihr Genießen der für sie neuen Erwachsenenrolle hemmt. Im Gegenteil, als Mittel, das sie befähigt, einen Teil ihrer Ambivalenz über das Erwachsenwerden auszudrücken, scheint die Erfahrung ihnen zu helfen, so daß sie die Erwachsenenrolle ihres Geschlechts akzeptieren und fortan in Einklang mit ihr leben können.

Wie die spontanen Aktionen der Kinder, die wir beobachteten, sollen Initiationszeremonien vielleicht die persönliche und soziale Integration in einer schwierigen Übergangszeit des Lebens fördern. Sie sollten dann als Versuche der Jugend oder der Gesellschaft verstanden werden, die großen Antithesen zwischen Kind und Erwachsenem und zwischen Mann und Frau zu lösen; kurzum, zwischen kindlichen Wünschen und der Rolle, die jedem Geschlecht gemäß der Biologie und den Normen der Gesellschaft vorgeschrieben ist, vermitteln. Ob ihnen dies gelingt oder nicht, ist eine andere Frage.

In diesem Sinn ist vielleicht das, was die Psychoanalyse bisher als in der Hauptsache vom Es oder Unbewußten herrührend, als Ausdruck unintegrierter, destruktiver Tendenzen ansah, viel eher ein Ausdruck des Ich, das durch das Ritual versucht, Ordnung in die chaotischen Triebwünsche und -ängste zu bringen.

Der androzentrische Schleier

Ich hoffe, daß *eine* weitere Anwendung meiner Bemerkungen auf die psychoanalytische Theorie und klinische Praxis einleuchten wird. Sie spielen darauf an, daß gewissen psychologischen Phänomenen nicht die Aufmerksamkeit zuteil wird, die sie verdienten. Im besonderen sind Penisneid bei Mädchen und Kastrationsangst bei Jungen überbetont worden, und vielleicht ist eine viel tiefere psychologische Schicht bei Jungen relativ vernachlässigt worden.

Wenn ich in diesem Buch hauptsächlich von dem männlichen Neid auf die weiblichen Sexualfunktionen spreche, so weil dies weniger oft diskutiert wurde, und nicht etwa weil »Penisneid« weniger alltäglich ist. Es scheint, daß in jeder Gesellschaft der Neid auf das dominante Geschlecht leichter zu beobachten ist. In Gesellschaften, in denen Männer die wichtigere Rolle spielen, wird der Neid auf den

Mann und damit auf den Penis bereitwilliger zugegeben, offener ausgedrückt und leichter erkannt; es herrscht Übereinstimmung darüber, daß es wünschenswert ist, ein Mann zu sein. Dies treibt den Neid der Männer auf die Frauen in den Untergrund, da er im Gegensatz zu den erklärten Normen steht und daher als unnatürlich und unmoralisch angesehen wird.

Wenn ein Stamm, in dem dieser Zustand herrscht, durch einen Wissenschaftler untersucht wird, der in einer ähnlich eingestellten Gesellschaft aufgewachsen ist, können die Einstellung des Stammes und die des Forschers sich gegenseitig verstärken; er kann mit Leichtigkeit den Neid der Frauen auf den Mann feststellen, aber die Kehrseite der Medaille mag übersehen oder in verzerrender Weise bagatellisiert werden. Wir könnten fragen, ob dies einer der Gründe dafür, daß die Initiationsriten der Jungen gewöhnlich komplexer sind als die der Mädchen, darin liegt, daß in vielen Gesellschaften die Frauen ihren Neid offen ausdrücken können, während der vergleichbare Neid der Männer nur im Ritual ausgedrückt werden kann.

Obwohl der männliche Neid nicht unbeobachtet blieb, ist ihm in der psychoanalytischen Literatur relativ wenig Beachtung geschenkt worden. Meines Wissens nach, wurde er zuerst von Groddeck diskutiert. Landauer bezog sich darauf in Zusammenhang mit seiner Theorie, wonach es die Enttäuschung der Männer über ihre Unfähigkeit ist, menschliche Wesen hervorzubringen, die sie zu intellektuellen Schöpfungen führt[20], eine Theorie, die Chadwick früher schon verkündet hatte.[21] Klein kommentiert, daß »Der Weiblichkeitskomplex der Männer [erscheint] so viel dunkler als der Kastrationskomplex bei Frauen, mit dem er die Bedeutung teilt«, und daß die Identifikation des Jungen mit seiner Mutter oft »in einer Rivalitätshaltung gegenüber der Frau [resultiert] mit einer Mischung von Neid und Haß; denn aufgrund seines Wunsches nach einem Kind fühlt er sich benachteiligt und der Mutter unterlegen.«[22] Zilboorg spricht von dem »Neid auf die Frau von seiten des Mannes, der psychogenetisch älter und daher fundamentaler«[23] ist als der Penisneid.

In neuerer Zeit ging Fromm[24] darauf ein, und Jacobson widmete der Diskussion über den Wunsch der Jungen, Kinder zu gebären, eine Arbeit und erwähnte die Tatsache, daß sie bei ihren männlichen Patienten »Gelegenheit hatte ... einen intensiven und beharrlichen Neid auf die weibliche Fähigkeit zur Reproduktion zu beobachten – einen Neid, der oft durch eine anscheinend normale Männlichkeit verborgen wird.«[25] Psychologen, die Jung folgen, sind mit der Bedeutung des Mutter-Archetypus (die Große Mutter) und ihren Konsequenzen auf männliche Wünsche und Ängste vertraut, einem Standpunkt, der kürzlich von Neumann[26] vertreten wurde. Doch haben weder diese, noch meines Wissens nach andere Autoren die Beziehung zwischen Mutterfiguren und der Beschneidung von Adoleszenten oder zwischen Initiationsriten und den Gefühlen der Jungen bezüglich des eigenen und des anderen Geschlechts, sowie die Notwendigkeit, die von der Gesellschaft vorgeschriebene Geschlechtsrolle auf sich zu nehmen, untersucht.

Es ist natürlich allgemein bekannt, daß bei Jungen die Kastrationsangst nicht nur aus Angst vor dem Vater, sondern auch vor Mutterfiguren herrührt. Ich hoffe, der vorliegende Beitrag zur Theorie der Kastrationsangst weist mit größerem Nachdruck auf den Einfluß der Frauen hin, den diese auf die Beschneidung und andere Wesenszüge der Initiationsriten ausüben (direkt gesehen, weil die Frauen wollten, daß die Beschneidung stattfände, und indirekt durch die Identifizierung des Jungen mit seiner Mutter). Zugleich sollte anerkannt werden, daß man sich durchaus täuschen kann, wenn man die Beschneidung als von Vaterfiguren ausgehend ansieht. Die hier präsentierte Interpretation der Initiationsriten betont in der Individualpsychologie und bestimmten sozialen Institutionen die Wichtigkeit der präödipalen Erfahrungen, besonders die Unsicherheit und die

Unzufriedenheit *sowohl* der Jungen *als auch* der Mädchen mit ihrem eigenen Geschlecht und ihren Neid auf das andere Geschlecht. Wenn wir die Bedeutung solcher Tendenzen und der Wirkung von Mutterfiguren bei der Entstehung des Wunsches nach weiblichen Sexualfunktionen und auch die Kastrationsangst beim Mann erkennen, könnte uns dies dazu bringen, manche unserer sozialen Institutionen und klinischen Beobachtungen neu zu interpretieren.

Die Notwendigkeit solcher Neuinterpretationen ist in der Literatur erkannt und kommentiert worden. Zilboorg spürte, daß die wahre bio- und psychosoziologische Rolle der Frau durch die Psychoanalyse nicht völlig verstanden wurde; dies ist darauf zurückzuführen, daß Freud, obwohl er sich des Problems in den meisten seiner Arbeiten bewußt war, durch seine männliche Voreingenommenheit behindert wurde.[27] Er fügt hinzu:

»Es gibt keinen Zweifel, daß weitere und tiefergehende Studien über die menschliche Psyche eine große Anzahl erhellender Daten hervorbringen werden, so bald man lernt, den androzentrischen Schleier unberücksichtigt zu lassen, der bisher über einer Reihe wichtiger psychologischer Angaben lag...«[28]

und:

»Wenn man sich entschließt, nicht zu übersehen, wieviel Weibliches in den männlichen Attributen liegt, die bisher als primär und unbezweifelbar männlich bezeichnet wurden, und wenn der fundamentale Neid, mit dem der Mann die Frau behandelt... berücksichtigt wird, dann bin ich sicher, daß klinische Untersuchungen mit neuem Material angereichert werden, das bisher durch die androzentrische Voreingenommenheit verdunkelt wurde.«[29]

Ich hoffe, diese Arbeit läßt die Neigung schwächer werden, die das Männliche in den Mittelpunkt stellt, und wirft mehr Licht auf die psychosoziale Rolle der Frau; diese Studie möge zeigen, wie in Männern viel mehr Feminines existiert,

als man allgemein glaubt, und wie stark Einfluß und Strebungen der Frau soziale Einrichtungen, die wir immer noch
auf rein maskuliner Basis erklären, mitbestimmt haben. Obwohl ich für eine detaillierte Analyse nur den relativ engen
Bereich der Pubertätsriten gewählt habe, sollte daran erinnert werden, daß ähnliche Faktoren hinter vielen anderen
Aspekten des menschlichen Verhaltens und unserer sozialen
Institutionen liegen.

Die Scheuklappen des Narzißmus

Zwei Hauptfaktoren liegen dem zugrunde, was ich für eine zu enge Interpretation der Initiationsriten und insbesondere der Beschneidung halte. Die Tatsache, daß diese Rituale in einem Umfeld stattfinden, das von dem unseren weit entfernt ist, scheint für beides weitgehend die Verantwortung zu tragen.

Der erste Faktor ist eine Bereitwilligkeit (weil dies eine fremdartige Atmosphäre ist), die Riten innerhalb einer engen, wenn nicht sterilen Begriffsbildung zu betrachten, wenn erst einmal eine plausible Erklärung angeboten wurde. Die Reduktion komplexer Rituale auf solch einfache Begriffe würde niemals für unsere eigene Kultur akzeptiert werden. Die verbreitete anthropologische Interpretation der Initiationsriten – sie sind in erster Linie, wenn nicht ausschließlich *rites de passage* – scheint ein Beispiel einer gültigen, doch zu engen Begriffsbestimmung zu sein. Sie kann zum Beispiel die relative Vernachlässigung solcher Wesenszüge wie Beschneidung oder Exzision bei Mädchen erklären.

Der zweite Faktor ist eine Tendenz, das Fremdartige zu verleugnen, indem in die Untersuchung mehr oder weniger festgefügte Vorstellungen über die wahrscheinlichen Motive und emotionalen Ergebnisse des Handelns hineingebracht werden, Vorstellungen, die aus unserer eigenen Kultur abgeleitet werden.

Ich glaube, daß die herrschende psychoanalytische Interpretation der Initiation von beiden Faktoren beeinflußt wurde. Das Ergebnis war, daß die psychoanalytische Theorie irrtümlich als Tatsache hingenommen wurde oder entstellt werden konnte. Dies ist in erster Linie ein Problem in der Psychologie und der Soziologie des Wissens – das heißt, jedes Ereignis kann in verschiedenen Gesellschaften auf sehr verschiedene Art erfahren und begriffen werden.

Kris hat die dreifache Bedeutung der Psychoanalyse betont: als Therapie, als psychologische Theorie und als neue und einzigartige Methode, menschliches Verhalten zu beobachten.[1] Es ist die Beobachtungsmethode, so führte er aus, der wir die meisten klinischen Hypothesen verdanken, auf denen die Psychoanalyse beruht.[2]

Freuds neue Methode, sich selbst und seine Patienten zu beobachten, entwickelte sich früher als die Therapie, und sowohl Beobachtung als auch Therapie waren notwendig, bevor ein theoretisches System auftauchen konnte. Die Veröffentlichung des echten psychoanalytischen Materials begann mit Freuds Beobachtungen hysterischer Patienten und den Analysen seiner eigenen Träume und denen von Menschen, die analytisch behandelt worden waren. Die theoretischen Arbeiten über die Metapsychologie krönten alle früheren Studien.

Diese Wachstumsphasen können in allen Wissenschaften gesehen werden. Zuerst kommen neue Methoden der Beobachtung und Interpretation. Diese führen zur Entwicklung neuer Denksysteme, indem sie viele vertraute Tatsachen, die zuvor vernachlässigt oder isoliert gesehen oder einfach mißinterpretiert worden waren, in eine sinnvolle Ordnung bringen. Das nächste Stadium ist eine mehr systematische Beobachtung und schließlich ein theoretisches System.

Gleichzeitig liefert die Geschichte der Wissenschaft viele Beispiele, in denen ein theoretisches System, als es erst einmal entwickelt war, gegen die Qualität der Beobachtungen verstößt. Angaben, die in das System passen, werden vielleicht überbetont, während andere, die gleichwertig sind, aber in Widerspruch zur Theorie stehen, außer Acht gelassen werden. Das Ergebnis ist eine buchstäbliche Entstellung der Beobachtungen, um sie dem bestehenden System anzupassen. Dann wird das System immer steriler, und schließlich kann es uns blockieren, statt uns beim Verstehen zu helfen. Man kann sagen, daß theoretische Systeme nur von Nutzen sind, so lange sie für ständige Modifikationen im Lichte neuer und sorgfältiger Beobachtungen offen bleiben.

Die frühe Ablehnung der Psychoanalyse ist nur eines der vielen Beispiele dafür, wie das Verständnis der Daten, die eine neue Methode der Beobachtung und Interpretation liefert, durch ein verknöchertes theoretisches System blockiert wurde. Freud selbst wußte dies genau, lange bevor er darunter litt, daß seine eigenen Entdeckungen deswegen abgelehnt wurden. Als er Charcot in einer seiner frühesten Arbeiten lobt, sagt er: »Charcot wurde auch niemals müde, die Rechte der rein klinischen Arbeit, die im Sehen und Ordnen besteht, gegen die Übergriffe der theoretischen Medizin zu verteidigen. Eines Tages . . . ärgerte ihn eine kleine Schar von Fremden, indem sie ihn durch die Beanstandung seiner klinischen Neuheiten lästig fielen: ›Das kann doch nicht sein‹, wendete ihm einmal einer von uns ein, ›das widerspricht ja der Theorie von Young-Helmholtz!‹ Er erwiderte nicht: ›Um so ärger für die Theorie, die Tatsachen der Klinik haben den Vorrang‹ und dgl., aber er sagte uns doch was uns einen großen Eindruck machte: ›La théorie, c'est bon, mais ça n'empêche pas d'exister.‹«[3] [Die Theorie ist schön, aber dennoch hindert sie nicht die Tatsachen an ihrer Existenz.]

Bis heute zeigt nur eine gelegentliche psychoanalytische Arbeit, daß die Theorie vielleicht die Bewertung der Beobachtungen beeinträchtigt. Im ganzen gesehen ist der erste Aspekt der Psychoanalyse – ihre Funktion als Therapie – eine adäquate Bürgschaft. Was der Patient während der Behandlung produziert, erlaubt dem Psychoanalytiker, kritisch und von neuem zu beobachten, ohne daß er durch Überzeugungen, die auf der Theorie basieren, behindert wäre. Selbst wenn er hier und da von der Theorie geleitet wird, statt von der spontanen »Sympathie für das Unbewußte«, wird die freie Assoziation des Patienten, wenn sie nicht gestört wird, ihn bald korrigieren.

Nunbergs Buch über die Beschneidung[4] läßt die Vitalität der direkten Patientenbeobachtung erkennen, aber es zeigt auch Zeichen von Übergriffen durch die Theorie darin, wie Beobachtungen interpretiert werden. Keine Voreingenommenheit schlich sich in Nunbergs Analyse des Falles ein, auf dem sein Buch hauptsächlich basiert. Die Gefühle des Patienten, die der psychoanalytischen Theorie zuwiderliefen, wurden aufgezeichnet und mit großer Einsicht diskutiert. Aber in seiner spekulativen Argumentation über die Geschichte der Menschheit scheiterte Nunberg, als es darum ging, seinem eigenen Fallmaterial Gerechtigkeit widerfahren zu lassen, denn er nahm das Verbindungsstück zwischen Beschneidung und Kastration durch den Vater als bewiesen an.

Die Gefahr, daß ein theoretisches System seine eigene Beobachtungsmethode verletzt, ist daher in der psychoanalytischen Theorie gegenwärtig, und ganz besonders dort, wo diese Theorie auf solche Gebiete wie Soziologie und Anthropologie angewandt wird. Dort kann sie nicht mittels freier Assoziation und Traumdeutung an den Tatsachen überprüft werden, und der Beobachter arbeitet vielleicht in einem Umfeld, in dem es ihm an einem raschen und natürlichen Einfühlungsvermögen fehlt. Es ist immer verlockend, ein Fehlen von spontaner Beobachtung durch Theoretisieren zu überdecken. Wenn der Forscher feste Überzeugungen über die universelle Gültigkeit gewisser theoretischer Spekulationen in das Feld bringt, so hält er vielleicht die Theorie für die Wirklichkeit. Wenn dies geschieht, dann behandelt er Beobachtungen möglicherweise, als ob sie Tatsachen einer niedrigeren Ordnung wären, die nur dann annehmbar sind, wenn sie in die Theorie passen, oder er kann sie so interpretieren, daß sie zu passen scheinen.

Mit jeder Angelegenheit, über die Freud sich mit Nachdruck geäußert hat, ist die Gefahr der Entstellung größer geworden. Freud hatte so oft nachweislich recht und seine Kritiker unrecht, daß sich ein verständliches Widerstreben zeigt, seinen Interpretationen nicht zuzustimmen. Dies gilt besonders für jedes Phänomen, das mit einem zentralen Konzept seines Systems wie der Kastrationsangst verbunden ist. Dennoch lassen Freuds Exkursionen in die Soziologie und die Anthropologie gelegentlich die wissenschaftliche Genauigkeit vermissen, obgleich sie voll brillianter Einsichten sind. Schmidl hat Freuds Neigung erörtert, in seinen soziologischen und anthropologischen Abhandlungen wichtige Teile der Literatur zu vernachlässigen oder nur jene Entdeckungen zu betonen, die seine Theorien unterstützen. Er bietet auch eine glaubhafte Hypothese darüber an, warum Freud der soziologischen Literatur so wenig Gerechtigkeit widerfahren ließ und was ihn überhaupt veranlaßte, sich mit soziologischen und anthropologischen Problemen zu befassen.[5]

Ein ähnlich entstellender Faktor (auf den ich nur kurz eingehen werde) beeinflußt ebenfalls die psychoanalytische Interpretation historischer und sozialer Phänomene. Dies ist das Mißlingen der Unterscheidung zwischen psychoanalytischen und historischen Tatsachen. Wenn zum Beispiel der Sohn auf der Basis seiner Neurose befürchtet, daß ihn sein Vater kastriert, so wird der Vater zu einem kastrierenden Vater – doch nur im Bewußtsein seines Sohnes. In Wirklichkeit erzählt uns die Angst des Sohnes viel über ihn selbst, aber nur wenig über seinen Vater, der durchaus ein freundlicher Mann sein kann, wie es Freuds Freund war, der Vater des »kleinen Hans«.[6] Wenn beim Mitteilen eines solchen Falles keine klare Unterscheidung zwischen den beiden Arten von »Tatsachen« gemacht wird, könnte der Leser daraus schließen, daß die Reaktionen des Kindes auf den Elternteil ein wahres Bild von diesem oder dessen Absichten liefert. Ich glaube, daß auch wir bei der Interpretation der Pubertätsriten und der Beschneidung gescheitert sind, als es darum ging, die Phantasien der Patienten von der historischen Wirklichkeit zu trennen.*

* Dieses Buch ist möglicherweise nicht frei von Irrtümern.

Die Art und Weise, in der ein Ereignis erlebt wird, mag für seine psychologischen Konsequenzen wichtiger sein als selbst sein objektiver Inhalt. Die emotionale Reaktion auf ein Ereignis hängt zum großen Teil davon ab, wie ein Mensch darauf vorbereitet wurde, welche Vorgefühle er mitbringt und welche *a priori* -Erwartungen er hat. Wenn wir verstehen wollen, wie der adoleszente Junge in der Naturgesellschaft die Beschneidung erlebt, müssen wir daher wissen, mit welcher Haltung er an sie herangeht. Da von der Beschneidung behauptet wird, sie aktiviere die Kastrationsangst, sollten wir wissen, ob diese Jungen konditioniert sind, der Initiation als einem Erlebnis entgegenzusehen, das solche Angst hervorruft. Es muß die Frage gestellt werden: Empfinden die Jungen wirklich Angst vor sexuellen Dingen? (Angst im Vorgefühl des chirurgischen Eingriffs als solchem lasse ich im Augenblick beiseite).

Wenn es zur Initiation und zur Beschneidung kommt, ist der Psychoanalytiker oder der psychoanalytisch orientierte Anthropologe wahrscheinlich ein voreingenommener Beobachter. Der Psychoanalytiker hat einen Patienten nach dem anderen gesehen, bei dem von Vaterfiguren, die als übermächtig erlebt wurden, verheerende Kastrationsangst ausging. Wenn er in der Realität mit Vaterfiguren konfrontiert wird, die ihre heranwachsenden Söhne beschneiden, ist er wohl schlecht ausgerüstet, dies als etwas anderes als eine Quelle tiefer Kastrationsangst für Jungen anzusehen. Doch diese Adoleszenten hatten eine ganz andere Kindheit als die Patienten des Analytikers. Deshalb haben sie wohl die Sexualität in ganz anderer Weise erlebt. Freud schrieb zu diesem Thema:

»Ein anderes Element dieser Vorzeit ist die, wie ich meine, nie ausbleibende masturbatorische Betätigung am Genitale, die frühkindliche Onanie, deren mehr oder minder gewalttätige Unterdrückung von seiten der Pflegepersonen den Kastrationskomplex aktiviert.«[7]

Doch was aktiviert den Kastrationskomplex in Gesellschaften, in denen keine solche Unterdrückung stattfindet? Ist ein »Kastrationskomplex«, der aus der ungehinderten Beobachtung des Geschlechtsverkehrs oder aus den sichtbaren anatomischen Geschlechtsunterschieden resultiert, wirklich dasselbe wie der Kastrationskomplex, den wir bei Neurotikern sehen, denen es verwehrt ist, die sexuellen Unterschiede und Aktivitäten offen zu beobachten, die lernten, daß alles, was mit Sexualität zusammenhängt, ihre Eltern in Verlegenheit brachte und deren sexuelle Aktivitäten gewaltsam von den sexualgehemmten Eltern unterbunden wurden? Wenn in der einen Gesellschaft sexuelle Freiheit für Kinder existiert und in der anderen Sexualfeindlichkeit, was kann dann der Kastrationskomplex beinhalten, der vermutlich in beiden vorhanden ist?

Wenn tatsächlich der Zweck der Initiationsriten darin besteht, das Inzesttabu durchzusetzen, so finden sie viel zu spät im Leben des Kindes statt. Bei den Stämmen, die die kompliziertesten Riten haben, beginnen die Kinder in frühem Alter mit dem Sexualverkehr[8], lange bevor die Zeremonien stattfinden. Desgleichen kann ein Ritus, dem unmittelbar ein wahlloser Geschlechtsverkehr mit Müttern oder Mutterfiguren[9] unter anderem folgt, nicht erfolgreich genannt werden, wenn es darum geht, dem Inzesttabu Geltung zu verschaffen.

Ihre und unsere Normen

Leider liegt uns eine detaillierte Beschreibung des Sexualverhaltens der australischen Ureinwohner nur für das westliche Arnhem Land vor. Meines Wissens nach haben lediglich die Berndts einen Bericht von der Länge eines Buches geschrieben, der ausschließlich diesem Thema gewidmet ist. Ihr Bericht demonstriert jedoch überzeugend die Abwesenheit von Repressionen, die zur Kastrationsangst führen. Obwohl der Ausgangspunkt der Berndts sich von dem meinen unterscheidet, betonen auch sie, daß Ansichten, die von einer anderen Gesellschaft abgeleitet wurden, irreführend sind, wenn wir verstehen wollen, was die Sexualität den Naturvölkern bedeutet.[10] Bei den australischen Ureinwohnern, deren Gesellschaft eine der primitivsten ist, die wir kennen, und deren Initiationsriten sehr kompliziert sind, ist das Sexualverhalten kein Thema, das absichtlich im Dunkeln gehalten wird, oder der Gemeinschaft tatsächlich nicht bekannt ist. Außer in Gegenwart bestimmter tabuisierter Erwachsener wird über die körperliche Beziehung zwischen Männern und Frauen offen gesprochen, ohne Verlegenheit und mit sichtlichem Vergnügen, selbst in Gegenwart von Kindern. Von frühem Alter an ist den Eingeborenenkindern der Geschlechtsverkehr vertraut. Die Sexualität wird als ein normaler, natürlicher und höchst wichtiger Faktor im menschlichen Leben angesehen. Es gibt keine Versuche, irgendetwas vor der jungen Generation geheimzuhalten.[11]

Die Berndts beschreiben, wie Kindern kritiklos gestattet wird, in sexuellen Wünschen zu schwelgen. Sie werden etwa von einer Mutter, einem älteren Bruder oder einer Schwester, oder einer anderen Person zum Geschlechtsverkehr eingeladen, wobei ein Erwachsener oder ein Kind des gleichen Alters in der Nähe sein kann. Vielleicht spielt man mit ihrem Genitale, oder ihre sexuellen Fähigkeiten werden ausgiebig und in allen Einzelheiten von den Erwachsenen erörtert, während die Kinder in Hörweite sind.[12] In frühem Alter lernen sie den Sexualakt durch direkte Beobachtung kennen, sie imitieren untereinander die sexuellen Aktivitäten der Erwachsenen und zwar öffentlich, wenn sie sehr jung sind und etwas privater, wenn sie älter und gehemmter werden. Mit wachsendem Alter ähnelt das Sexualverhalten des Kindes, obwohl es weiterhin frei bleibt, immer mehr der sexuellen Aktivität des Erwachsenen.

Kaberry, Ashley-Montagu, ja eigentlich die meisten Autoren, die über die australische Ethnographie geschrieben haben, kommentierten das allgemeine Fehlen bedrohender elterlicher Haltungen in der Erziehung der australischen Eingeborenenkinder. Die Eingeborenen akzeptieren das Verhalten ihrer Kinder und behandeln sie mit außergewöhnlicher Freundlichkeit, Zuneigung und Rücksicht. Die Kindheit ist, im ganzen gesehen, eine glückliche Zeit.[13/14] Bei diesen Stämmen machen Kinder daher nicht die Erfahrungen, die in der westlichen Kultur die Kastrationsangst entstehen lassen. Nicht nur, daß das Kind mit Liebe und Toleranz behandelt wird, sondern – was am meisten in den Begriffen der Kastrationsangst zählt – seine Triebwünsche werden nicht unterdrückt, sondern befriedigt.

Anders als dem Kind in der amerikanischen Kleinfamilie wird dem australischen Eingeborenenkind keine sehr begrenzte Anzahl libidinöser Wahlmöglichkeiten unterbreitet, noch spielt die Mutter die spezielle Rolle in der Kindererziehung, die ihr in unserer Gesellschaft vorbehalten ist. Von frühem Alter an kennen und verstehen die Eingeborenenkinder die Heiratsklassen. Der Junge weiß schon sehr früh, daß er zwar nicht seine Mutter heiraten kann, es aber andere weibliche Wesen gibt, die als Frauen für ihn besonders geeignet und verfügbar sind. Es fehlt die emotionale Geschlossenheit der modernen Familie des Westens mit ihren Einschränkungen bezüglich Reinlichkeit, Bewegungsdrang, Lärm und Berührung – die alle die Kastrationsangst fördern.

So wie die australischen Gottheiten weniger furchterregend sind als der Gott der Christenheit und des Judentums (obwohl dieses Bild in der westlichen Kultur nun allmählich weniger bedrohlich wird), so erscheinen auch die australischen Väter ihren Söhnen als weniger bedrohlich.* Durkheim glaubt,

---

* Freud hat ausführlich die Gründe erörtert, warum der Gott des Alten Testamentes besonders geeignet ist, in dem Gläubigen Angst zu erregen. Ich darf hinzufügen, daß Er furchterregender als selbst die schrecklichsten Gottheiten der Naturvölker ist, wegen seiner komplexen, wenn nicht widersprüchlichen Natur, und weil er weniger anthropomorph und daher weniger leicht begrifflich faßbar ist — seinen Anhängern wird noch nicht einmal erlaubt, sich ein Bild von ihm zu machen. Diese äußerst bedrohliche Eigenart des Gottes des Alten Testaments ist phantasiereich und eindrucksvoll in den ersten Kapiteln eines neuen Buches von Jung[15] diskutiert worden.

daß die meisten primitiven Völker ihre Gottheiten nicht in erster Linie als überwiegend rachsüchtig oder bedrohend erleben.[16] Anthropologische Zeugnisse legen nahe, daß die Eltern-Kind-Beziehung bei den australischen Ureinwohnern in ähnlicher Weise direkter, verständnisvoller, intimer und weniger fordernd ist als in unserer Kultur.

Einige Kritiker haben zu recht angeführt, daß es nichtsdestoweniger denkbar ist, daß einige Urgesellschaften die Beschneidung im Sinne von symbolischer Kastration anwenden.[17] Dies mag gewiß stimmen, obwohl der Beweis dafür meiner Aufmerksamkeit trotz sorgfältiger Durchsicht der Literatur entgangen ist, doch selbst, wenn es so wäre, müßten wir immer noch fragen: Welches war der psychologische Ursprung der Sitte, und welche Nebenbedeutungen wurden im Nachhinein hinzugefügt? Daß die Beschneidung, selbst dort, wo sie gewünscht wird, immer noch Kastrationsangst hervorrufen kann, hatte ich schon ausgeführt (s. S. 42). So lag es nicht in meiner Absicht, zu leugnen, daß die Kastrationsangst mit der Beschneidung zusammenhängt, sondern vorzuschlagen, daß sie nur beiläufig mit anderen psychischen Wünschen verbunden ist.* Was lediglich wieder die Frage aufwirft, worin das Wesentliche der Kastrationsangst besteht. Wenn die Kastrationsangst die Furcht vor dem Verlust des sexuellen Vergnügens und der Potenz bedeutet, so bedeutet sie sicherlich keine Erfahrung, die absolut das Gegenteil hervorbringt, nämlich befriedigende sexuelle Beziehungen und einhergehend damit Freuden, die vor der Be-

* Daß die Tiv Nigerias für Beschneidung und die Kastration von Tieren denselben Begriff verwenden, beweist nur, daß beide im heutigen Sprachgebrauch zusammenhängen; es beweist nicht, daß sie denselben Ursprung haben, da die Beschneidung in solchen Gemeinschaften in Australien vorkommt, die weder Tiere züchten noch kastrieren. Daß die Beschneidung selbst bei den Tiv die ältere der beiden Praktiken ist, wird durch die Tatsache nahegelegt, daß der Begriff *ichóngo,* der sowohl für die Beschneidung als auch für die Kastration benutzt wird, von dem Verb *tsóngo* abgeleitet ist, das beschneiden heißt.[18] So leitet sich die Beschneidung nicht von der Kastration ab, sondern umgekehrt; als man anfing, die Kastration zu praktizieren, wurde das ältere Wort für Beschneidung benutzt, um beides zu bezeichnen.

schneidung nicht zur Verfügung standen. Eine symbolische Kastration, die nicht als solche erlebt wird, ist für den, der sie erfährt, keine symbolische Kastration. Sie mag es immer noch für den sein, der sie zufügt, aber aus dem, was Feldbeobachter berichten, sind jene, die die Beschneidung zufügen, nicht von Ärger oder Neid oder dem Wunsch motiviert, bei den Jungen Furcht zu erzeugen.

Dennoch würde meine Kritik an der psychoanalytischen Theorie nicht entkräftet, wenn sich nicht diese Theorie in einigen Beispielen als stichhaltig herausgestellt hätte; im Gegenteil, eines meiner Hauptärgernisse, wenn die Beschneidung als symbolische Kastration erklärt wird, ist der Anspruch auf Universalität und die Vernachlässigung von Gegenbeweisen. Wenn ich bei meinen Versuchen, dies zu entlarven, in den Irrtum zu schwungvoller Verallgemeinerungen verfallen bin, ergreife ich dankbar die Gelegenheit, mich zu korrigieren.

Die Relevanz der Sozialstruktur

Das psychoanalytische Bild des bedrohlichen Vaters scheint ebenfalls nicht in die zwanglose Organisation der primitiven Gesellschaft zu passen. Um überleben zu können, hängen diese kleinen Gruppen von dem Beitrag jedes Mitgliedes zur Nahrungsbeschaffung und anderen Stammesaktivitäten ab. Sie sind zu wenig in Unter- und Oberklassen organisiert, um sich große Zeremonien leisten zu können, die zum Vorteil einer Untergruppe allein organisiert werden.

Westliche Beobachter glaubten einst, daß diese Stämme autokratisch durch Älteste regiert würden, die den Jugendlichen ein eisernes Regiment aufzwängen. Aber es war in der europäischen Gesellschaft des 19. Jahrhunderts, wo der Junge sich unter der Kontrolle des fernen, omnipotenten Vaters wundrieb, der die Sexualität untersagte. In vielen Urgesellschaften gibt es keine derartige Kluft, keine Entfremdung zwischen Vater und Sohn, zwischen Alt und Jung.

Der australische Stammesälteste ist kein Chef, kein mächtiger Vater, noch in irgendeinem Sinne ein Oberhaupt – in der Tat gibt es bei den Australiern nichts, was dem Amt eines Häuptlings entspräche. Der Älteste hat keine Macht über den Respekt hinaus, den er gebietet.[19]

Dies wirft die Frage auf, was die soziale Überlegenheit einer Gruppe über andere in einer gegebenen Gesellschaft bedeutet. Wer herrscht zum Beispiel in einer kapitalistischen Gesellschaft? Die nominellen Besitzer des größten Kapitals oder die Eigentümer der Produktionsmittel, oder sind die Verwalter großer Unternehmen und nicht die Aktionäre die wahren Herrscher? Und wie steht es mit den politischen Herrschern, die sowohl Verwaltung als auch Kapital kontrollieren? Zum Glück braucht dieser Fragenkomplex hier nicht beantwortet zu werden.

Der Psychoanalytiker wählt andere Charakteristika als jene, nach denen der Volkswirtschaftler oder Politologe suchen, um zu entscheiden, wer die Macht ausübt. Es mag schwerfallen, die herrschende Gruppe zu identifizieren, aber es ist leichter, die untergeordnete zu erkennen. Ihre Angehörigen scheinen für die Befriedigung ihrer Triebwünsche von der Erlaubnis oder Duldung ihrer Vorgesetzten abzuhängen. Die Vorgesetzten legen dem Es Beschränkungen auf, errichten Beispiele zur Bildung des Über-Ich, bestimmen, welche Aktivitäten annehmbare Sublimierungen sind und so fort. Dies scheint in der kleinen Subgesellschaft der modernen Familie ganz klar demonstriert. Da haben die Eltern die Macht, dem Kind die Triebbefriedigung vorzuenthalten, die sie selbst genießen. Oft zwingen die Eltern dem Kind nicht nur die Gebote ihres eigenen Über-Ichs auf, sondern noch strengere Maßstäbe als diejenigen, denen sie selbst gehorchen.

Wenn eine ähnliche Analyse auf viele Naturgesellschaften angewandt wird, erscheint der Vorgesetztenstatus der Stammesältesten sogar noch zweifelhafter. Studien wie jene von Kaberry und den Berndts zeigen, daß die australischen Eingeborenenkinder mindestens ebenso frei wie die Erwachsenen sind, orale, sexuelle und motorische Wünsche zu befriedigen und ihre aggressiven Tendenzen zu entladen.[20/21] Die Forderungen des Über-Ichs, die ihnen in Form von gesellschaftlichen Normen auferlegt werden, sind bei einigen Stämmen für Kinder weniger bindend als diejenigen, denen die Eltern gehorchen.

Es mag sein, daß die Adoleszenten in Naturgesellschaften den Initiationsriten hätten Widerstand leisten können, wenn sie dies gewollt hätten. Mehr daran gewöhnt, erwachsene Aufgaben auf sich zu nehmen als die Adoleszenten unserer Gesellschaft, haben sie sich vielleicht weniger abhängig oder eingeschüchtert von Erwachsenen gefühlt. Die Anthropologen haben tatsächlich Fälle berichtet, wo die Jugendlichen die Initiation umgangen haben[22], obwohl dies die Ausnahme ist. In unseren Tagen können jene, die das tun wollen, es gewiß tun, aber wiederum machen sie nur selten davon Gebrauch.

Bei einigen Stämmen Südafrikas kann die Initiation nur auf die Bitte des Jungen hin stattfinden, was besagt, daß die Entscheidung völlig ihm allein überlassen bleibt. Wenn er schüchtern, zurückhaltend oder intellektuell unreif ist, spricht er vielleicht niemals die Bitte aus. Obwohl sein Vater darauf anspielen mag, daß »es ein sehr gutes Jahr für die Zeremonie« wäre, hält er sich zurück, darauf hinzuweisen, daß er wünscht, der Junge würde beschnitten.[23] Bei anderen Stämmen, wo die erste Bitte um die Initiation ebenfalls vom Jungen selbst kommt, beginnt er vielleicht mit der Zeremonie, um sich dann jedoch zu weigern, zur Beschneidung überzugehen. Er wird nicht gezwungen, und die Zeremonie hat zu warten, bis er den nötigen Mut aufbringt.[24]

Das Vermeiden der Initiation wird, wo es geschieht, gewöhnlich als ein Ergebnis des desintegrierenden Einflusses des Kontakts mit Missionaren und westlicher Kultur gesehen. Soviel ich weiß, gibt es jedoch keinen Beweis dafür, daß die Initiation nicht ebenso häufig umgangen wurde, bevor es Anthropologen gab, die dies beobachten konnten.

Vielleicht ist das Beharren darauf, daß das Stammesgesetz nur als ein Ergebnis der transkulturellen Einflüsse zusammenbricht, ein weiteres Beispiel für Feldbeobachtungen, die durch vorgefertigte theoretische Meinungen verzerrt sind. Beobachter, die an die perfekte Integration entlegener Naturgesellschaften glauben, interpretieren Abweichungen von der Norm im Einklang mit dieser Vorstellung; in der Realität können Abweichungen durch die ganze Geschichte hindurch vorgekommen sein.

In diesem Fall erscheint es besonders zweifelhaft, die Schuld äußeren Einflüssen zuzuschieben. Denn zur selben Zeit breiten sich bei demselben Volk und unter dem Einfluß derselben äußeren Kräfte die Beschneidung in Afrika[25] und die Beschneidung, wie auch die Subinzision in Australien[26] sogar weiter aus, statt abzunehmen. Der weiße Einfluß reduziert den Einfluß der Stammesältesten, und dies könnte an sich erklären, was einige Jungen veranlaßt, sich der rituellen Chirurgie zu entziehen. Doch derselbe weiße Einfluß führt auch zur Verbreitung der Beschneidung. »Die Beschneidung wurde von den Häuptlingen angegriffen, doch da ihre Macht unter europäischem Einfluß schwindet, hat ihre Opposition die Ausbreitung der Sitte nicht verhindert.«[27] Die Beschneidung geschieht in diesem Fall deutlich, weil das Volk sie wünscht, und nicht etwa auf Druck von oben.

Initiation als Lernerfahrung

Da viele Pubertätsriten sowohl die Beschneidung als auch die Unterweisung in den Stammesgesetzen umfassen, wird die Beschneidung als versichernder Gehorsam gegenüber den Stammesvorschriften durch die Drohung der Kastration interpretiert. Diese Erklärung scheint eine *post hoc, ergo propter hoc**-Beweisführung zu vertreten, indem kausale

---

* Deutsch: »Nach diesem, daher wegen diesem« (Anm. d. Red.)

Verbindungen hergestellt werden, wo keine kausalen Beziehungen bestehen. Mehr noch, solch eine Interpretation kann nicht auf alle Initiationsriten angewandt werden, noch nicht einmal auf alle, die die Beschneidung einschließen, weil in vielen Stämmen keine ausdrückliche Unterweisung stattfindet.

Es besteht sogar Anlaß zu bezweifeln, daß das Lernen oder Lehren, sei es nun im Hinblick auf das Inzesttabu oder auf die Stammesgesetze, wirklich ein Merkmal der Initiation ist. Anhand seiner vergleichenden Studie über Stammesinitiation fand Loeb in den Riten vier wesentliche Elemente. Er schließt nicht das Lehren von Vorschriften ein.[28]

Wenn man anthropologische Berichte liest, ist man in vielen Fällen erstaunt darüber, in welch geringem Ausmaß das Lehren und Lernen wirklich geschieht oder wie belanglos es ist (außer man betrachtet das Ausagieren von Triebtendenzen hauptsächlich als eine Lernerfahrung).

Wenigstens einige Feldforscher sind zu dem Schluß gekommen, daß das Lehren mehr in dem Geist der weißen Beobachter geschieht als in dem Erleben jener, die an den Ritualen teilnehmen. Firth beobachtete zum Beispiel:

»Doch an expliziter Unterrichtung in den Stammesgesetzen ist meiner Meinung nach gewöhnlich weniger vorhanden, als man sich vorstellt, und was gegeben wird, ist keineswegs ein primäres Merkmal... Das Beharren auf dem edukativen Aspekt der Initiation kommt, so glaube ich, aus dem Versuch, die Riten zu rechtfertigen, die bei der ersten Beobachtung als grausam, barbarisch, entwürdigend beschrieben wurden und angeblich verdienten, daß man sie abschaffte. Als man erfuhr, daß, wie in Australien, zu gleicher Zeit eine moralische und religiöse Unterweisung stattfand, griff man dies als Argument zugunsten der Riten auf und übertrieb es gelegentlich.«[29]

Dies legt nahe, daß das Betrachten der Initiationsriten als Erziehungs- oder (Über-Ich verstärkendes) Erlebnis möglicherweise eine defensive Reaktion ist, durch welche die

Beobachter sich selbst gegen ein Erlebnis schützen, das ein beträchtliches Maß an Angst hervorruft.

Ich glaube, daß tiefe emotionale Bedürfnisse sowohl der Initiatoren als auch der Initiierten, und nicht etwa der Wunsch zu lehren und zu lernen, in den Initiationsriten einen gewissen Grad der Befriedigung finden. Doch selbst, wenn wir für den Augenblick die Theorie akzeptieren, daß eine wichtige Lektion gelehrt wird, folgt daraus nicht, daß das Erlebnis daher durch und durch progressiv oder völlig hinderlich ist.

Unter Anthropologen werden Initiationsriten vorwiegend als progressive Phänomene angesehen. Dem Psychoanalytiker können sie ebensoleicht entweder als regressiv oder als vom Es motiviert vorkommen. Wahrscheinlich sind sie dies alles zusammen. Manche Teile dieser Rituale, wie etwa das Erlernen der Stammesbräuche mögen überwiegend progressive Strebungen aufweisen und mit den Ich- und Über-Ich-Strebungen harmonisieren. Andere, wie etwa die Subinzision können das Ergebnis eines »regressiven« Durchbruchs prägenitaler Wünsche sein und hauptsächlich dazu dienen, Es-Strebungen zu befriedigen. Andere wiederum können beides sein.

Wenn, wie ich glaube, der Neid des Mannes auf das andere Geschlecht ein Hauptfaktor ist, wird der Teilnehmer sehr wohl solche »regressiven« Tendenzen ausagieren; doch wo die Zeremonien zu einer besseren Anpassung an die eigene Geschlechtsrolle führen, stellt dies einen integrativen, progressiven Aspekt dar. Diese Erklärung mit den Begriffen der Motivation und Funktion legen nahe – falls sie stimmen – daß Versuche, die Riten auf unilateraler Basis zu erklären, wiederum zu eng gefaßt sind.

Fast jede zentrale Institution der Gesellschaft muß, während sie vielleicht den Bedürfnissen oder Wünschen des einen Geschlechts mehr dient als denen des anderen, in einem gewissen Grade bestimmte Bedürfnisse des anderen Geschlechts befriedigen, um sicher zu überleben. Diese Befriedigungen brauchen nicht primär oder grundlegend sein. Zum Beispiel können bestimmte passive Wünsche bei Frauen aktiviert werden, die gerade anfangen, in einer patriarchalischen Gesellschaft zu leben. Doch wenn sie erst einmal geweckt sind, müssen diese Wünsche befriedigt werden. Daß eine solche Gesellschaft viele aktive Wünsche der Frauen frustriert, versteht sich von selbst, doch könnte sie nicht von Dauer gewesen sein, wäre sie nicht auch einigen der passiven Wünsche der Frauen entgegengekommen.

Ein Brauch, wie die Beschneidung von Adoleszenten mag gut die feindseligen Wünsche einiger (Ältester oder Frauen) befriedigen, doch muß er auch bestimmte Bedürfnisse von viel mehr Menschen befriedigen. Darunter kann auch der Masochismus des Adoleszenten oder sein Verlangen sein, sich mit Frauen oder erwachsenen Männern zu identifizieren. Offenbar kann eine Institution den konstruktiven Wünschen der einen Gruppe und den destruktiven Wünschen der anderen dienen. Sie kann den Ich-Tendenzen einiger Menschen dienen, den Es-Wünschen anderer und den Forderungen des Über-Ichs einer dritten Gruppe. Sie kann den bewußten Bedürfnissen der einen Gruppe dienen und den unbewußten und verdrängten Bedürfnissen der anderen.

Mir scheint, daß die Untersuchung jedes menschlichen Brauches *a priori* mit der Vermutung beginnen muß, daß er in gewisser Weise allen Teilen der Gesellschaft dient. Erst, wenn sich diese Vermutung als falsch herausgestellt hat, kann man mit Sicherheit schließen, daß der Brauch nur einem Segment nützt. Der Gedanke, daß sowohl männliche als auch weibliche Initiationszeremonien (Rituale weltweiten Ausmaßes und viele Generationen zurückreichend) hauptsächlich oder ausschließlich mit den Interessen der Männer oder der kleinen Gruppe männlicher Ältester zu tun haben, scheint diese Voraussetzung zu verletzen.

Doch so sehr die anthropologischen und psychoanalytischen Interpretationen der Initiationsriten auch voneinander abweichen, so stimmen beide darin überein, daß der Zweck darin besteht, das durchzusetzen, was als Forderung des Über-Ichs bezeichnet werden könnte. Es bleibt die Frage, wovon Ich- und Es-Reaktionen ausgelöst werden.

Wir wollen zunächst jene betrachten, die das Initiieren vornehmen. Die psychoanalytische Theorie anerkennt völlig die Triebwünsche der älteren Männer beim Gestalten der Rituale, wobei sie vielleicht ihre Bedeutung überschätzen. Indem sie ihre eigene sexuelle Überlegenheit bekräftigen, kombinieren die Ältesten Feindseligkeit und Über-Ich-Strebungen, erstere durch das Zurückdrängen ihrer Söhne als potentieller sexueller Rivalen, das zweite durch das Unterweisen in den Stammesgesetzen, was Gehorsam gegenüber der Tradition gewährleistet. Die Aktionen der Ältesten stehen daher zur selben Zeit unter dem Einfluß beider Bewußtseinsinstanzen: Es und Über-Ich. Sie müssen es in der Tat sein, da diese Männer als menschliche Wesen handeln, und menschliche Wesen können zu keiner Zeit von nur einer einzigen Instanz motiviert werden.

Doch wie steht es mit denen, die initiiert werden? Welches sind die positiven Reize auf ihre Triebe in Zeremonien, die angeblich solch strenge Forderungen an ihr Über-Ich oder an ihre Fähigkeit stellen, Erlebnisse zu integrieren? Wenn man einigen Studenten glauben will, liegen diese Reize in der Tatsache, daß die jungen Burschen durch die Initiation sexuelle Freiheit erlangen. Doch bei den Völkern, die die vielschichtigsten Initiationsriten entwickelt haben, genießen Kinder solche Freiheit ihr ganzes Leben hindurch, und die Riten können in dieser Hinsicht nichts hinzufügen.

Eine Analyse der Rituale läßt es zweifelhaft erscheinen, daß nur Forderungen des Über-Ichs, die nicht in gleicher Weise sowohl beim Initiator als auch dem Initiationsbereiten Es-motiviert sind, in den Jungen entstehen oder angetroffen werden. Es scheint wenig Grund zu dem Schluß zu bestehen, daß zwei verschiedene Arten von Motivationen — eine in jenen, welche initiieren und eine völlig andere in jenen, die von ihnen initiiert werden — in einem Ritual am Werk sind, das so erfolgreich Menschen verbindet; psychoanalytische Zeugnisse legen nahe, daß das Gegenteil wahrscheinlicher ist.*

Selbst die einfachste anthropologische Erklärung der Riten als einer Lernerfahrung setzt Kooperation voraus. Doch haben psychologische Untersuchungen überzeugend dargestellt, daß Lernen nur dann effektiv ist, wenn der Lernende mit seinen eigenen Motiven kooperiert. Was schwierig und frustrierend ist, kann nur durch starke positive Motivation überwunden werden. Es mag einfach der Wunsch sein, den Inhalt zu meistern, oder Über-Ich und Ich zu beschwichtigen (welche dem Lernenden sagen, daß das Erlebnis notwendig ist, trotz der Es-Widerstände), oder einem Elternteil oder Lehrer zu gefallen, oder an Ansehen zu gewinnen usw. Wenn der Lernende gezwungen wird, gegen seine Widerstände zu lernen, können die Ergebnisse den Intentionen des Lehrers diametral entgegengesetzt sein.

Es ist wahr, daß in unserer hochzivilisierten Gesellschaft, in der Fühlen und Handeln von Erwachsenen und Kindern weit voneinander getrennt liegen, Lehrer oft Kinder unterrichten, die nur widerwillig lernen. Doch findet selbst hier die erfolgreichste Unterweisung dann statt, wenn Lehrer und Schüler von dem parallellaufenden Wunsch des Vermittelns und Aufnehmens bewegt sind oder, noch besser, eine Erfahrung gemeinsam machen. Diese erfolgreichen Lernerfahrungen haben positive Nebenbedeutungen sowohl für den Lehrer als auch für den Lernenden und bieten beiden Es-, Ich- und Über-Ich-Befriedigung zur selben Zeit. Der erfolgreichste Unterricht überhaupt findet dann statt, wenn sowohl der Lehrer als auch der Schüler von dem ähnlichen,

---

* Freud sagte über die rituelle Defloration von Mädchen, daß »dem Motiv des früheren Sexualwunsches der Mädchen scheint die Sitte der Primitiven Rechnung zu tragen, welche die Defloration einem Ältesten, Priester, heiligen Mann, also einem Vaterersatz überträgt.«[30] So anerkennt er die Möglichkeit, daß die Rituale bei dem adoleszenten Mädchen es-motiviert sind, daß dieser Ritus von dem Mädchen vielleicht ebenso sehr gewünscht wird wie von denen, die ihn ausführen.

oft unbewußten Wunsch angespornt werden, ein gemeinsames Problem zu lösen.

Die Psychoanalyse hat auch gezeigt, daß elterliche Anstrengungen, Reinlichkeitsvorstellungen durchzusetzen (zum Beispiel), zu sehr unterschiedlichen Ergebnissen im Lernverhalten und in der Persönlichkeitsbildung führen, wobei es davon abhängt, was das Kind dafür in Begriffen der Erwartung, vergangener Erlebnisse usw. mitbringt; ob es mitarbeitet, um einem geliebten Elternteil zu gefallen, oder ob es sich weigert, einem gehaßten zu trotzen. Vorschriften, die mit Gewalt von Elternfiguren dem relativ hilflosen Kleinkind auferlegt werden, können zu einer Unmenge von verschiedenen Lernverhalten und Ergebnissen führen, die von äußerster Unterwerfung bis zu totalem Widerstand reichen, nicht zu reden von einer unendlichen Vielfalt von Sublimationen und Reaktionsbildungen.

Im Hinblick darauf ist es unwahrscheinlich, daß eine Reihe von angeblich traumatischen Erfahrungen, denen eine Anzahl von Adoleszenten gegen ihren Willen unterworfen ist, zu den uniformen Ergebnissen führen, die ihre Elternfiguren wünschen. Wenn das einzige Resultat des angeblichen Traumas der Beschneidung darin liegt, daß die Jungen Furcht lernen, den Stammesältesten gehorchen und den Inzest vermeiden, könnten wir eigentlich erwarten, daß die Reinlichkeitserziehung alle Kinder dazu bringt, auf gleiche Weise geübt und damit zwangsläufig sauber zu werden. Logischer ist die Schlußfolgerung, daß von außen aufgezwungene rituelle Traumata zu mindestens ebenso vielfältigen Ergebnissen bei primitiven jungen Burschen führen wie von außen aufgezwungene Sauberkeitsgewohnheiten bei unseren Kindern. Wahrscheinlich wären die Ergebnisse sogar noch vielfältiger, da die Initiation erst dann stattfindet, wenn das Kind schon älter ist.

Wenn andererseits die Initiation nicht ausschließlich von Erwachsenen auferlegt wird, wenn sie zum Teil wichtige Strebungen der Adoleszenten befriedigt, dann können wir verstehen, wie die gemeinsamen Erlebnisse ähnliche Resultate hervorbringen. In der modernen Gesellschaft versuchen Adoleszenten, die von gemeinsamen Triebstrebungen bedrängt werden, sich zu gleichen, oft den Erwachsenen zum Trotz. Obwohl Vergleiche zwischen der primitiven Gesellschaft und der unseren mehr suggestiv als überzeugend sind, können sie dennoch dazu dienen, ein stichhaltiges und für beide signifikantes Argument zu liefern.

Individuen scheinen auf von außen kommende Kontrolle über die Triebtendenzen (wie bei der Sauberkeitserziehung) verschieden zu reagieren; doch wenn sie spontan und als Gruppe auf das Problem der Triebbefriedigung reagieren, dann scheint die individuelle Entwicklung verblüffend ähnlich zu verlaufen. Würde die Initiation des Adoleszenten mit Gewalt auferlegt, so würde sie nicht zu gleichförmigen Konsequenzen führen; wenn sie – andererseits – auch nur teilweise von Initiierten und Initiatoren angestrebt wurde, wenn sie eine Antwort auf im wesentlichen ähnliche Strebungen der Jugend darstellt, dann könnten die Ergebnisse relativ einheitlich sein.

Die Initiierten und möglicherweise auch die Initiatoren empfinden im Grunde vielleicht ambivalent, was spezifische Rituale – wie etwa die Beschneidung – angeht. Sozialer Druck und soziale Billigung führen dann wohl zu mehr oder weniger vollständiger Befriedigung eines Teiles des ambivalenten Wunsches und zur Scheinbefriedigung, Unterdrückung, Integration oder Sublimierung des anderen.

Um noch einmal das Beispiel der Sauberkeitserziehung anzuführen: Der menschliche Säugling scheint wenig Interesse daran zu haben, sauber zu werden. Seine Ambivalenz über die Sauberkeitserziehung rührt von äußeren Einflüssen her – das heißt, der Wunsch, den Eltern zu gefallen, wird in Gegensatz zu den natürlichen Neigungen des Kindes gesetzt. Aber in der Initiation, glaube ich, ist die Ambivalenz von Natur aus dem Adoleszenten eigen. Er wünscht, erwachsen zu werden und möchte auch Kind sein (sein eigenes

Geschlecht behalten und die Privilegien des anderen Geschlechts genießen usw.). Doch er möchte sich auch aus dieser inneren Ambivalenz befreien. Hinzu kommt, daß die Sitte ihm sagt, welche dieser Aspekte er befriedigen darf und wie er mit den anderen fertigwerden kann. Da reife Forderungen (wie Erwachsene sie stellen) und die innersten Wünsche des jungen Burschen sich somit auf irgendwie parallele Weise enthüllen, mag das Resultat für die Gruppe mehr oder weniger uniform sein.

Wenn wir diese alltäglichen Beobachtungen an Lernsituationen in Betracht ziehen, gehen wir an die Initiationsriten vielleicht mit unpassenden Kategorien heran, wenn wir annehmen, ein unwilliger Schüler trifft auf einen übermächtigen, bedrohlichen, feindlichen Lehrer. Dies scheint besonders irreführend im Fall der Naturgesellschaften, wo die Interessen und Aktivitäten von Kind und Erwachsenem so wenig differenziert sind.

In Hoffnung auf Lust

Warum hat, angesichts so vieler negativer Zeugnisse, der Glaube an den bedrohlichen (kastrierenden) primitiven Vater solch weitverbreitete Anerkennung in der psychoanalytischen Literatur gefunden? Ein Fingerzeig mag wieder von Freud kommen, der, indem er sich speziell darauf als »einer der Schwierigkeiten der Psychoanalyse« bezieht, davon spricht, wie wir Erkenntnissen Widerstand leisten, die unsere Selbstliebe gefährden.[31] Die Evolutionstheorie, die unsere Selbstachtung herausfordert, wenn sie uns unseren animalischen Ursprung aufzeigt, schmeichelt unserem Narzißmus sogar noch mehr, da sie uns zur Krone der biologischen Entwicklung macht. Vielleicht sind einige unserer anthropologischen Spekulationen von demselben Narzißmus beeinflußt worden. Es könnte sehr schmerzvoll sein, wenn man einsehen muß, daß trotz seiner anderen Errungenschaften der moderne Mensch seinen Kindern mehr Furcht einflößt als die Eltern in der Naturgesellschaft, und daß sein Gott strafender ist als einige der primitiven Gottheiten.

Es könnte den Psychoanalytiker auch betrüben, wenn er einsehen muß, daß einige der theoretischen Konstrukte, die seiner Arbeit mit modernen Neurotikern zugrunde liegen – Konstrukte, die er gegen den Widerstand der Gesellschaft und eines Über-Ichs entwickeln mußte, das die Existenz des Unbewußten leugnen wollte – nur begrenzt anwendbar sind. So mag uns der Narzißmus mehr als die Logik zu der Schlußfolgerung geführt haben, daß etwas so Unheimliches wie der Kastrationskomplex mit seiner unvernünftigen Angst nur in der verschwommenen, irrationalen Vergangenheit seinen Ausgang genommen und uns hauptsächlich auf den ererbten Erinnerungsspuren erreicht haben konnte; daß er in seiner gegenwärtigen Form gar nicht beim Menschen in einem späten und hohen Entwicklungsstadium aufgetreten sein und in primitiveren Zeiten gefehlt haben könnte.

Unser Blick ist vielleicht überdies dadurch getrübt, daß wir denken, die Beschneidung anläßlich der Initiation sei dasselbe wie die Beschneidung in unserer Kultur. Doch in der westlichen Gesellschaft wird sie dem hilflosen Säugling aufgezwungen, dem sie keine eindeutigen Vorzüge bietet und somit nicht wünschenswert, sondern bedrohlich ist. (Ich vernachlässige hier medizinische Gründe oder Rationalisierungen.)

Zugegeben, die Beschneidung in den ersten Lebenstagen bedeutet, psychologisch gesehen, höchstwahrscheinlich nicht viel. Doch erfahren in unserer Gesellschaft viele Jungen von der Beschneidung aus irgendeinem Anlaß, während sie im Kindergartenalter sind. Dies ist die Zeit, in der sie mit ödipalen Problemen und dem Unterschied zwischen den Geschlechtern ringen. Unterdessen führen sich auch für die meisten von ihnen die Eltern als potentiell bedrohliche Figuren ein, denn dies ist ein Alter, wo das Kind mehr als in anderen Altersstufen zum Gehorsam gezwungen wird, und sich schrecklich bedroht fühlt, weil es nicht für sich selbst sorgen kann, wenn es nicht gehorcht. So erfährt der kleine Junge von seiner Beschneidung zu einer Zeit, wo seine Eltern ihm fordernder und bedrohlicher erscheinen als in den meisten anderen Zeitabschnitten seines Lebens.

Es ist aber auch möglich, daß Freud und seine früheren Schüler zu ihren Schlußfolgerungen kamen, weil die beschnittenen Patienten, die sie analysierten, vorwiegend, wenn nicht ausschließlich Juden waren, das heißt, sie waren im Säuglingsalter beschnitten worden. Der jetzt weit verbreitete Brauch, alle männlichen Säuglinge aus medizinischen Gründen zu beschneiden, war damals noch kein geläufiges Verfahren. Für diese jüdischen Patienten war die Beschneidung daher viel komplexer. Sie bedeutete teilweise das Unterworfensein unter religiöse Diskriminierung und teilweise den Glauben an eine alttestamentarische Gottheit, die sich selbst als eifersüchtig und rachedurstig beschrieb. Kurzum, diese besondere Gruppe von Jungen erfuhr, daß sie beschnitten waren (während der Rest der Bevölkerung es nicht war) etwa zur selben Zeit, als ihnen ihr Judentum bewußt wurde und als ihre ödipalen Schwierigkeiten mit ihren Vätern auf einem Höhepunkt angelangt waren. Dies alles zusammengenommen, überrascht es nicht, daß die Beschneidung höchst passend mit dem Gefühl verbunden war, daß jene, die sie zufügten, es auf den Jungen abgesehen hatten.*
Bei den Stämmen, die die Beschneidung praktizieren, findet sie in einem viel fortgeschritteneren Alter statt, oft, wenn der Junge schon in der Lage ist, für sich selbst zu sorgen, wenn er viel mehr über das Leben, seine Eltern und deren Absichten weiß. Von daher könnte die Beschneidung viel weniger bedrohlich, und die Männer, die sie auferlegen, weniger gewaltig erscheinen. Bei einigen Stämmen wird auch klar erkannt, daß, wenn der Junge die positiven Zwecke der Beschneidung nicht einsieht, er zu jung für die Zeremonie ist. Man ist versucht hinzuzufügen: weil sie sonst eher zu Kastrationsangst als zu sexueller Freiheit führen könnte.

* Siehe im Anhang die weitere Erörterung der Säuglingsbeschneidung.

Bohannan berichtet:

»Eine Frau, deren sehr kleiner Enkel gerade beschnitten wurde, wandte der Operation den Rücken zu und fragte mich nervös, ob er vielleicht nicht ein bißchen zu jung sei: er könne doch einfach noch nicht verstehen, daß der wahre Grund für das, was ihm angetan wurde, der war, ihn zu befähigen, ein Mann zu werden, zu heiraten und Kinder zu haben: vielleicht hätten sie warten sollen, bis das Kind ein wenig älter war.«[32]

Für solche Jungen mag die Beschneidung einfach den vielen Hautritzungen gleichkommen, die pubertäre Initiationsriten begleiten und die alle höhere Ansehen und andere Vorteile bringen, damit einhergehend die Überzeugung, daß sie den Initiierten für das andere Geschlecht anziehender machen.

Selbst in unserer Gesellschaft ist es möglich, Beispiele für schmerzhafte, von Elternfiguren zugefügte Wunden zu finden, die weder zur Kastrationsangst beitragen noch sexualfeindliche Konsequenzen haben. Man betrachte das Mädchen, das sich plastischer Chirurgie unterzieht, um ihre äußere Erscheinung zu verbessern. Solch eine Operation mag potentiell ebenso schmerzhaft sein wie die Beschneidung, doch dem Mädchen wird der körperliche Schmerz im Hinblick auf die, wie sie hofft, daraus resultierende Freude, wenig ausmachen. Plastische Chirurgie kann in der Tat ein traumatisches Erlebnis sein und in unserer Gesellschaft eine Erfahrung, die wahrscheinlich sehr viel Kastrationsangst aktiviert. Doch bedeutet das etwa, daß dies zu geringerer sexueller Freiheit und größerer Unterwerfung unter die Eltern führt? Die psychologische Bedeutung der Operation scheint statt dessen vom erwarteten Ergebnis und dem, was tatsächlich geschieht, herzurühren.

Ich kannte zwei junge Mädchen, die sich einer Rhinoplastik unterzogen. Ihre Fälle waren sehr ähnlich, und eine von ihnen kann als Beispiel dienen. Unter den tieferen und weitgehend unbewußten Motiven dieses Mädchens befanden sich Schuldgefühl, Masochismus und Zweifel an ihrer Weiblichkeit. Doch der bewußte Grund für den Eingriff war ihr Verlangen nach sexuellen Erfolgen, so wie es der bewußte Grund für die Beschneidung in der Naturgesellschaft zu sein scheint. Die Endresultate der Operation bekräftigen die Auffassung, daß die bewußten Gründe den Sieg davon trugen, obwohl dies vielleicht auch deshalb geschah, weil die Operation auch die unbewußten Bedürfnisse befriedigte.

Vor der Rhinoplastik hatte sich das Mädchen als häßliches Entlein gesehen (nicht ohne gewisse Ursache, obwohl sie, von ihrer Nase abgesehen, nur wenig unterdurchschnittlich hübsch war und viele gute Freunde beiderlei Geschlechts hatte) und war im Alter von fast zwanzig Jahren immer noch sehr von ihren Eltern abhängig. Unmittelbar nach der Operation und vor ihrer Heirat trennte sie sich von ihren Eltern und erreichte einen Grad an Unabhängigkeit, den sie niemals für möglich gehalten hätte. Sie hatte nicht erwartet, daß dies von dem Eingriff herrühren würde und war erstaunt, als dies der Fall war. Der Glaube daran, daß sie ein begehrenswertes Sexualobjekt geworden war – und möglicherweise auch die Befriedigung unbewußter masochistischer Wünsche sowie eines Strafbedürfnisses, dessen sie nicht gewahr wurde – schienen psychische Unabhängigkeit von den Eltern sogar vor der vollen Sexualfreude zu bringen. So führte ein traumatisches physisches Erlebnis zu psychischer Unabhängigkeit, wenn nicht sogar zur Reife.

Man könnte sagen, daß dieses Mädchen tiefe Minderwertigkeitsgefühle hatte, die sie rationalisierte, indem sie alles auf ihre große Nase schob. Sie glaubte, daß das Entfernen dieser äußeren Quelle von Unterlegenheitsgefühlen zu emotionalem Wohlbefinden führen würde, was auch tatsächlich geschah. Obwohl hier unzweifelhaft viel komplexere psychische Mechanismen am Werk waren, wurde sie schließlich für das chirurgische Trauma durch diese ganze Erfahrung mehr als entschädigt.

Bald nach der Operation heiratete sie, paßte sich in der Ehe auch sexuell gut an, und seitdem führt sie ein ziemlich glückliches Leben. Darüber hinaus wurde sie durch das erhöhte Selbstwertgefühl und die größere Befriedigung ihres Narzißmus, weniger masochistisch und schuldbewußt. Ihre vermeintliche Häßlichkeit hatte sie vor anderen Verbindungen zurückschrecken lassen und hatte sie in die unbefriedigende, ambivalente und mit Schuldgefühlen behaftete Abhängigkeit von ihrer Mutter gezwungen. Nach dem chirurgischen Eingriff war sie in der Lage, selbst ihren Weg zu suchen. Dies machte sie weniger abhängig von der Mutter, daher weniger enttäuscht von dieser, schließlich weniger feindselig und schuldbewußt. Dies alles und vor allem ihren sexuellen Erfolg erlebte sie als das Ergebnis des chirurgischen Eingriffs, der sie – so empfand sie es – in eine Frau verwandelt hatte.

Es mag naheliegen, darin einen Beweis dafür zu sehen, daß plastische Chirurgie als Kastration erlebt wird; daß durch sie das Mädchen einen imaginären Penis loswurde (oder dessen beraubt wurde) und auf diese Weise in die Weiblichkeit hineingezwungen wurde. Wenn die Operation ihr erlaubte, ihre Ambivalenz in bezug auf die Weiblichkeit aufzulösen, und ihr also half, die weibliche Rolle erfolgreich anzunehmen – dann wäre die Parallele zur Initiation, die meiner Meinung nach dem Initiierten hilft, die reife Geschlechtsrolle zu akzeptieren, ganz erstaunlich.

Was auch immer sonst damit einhergeht, dieses Beispiel zeigt, daß physische Traumata, die in unserer Gesellschaft eher als Kastrationsdrohung erlebt würden, innerhalb einer anderen psychologischen Konstellation eine völlig andere Bedeutung erlangen und andere Konsequenzen haben, als daß sie die Sexualangst verstärken.

Durkheim hat dargelegt, wie rituelle Grausamkeiten normalerweise an einem bestimmten Organ oder einer Hautpartie in dem Glauben ausgeführt werden, daß dies die Vitalität an dieser Stelle anregt. Zum Beispiel werden bei einigen australischen Stämmen die Novizen fest in die Kopfhaut gebissen, damit das Haar besser wächst; andere fügen sich mit erhitzten Stöcken kleine Wunden in den Armen zu, um geschickt beim Feuermachen zu werden oder um die Körperkräfte zum Tragen von schweren Holzbündeln zu erlangen; durch die teilweise Amputation des Zeigefingers einer Hand glauben die Warramunga-Mädchen die Hand erfolgreicher bei der Suche nach Yamwurzeln zu machen.[33] Dieser Glaube erklärt vielleicht auch das Verlangen der Initiationswilligen nach der drohenden Verstümmelung, sowie auch ihre Furcht davor. Es weist darauf hin, wie positiv sie die Operation und ihre späteren Konsequenzen sehen.

Solche Operationen wie die von Durkheim erwähnten, besetzen wahrscheinlich das entsprechende Organ mit einer großen Menge von Libido. Daß dies normalerweise auf chirurgische Eingriffe zutrifft, ist eine sehr bekannte Tatsache, und Nunberg hat sie in bezug auf die Beschneidung hervorgehoben.[34] Dennoch könnte man im Fall des jungen amerikanischen Mädchens fragen: Wie kann das Besetzen der Nase mit Libido zu besserer heterosexueller Anpassung führen? Eine mögliche Erklärung ist, daß das Mädchen vor der Operation die Libido aus einer sie enttäuschenden Außenwelt abgezogen hatte. Indem sie sich häßlich vorkam, mag sie einen großen Teil von emotionaler Energie zurück auf sich selbst gewendet haben, um Selbstachtung und innere Integration aufrechtzuerhalten.

Nach dem Eingriff wurde die Libido vielleicht zuerst auf die Nase gelenkt. Doch während des Krankenhausaufenthaltes machte das Mädchen eine neue Erfahrung: Was sie mit Liebe besetzt hatte, wurde von anderen in der gleichen Weise besetzt. Das Organ, das bisher der Befriedigung durch andere im Weg gestanden hatte, wurde plötzlich eine Quelle der Befriedigung. Der Chirurg, die Krankenschwestern, ihre Freunde zeigten großes Interesse und Anteilnahme. Die Nase erfuhr plötzlich Aufmerksamkeit und Lob. Später wurde diese Besetzung eines Körperteils mit Libido auf den ganzen Körper verteilt – vielleicht unter dem Einfluß der schmeichelhaften Aufmerksamkeit, die nun wenigstens einem Teil ihres Körpers gezollt wurde. Sie fand sich nun attraktiver und war es auch. Dieses neue Gefühl mag zunächst die Konsequenz der narzißtischen Libido gewesen sein, doch der Endeffekt des Interesses und der Wertschätzung durch andere Menschen war, die Libido zu befreien, um in Objektbeziehungen investiert werden zu können.

Dieses Beispiel wirft weiteres Licht auf den Unterschied zwischen der Säuglingsbeschneidung, wie sie in der zivilisierten Gesellschaft praktiziert wird, und der initiierenden Beschneidung der Naturgesellschaft. Wenn man annimmt, daß durch die Beschneidung im Säuglingsalter Libido auf das Organ gewandt wird, kann es in solch frühem Alter keine vorteilhaften Konsequenzen geben – es ist Schmerz ohne darauffolgende Freude. In der Beschneidung des Adoleszenten führt die libidinöse Besetzung des Penis bald zur Befriedigung, da größere sexuelle Lust versprochen wird und oft auf die Initiation bald der Koitus folgt.

Außerdem folgen höherer sozialer Status und damit das Gefühl des sozialen Sichwohlbefindens. Indem sie *post* für *propter* ansehen, mögen die gerade beschnittenen Jungen annehmen, daß die libidinöse Besetzung des Genitales, die zuerst aus den Schmerzen resultiert haben kann, die Änderung des sozialen Status bewirkte; außerdem wird ihnen ihre Männlichkeit (oder wenigstens die Wichtigkeit ihres Penis) eingeprägt.

Andere Autoren, die das Problem von völlig verschiedenen Standpunkten angingen, haben ebenfalls betont, daß rituelle Verstümmelungen zu einer Besetzung des Organs mit größerer Bedeutung führen. Durkheim ist sicher, daß das, was er »die grausamen Riten der Beschneidung und der Subinzision« nennt, dazu dient, dem Genitale besondere Kräfte zu verleihen.[35] Wenn er diese Zeremonien jedoch »grausam« statt »schmerzhaft« nennt, verläßt er die Kategorien des Volkes, das sie praktiziert. Gewaltig sind sie zweifellos und wahrscheinlich auch schmerzhaft, doch nichts von dem, was die Menschen sagen oder tun, erlaubt uns den

Schluß, daß sie diese Rituale als grausam erleben. Wieder einmal sehen wir, wie der westliche Beobachter seine eigenen Werturteile aufdrängt.

Ich kenne niemand, der Schönheitschirurgie als »grausam« bezeichnen würde; selbst die Schmerzen scheinen durch das Verlangen verringert zu werden, mit dem an die Eingriffe herangegangen wird. Ein Mensch, der sich ausgiebig über alltägliche Leiden beklagt, kann große Schmerzen herunterspielen, wenn die damit verbundenen Gefühle eindeutig positiv sind.

Wenn das Mädchen in unserem Beispiel mehr als bereit war, für die Schönheit den Preis des chirurgischen Traumas zu zahlen, wenn viele andere moderne Frauen sich aus demselben Grunde schmerzhafter plastischer Chirurgie unterziehen, wie können wir dann daran zweifeln, daß der Junge in der Naturgesellschaft bereit ist, ebenso viele Schmerzen zu erdulden, um zu beweisen, daß er ein Mann unter den Männern seines Stammes ist?

Daß Jungen der Initiation und der Beschneidung oft mit freudiger, wenn auch irgendwie ängstlicher Erwartung entgegensehen, kann aus ihrem Verhalten geschlossen werden. Bei den Massai in Südostafrika schmücken die Jungen sich in den Wochen, die der Beschneidung vorausgehen, üppig und tanzen in ihren eigenen und benachbarten Dörfern, wobei sie ihre Freude darüber ausdrücken, daß sie bald in die privilegierte Klasse der Initiierten eintreten werden.[36] In ähnlicher Weise antizipieren Jungen und Mädchen bei den Nandi dieses Ereignis.[37]

Die Tikopia, bei denen die Operation darin besteht, daß sie die Oberfläche der Vorhaut oben aufschlitzen (Superinzision) machen keinen Versuch »[die Initiationswilligen] zu erschrecken oder ihnen Schmerzen jenseits der unvermeidbaren zuzufügen. Die Operation soll keineswegs als schwere Prüfung dienen, um ihre männliche Tapferkeit auf die Probe zu stellen oder um sie abzuhärten, damit sie Schmerzen zu ertragen lernen. Für die Tikopia ist die Veränderung des

Sexualorgans das primäre Ziel, und die anderen Aspekte werden mit Entschiedenheit so weit wie möglich bagatellisiert.«[38] Diese Angabe des primären Ziels ist typisch; der tieferliegende Zweck hat etwas mit Geschlechtsverkehr zu tun, oder, so könnte ich extrapolieren, mit menschlicher Fruchtbarkeit.

Bohannan berichtet:

»Heutzutage gehen, besonders im mittleren Tivland (Nigeria) viele junge, unbeschnittene Jungen – gewöhnlich im Alter von etwa acht Jahren – zur Krankenstation und bitten den Krankenpfleger, sie zu beschneiden. In einem solchen Fall werden vor der Operation keine magischen Zeremonien abgehalten, der Krankenpfleger verbindet die Wunde und wendet europäische Arzneimittel an, bis die Wunde verheilt ist. Ich kenne einen etwa siebenjährigen Jungen von den Kparve, der von seiner Mutter die Erlaubnis erhielt, ihre Eltern zu besuchen; in der Nähe von deren Dorf war eine Krankenstation, und als er drei Wochen später heimkam, war er beschnitten und betrachtete dies als eine besondere ›Überraschung‹ für seine Mutter und seine Brüder.«[39]

Man könnte erwarten, daß die Jungen sich vor der Beschneidung fürchten. In unserer Gesellschaft hat sich mancher Simulant in den Fuß geschossen oder einen Finger verstümmelt, um dem Militärdienst zu entgehen. Er wünschte die Konsequenz seiner Tat (Freistellung vom Militärdienst), hatte jedoch Angst vor dem Verstümmelungsakt und zeigte starke Schmerzen, als er sie sich zufügte. Wenn die Tiv-Jungen die Beschneidung als Kastration betrachteten, würden sie vermutlich mit aller Macht dagegen ankämpfen.

Bohannan fügt hinzu:

»Heute sagen die Tiv, daß es für einen Mann unmöglich ist, sexuelle Beziehungen zu haben, bevor er beschnitten wurde. Wenn man einwendet, daß dies anscheinend nicht der Fall war, falls man dem Mythos der Tiv-Vorfahren Glauben schenkt, und daß dies gewiß nicht auf einige der umliegenden Stämme zutrifft, dann sagen die Tiv, daß du ganz recht hast, daß aber im Tivland keine Frau in sexuelle Beziehungen mit einem unbeschnittenen Mann einwilligt, so daß sich also ihre Anfangsbehauptung als richtig erweist. Die Frauen der Tiv sagen, daß die Vorstellung, mit einem unbeschnittenen Mann sexuelle Beziehungen zu haben, widerlich ist und behaupten eisern, daß überhaupt keine Frau mit einem solchen Mann schlafen würde. Einige geben Sauberkeit als Grund an; die meisten formulieren ihre Abneigung jedoch in Begriffen der Verwöhntheit. Wir konnten für die Tatsache, daß alle normalen männlichen Wesen beschnitten werden, keinen anderen Grund als diesen, von den Tiv selbst angegebenen, finden. Ausgiebiges Befragen enthüllt keine Spur von religiöser Motivation, obwohl die Tiv – um dies klarzustellen – ihre eigenen Sitten mit denen der Mohammedaner verglichen haben, bei denen ein religiöser Grund vorhanden sein soll (sagen die Tiv). Wir konnten keinen Tiv finden, der irgendeinen rituellen Grund für die Beschneidung angegeben hätte. Die Beschneidung wird jedoch in symbolischer Weise mit dem Erwachsenenstatus des Mannes verbunden.«

Im Gegensatz zu unserer Anschauung, welche die Beschneidung mit neurotischer Kastrationsangst in Verbindung bringt, betrachten die Tiv die Angst vor der Beschneidung als ein Anzeichen einer Neurose. Dies wurde Bohannan klar, als die Tiv über die wenigen neurotischen Männer sprachen, die nicht beschnitten worden waren.

»Ein solcher Mann tat oder hatte nichts von den Dingen, die hochgeschätzte Attribute des normalen erwachsenen Mannes sind: ein eigenes Grundstück, ertragreiche Felder, Frauen und Kinder zu besitzen, Zeremonien zur Beherrschung der Fetische *(akombo)* zu feiern und Ansehen zu erringen. Die Tiv fügten als eine Art Zusammenfassung einer solchen Aufzählung hinzu: ›Er besitzt keines dieser Dinge; er ist nicht beschnitten worden‹.«[40]

Fruchtbarkeit, der Grundritus

Hinter vielen menschlichen Ritualen steht ein Interesse an der Fruchtbarkeit, sowohl der Fruchtbarkeit der Menschen als auch der ihrer Nahrungsquellen.[1] Und in der Tat hängt das wirtschaftliche und soziale Wohlergehen jedes Volkes von der Regeneration seiner Nahrungsmittel ab. Die Naturvölker, denen die Möglichkeit der rationalen Kontrolle über die Fruchtbarkeit der Tiere, Pflanzen oder Menschen fehlt, tendieren dazu, auf magisch-religiöse Zeremonien zu vertrauen, um Fruchtbarkeit hervorzurufen.

Die Gesellschaft, die uns hier am meisten beschäftigt, die der australischen Urbevölkerung, stellt ein kulturelles Stadium dar, das früher liegt als der Beginn der Viehzucht oder des Ackerbaus; beide Verfahren setzten ein konzentriertes Interesse an der Fruchtbarkeit voraus mit zunächst dem Wunsch und später der Fähigkeit, die Reproduktion sicherzustellen. Nichtsdestoweniger befassen sich die Australier sehr viel mit der Fortpflanzung und vieles in ihren Ritualen ist um diese zentriert. »Der Naturmensch hat keine Speicher, aber er hat, wenn wir diesen Begriff gebrauchen dürfen, ein ›spirituelles‹ Vorratshaus, in dem die Geister ihn gegen den Hungertod versichern und ihm ein Gefühl des Vertrauens bezüglich seiner Nahrungsmittelbeschaffung für das nächste Jahr geben.«[2] Die Eingeborenen erzählen dazu folgende Geschichte: »Als die totemistischen Vorfahren durch das Land wandelten, hinterließen sie Steine und manchmal einen Baum, von denen beide den *gunin* eines Tieres, Vogels, Fisches, Reptils, einer Knolle usw. enthalten sollen .... Wenn man einen davon reibt oder mit Besen bestreicht und dabei eine Zauberformel murmelt, wird der *gunin* herauskommen, und die Art, mit der er in Verbindung steht, zur Vermehrung anregen.«[3]

Dies zeugt sowohl vom Reichtum als auch den Wünschen

eines überlebenden Naturvolkes bezüglich der Fruchtbarkeit. Unsere Beweise dafür, daß der altsteinzeitliche Mensch sich in ähnlicher Weise mit der Fortpflanzung beschäftigte, sind eher suggestiv als genau. Doch Gegenstand des größten Interesses ist hier nicht nur, ob und in welchem Ausmaß religiöse Riten in der Frühzeit mit dem Wunsch nach einem reichhaltigen Vorhandensein von Vieh und Menschen – und daher Zeugung und Geburt – verbunden waren sondern ob diese Funktion als weiblich oder männlich gesehen wurde. Im Alten Testament, wo ein männlicher Gott verheißt, die Menschen so zahlreich wie Sterne zu machen, war es eindeutig eine männliche Funktion. Manchmal wird angenommen, daß die Riten der frühen Jäger von Natur aus männlich waren und daß das feminine Element erst durch den Ackerbau hinzukam. Es gibt in der Tat genügend Beweise dafür, daß mit Entwicklung der Landwirtschaft die Frauen anfingen, eine sehr wichtige Rolle in den Fruchtbarkeitszeremonien zu spielen. Man glaubte, daß der Lebensunterhalt der Stämme von Frauen und den Riten, die sie ausführten, abhingen und daß ohne diese keine Ernte reifen würde.

In den vergangenen Jahren gelangten immer zahlreichere Beweise ans Licht, die vermuten ließen, daß selbst in den Tagen der ersten Jäger der Geist des Menschen nicht nur mit der Beschwörung der Tiere beschäftigt war, die er als Nahrung jagte, sondern auch damit, wie er auf magische Art und Weise ihre Zahl vergrößern könnte. Es scheint zum Beispiel so, daß wir unsere früheren Auffassungen über die Bedeutung der altsteinzeitlichen Höhlenzeichnungen von Tieren und sogenannten Jagdszenen revidieren müssen. Ursprünglich sollten diese Zeichnungen magische Versuche darstellen, eine erfolgreiche Jagd auf die beschriebenen Tiere zu gewährleisten. Heute glaubt man, daß möglicherweise die Verbindung mit Ritualen Versuche darstellen, die Fortpflanzung der Tiere anzuregen. Rafael zum Beispiel sagt, daß einer der Hauptzwecke der Zeichnungen »neben der Magie des Jagens die magische Fruchtbarkeit war.« Er diskutiert auch Zeichnungen, in denen »Tiere, die ineinander gemalt wurden, wahrscheinlich trächtige Tiere darstellen.«[4]

Diese relativ kurz zurückliegenden Analysen beantworten nicht die Frage, ob irgendwelche Zeremonien – des Wachstums oder dergleichen – abgehalten wurden, und wenn ja, ob Männer oder Frauen sie abhielten. Jenseits davon bleibt die unbestreitbare Tatsache der Lage der Zeichnungen. Da diese Jäger in Höhlen lebten, ist es natürlich, daß die Malereien an Höhlenwänden zu finden sind. Doch die Höhlen enthalten Räume, die leicht zugänglich sind und andere, die nur unter großen Schwierigkeiten erreicht werden können; und es waren diese letzteren, welche von den Künstlern gewöhnlich ausgewählt wurden. Viele Autoren haben sich überrascht über die Tatsache geäußert, daß die Malereien so häufig an fast unzugänglichen Stellen angebracht sind. Als ich ihre Berichte las, war ich am meisten von den gewundenen Pfaden beeindruckt, die zu den Bildern führen und von der Tatsache, daß sie hinter echten Hindernissen versteckt sind und oft nur erreicht werden können, wenn man durch Engstellen kriecht.

Levy zum Beispiel spricht von »der schrecklichen Beschaffenheit« der langen, engen, schlüpfrigen Gänge, die oft durch Wasserfälle unterbrochen werden, und den Kaminen, die bewältigt werden müssen, wenn man die Hallen mit den Bildern erreichen will. Zur Veranschaulichung: der Kammer der Clotilde kann man sich nur auf Händen und Knien nähern. An einer Stelle wird der Gang zu *Font-de-Gaune* zu einem Tunnel, den ein hochgewachsener Mann nur unter großen Schwierigkeiten hinter sich bringen kann. Um *La Pasiega* zu erreichen, steigt der Besucher durch einen kleinen Schacht, unter dem ein Fluß fließt, und die Tierzeichnungen können nur über den Abgründen, die ihn umgeben, gesehen werden.[5] Levy und andere behaupten, daß – wenn der Sinn der Malereien einfach darin lag, Jagderfolge zu gewährleisten (um nicht von der »reinen« künstlerischen Schöpfung zu sprechen) – die Anbringung an solch unzugänglichen Stellen nicht verständlich wird. Viele Autoren, die Höhlenmalereien untersucht haben, sind zu dem Schluß gekommen, daß die Wahl des Ortes einem besonderen Zweck gedient haben muß. Wie Marett sagte, dächte niemand im Traum daran, eine reine Gemäldegalerie mit solch nervtötenden Drehkreuzen zu umgeben.[6]

Dies alles legt für mich die eine Möglichkeit nahe: daß hier ein Versuch gemacht wurde, den Rahmen zu reproduzieren, in dem die Fortpflanzung stattfindet. Wenn dies stimmt, dann kann das Kriechen durch enge, feuchte Kanäle beim Eintreten dargestellt haben, wie Zugang zu dem geheimen Ort der Zeugung gewonnen wird; beim Verlassen mag der Prozeß der Geburt symbolisch wiederholt worden sein. Die Zeichnungen wurden daher an Orten ausgeführt, die wohl den Mutterleib darstellen sollten, wo die Tiere geboren wurden. So ist es möglich, daß der Mensch der Frühzeit an einem Ort, der für ihn der Mutterleib war, ein neues Tier schuf, das gemalte Tier, damit das lebendige Tier angeregt würde, dasselbe zu tun.

Diese Interpretation der Anordnung von Höhlenzeichnungen kam meines Wissens nach nicht von jenen, die darüber geschrieben haben, doch sieht zumindest Levy eine deutliche und enge Verbindung zwischen den Bildern, den Ritualen des frühen Menschen und ihrer Betonung von Geburt, Tod und Wiedergeburt. Sie unterstreicht, wie oft in den Überresten derselben altsteinzeitlichen Kultur an denselben Stellen schwangere weibliche Figuren gefunden wurden, und bemerkt, daß viele dieser Figuren und andere weibliche Symbole mit dem Gesicht nach unten liegen. Sie vermutet, daß dem selbst vor den Anfängen des Ackerbaus eine Bedeutung zugrunde lag, nämlich mit der Erde in Verbindung zu treten – daß tatsächlich die Höhle schon »eine Mutter« geworden war.[7]

Levy betont die Bedeutung der rituellen Darstellung des Zurücklegens eines langen gewundenen Pfades bei den Naturvölkern unserer Zeit und führt an, wie wichtig die Erfahrungen sind, die man nur in Höhlen gewinnen kann. Sie spricht über die australischen Ureinwohner und zitiert Spencer und Gillen:

»In der sehr bekannten Zeremonie zur Vermehrung der Witchetty-* Made wird der gewundene Marsch zu den heiligen Höhlen unternommen, in denen Steine niedergelegt wurden, um dieses Insekt und seine Eier darzustellen. Nachdem Kontakt aufgenommen wurde, erst zwischen den Steinen und ihren eigenen Personen, später mit dem geheiligten Felsen ... kehren sie zurück, um die höhlenartige ›Chrysalis‹ zu betreten, die inzwischen im Lager errichtet wurde ... Daraus treten sie hervor und besingen die wiedergeborene Made ...
Dies gilt in gleicher Weise für die Initiationszeremonien der Jungen und Mädchen, deren Zeit der Abgeschlossenheit im Busch verbracht worden zu sein scheint, mit Ausnahme der jungen Zauberer, die sich in eine Höhle begaben, um ihren Schlaf des Todes und der Wiedergeburt zu halten.«[8]

Levy läßt wenig Zweifel daran, daß diese Höhlen den Mutterleib darstellen, wo die Initiierten wiedergeboren werden.[9] Ich werde über die folgenden Zitate hinaus ihren Spekulationen über die Verbindung zwischen einer Mutter-Gottheit und den schwangeren weiblichen Figuren nicht viel weiter folgen:

»Es scheint in der Tat möglich, daß auf allen Kontinenten, wo spätere Zivilisationen ihre Entwicklung nicht beeinflußten, die ›Muttergottheit‹ aus dem religiösen System verschwand, wie ihre Imagines von der Magdalenischen Heide verschwanden. In Südosteuropa andererseits, im nordafrikanischen Hinterland und Kleinasien verliehen die großen Entdeckungen der folgenden Zeitalter, besonders die Domestizierung der Tiere und der Anbau von Getreide dieser Konzeption eine zunehmend tiefe Bedeutung ...

* Wurmähnliche Insektenlarve, die oft an den Wurzeln der Akazie gefunden wird, welche in der australischen Eingeborenensprache »witchetty« genannt wird. Diese Made ist die Hauptnahrung der australischen Beutelratte, die ihrerseits vom Menschen gegessen wird. Je mehr Witchetty-Maden also auftauchen, desto mehr Nahrung gibt es für den Eingeborenen (Anm. d. Ü.)

Die Figürchen aus Elfenbein, Stein oder Konglomeraten stellen im allgemeinen eine aufrechte Frau mit kleinem, wesenlosem, geneigtem Kopf und dünnen Armen, die gewöhnlich auf ihren riesigen Brüsten liegen, mit sehr breiten oder runden Hüften, Unterleib und Beinen, die sich zu kleinen oder nicht vorhandenen Füßen verjüngen, dar...

Es zeigt sich eine Art Kult der menschlichen Fruchtbarkeit, der mit den Riten zur Vermehrung der Tiere in den Höhlen in Verbindung gebracht wurde. Dieser Kult scheint – den Figürchen nach – bei den Aurignacianern Osteuropas entstanden zu sein und sich nach Westen ausgebreitet zu haben, wo die Figuren in geringerer Zahl gefunden wurden und gelegentlich große Kunstfertigkeit verraten.«[10]

Die Bedeutung der schwangeren weiblichen Figürchen wird zusätzlich durch die Tatsache unterstrichen, daß keine männlichen Figuren gefunden wurden.[11] Dies vereinbart sich mit Braidwoods Funden bei den Ausgrabungen des Dorfes Jarmo, welches er als die erste menschliche Siedlung von Dauer ansieht; in Jarmo gab es eine gewisse Verbindung von Jagd und Ackerbau, eine Gemeinschaft im Übergang zu dem, was Braidwood »beginnender Ackerbau und Viehzähmung« nennt. Auch hier befinden sich schwangere weibliche Figuren unter den vorherrschenden rituellen Geräten, von denen »eine sitzende schwangere Frau mit ziemlich fettem Hintern – wahrscheinlich ein Fruchtbarkeitssymbol für eine Muttergottheit« am charakteristischsten ist. Männliche oder phallische Figuren wurden keine gefunden.[12]

Uns liegen keine Beweise dafür vor, daß der Mensch der Altsteinzeit die Beschneidung praktizierte, wie es die heutigen Jäger und Nahrungssammler in Australien tun. Doch Zeugnisse aus der Vorzeit deuten an, daß die frühesten Menschen ein tiefes und beharrliches Interesse an der Fruchtbarkeit hatten, und daß – falls sie ein rituelles Leben kannten – die Zeremonie des Wachstums darin vermutlich der wichtigste Teil war. Große Anstrengungen wurden gemacht, um schwangere Frauenfiguren vom Typ der Venus von Willendorf zu schaffen.

In der australischen Urgesellschaft existiert deutlich eine Verwandtschaft zwischen den Fruchtbarkeitsriten und der Initiation. In mythischen Zeiten waren diese nach Strehlow überhaupt nicht getrennt, da es da nur eine einzige lange Folge von Zeremonien gab, um die Jungen zu initiieren und totemistisches Wachstum zu gewährleisten.[13] In der heutigen Zeit finden während der Initiation der eingeborenen Jungen verschiedene totemistische Zeremonien statt, die einen Reichtum an Nahrungstieren bewirken sollen. Wichtiger als selbst die Beschneidung oder die Subinzision scheint die Tatsache zu sein, daß den Jungen zum erstenmal erlaubt wird, die Fruchtbarkeitszeremonien zu sehen. So sind die Pubertätsriten der Jungen bei diesem Volk eine Initiierung in das Geheimnis, wie auf magische Weise das Wachstum der Nahrungstiere und der eßbaren Früchte beeinflußt werden kann.

Zu diesen Anlässen schmücken die Männer sich (d. h. sie verwandeln sich symbolisch), um das Tier darzustellen, das sie in verschwenderischer Fülle erzeugen wollen; es scheint glaubhaft, daß die Veränderungen, die sie am eigenen Körper vornehmen, demselben Zweck dienen — ihre eigene Fruchtbarkeit sicherzustellen. Der Unterschied liegt darin, daß ihre Verwandlung in Tiere nur vorübergehend ist, da der Schmuck dann weggeworfen oder abgewaschen wird, wenn die Zeremonie vorüber ist, während die Veränderungen an ihren Penes von Dauer sind. Die Tatsache, daß unter gewissen australischen Stämmen die Initiationszeremonie immer vor der Ernte stattfindet[14], mag ebenfalls von Bedeutung sein. So dient der Pubertätsritus wahrscheinlich dazu, die Fortpflanzung des Menschenwesens zu gewährleisten, während andere Wachstumsriten, von den *intichuma* der Australier bis zu den Büffeltänzen der Sioux, die Vermehrung der Nahrungstiere anregen.

Wenn uns erlaubt wäre, vom heutigen Menschen in der Naturgesellschaft auf den Menschen der Altsteinzeit zu schließen, würden die verfügbaren Zeugnisse die Vermutung rechtfertigen, daß Wachstumsriten die wichtigsten Zeremonien der frühesten menschlichen Gemeinschaften und die Initiationszeremonien in der Hauptsache spezielle Unterformen sind.*

Während der Zeremonien des Ulikultes in New Ireland (weder ein Initiationsritual noch eine Initiationsgemeinschaft) werden kunstvolle männliche Figuren geschnitzt, die Ulis genannt werden. Dies sind kräftige, bärtige Gestalten, deren übergroße Brüste und Phalli die Macht der Fruchtbarkeit ausdrücken, des Kultes, dem sie dienen. Sie gelten nicht als Zwitter; sie werden ganz im Gegenteil als um so männlicher angesehen, weil sie auch weibliche Sexualkräfte und -merkmale haben. Die Zeremonien, in denen diese Figuren benutzt wurden, dauerten manchmal ein Jahr und schlossen Tänze ein, in denen die Männer sich geschnitzte weibliche Brüste um ihren Oberkörper banden. Diese Riten galten als äußerst heilig, und alle Frauen waren davon ausgeschlossen. Ulifiguren wurden niemals weggeworfen, sondern sorgfältig für künftige Zeremonien aufbewahrt. Nevermann sagt, daß sowohl die Ulifiguren, als auch die Tänze ihren Ursprung in einem Fruchtbarkeitskult zu haben scheinen[15], und Krämer fügt hinzu, daß die übergroßen Brüste und Phalli die große Macht der Fruchtbarkeit ausdrücken.[16] So haben die Männer andere Methoden als die Manipulation des Penis angewandt, um einen stärkeren Anteil an der Fortpflanzung zu beanspruchen.

Bestimmte Goulbourn-Insulaner, die schon länger in regem Kontakt mit der weißen Zivilisation stehen und nun den männlichen Beitrag zur Fortpflanzung etwas besser be-

* Als die Anthropologen anfingen, diese Riten zu beobachten, mag ihre Rangliste umgekehrt worden sein, je weiter verbreitet und je komplizierter sich die Initiationsriten erwiesen, bis diese als zentrale Riten der primitiven Gesellschaft betrachtet werden konnten. Hier folgt die relative Bedeutung der Rituale lediglich der gesellschaftlichen Enwicklung. In unserer Gesellschaft zum Beispiel scheint wiederum die Fruchtbarkeit das erlesenste Ritual unseres Privatlebens zu sein. Gemäß religiöser Vorschriften und dem offiziellen Moralkodex darf Zeugung nicht ohne Heirat vorkommen. So hat, wenigstens nach den offiziellen Grundsätzen, unser Hauptritual mit der Zeugung, wenn nicht mit der Fruchtbarkeit zu tun.

greifen, haben eine interessante Variante der Muttergottheit entwickelt. Die Berndts berichten bei der Erörterung über die Fruchtbarkeitsgöttin und Hauptgottheit dieser Stämme (die weder Beschneidung noch Subinzision praktizieren), daß Glauben und Zeremonien, die diese Gottheit umgeben, weniger lebendig sind als sonstwo, da mit der Schlange in Verbindung stehende Rituale und Glauben sie überlagern.[17] Im Augenblick befindet sich die Religion dieser Stämme möglicherweise in einem Übergangsstadium. Die Vorherrschaft einer weiblichen Fruchtbarkeitsgöttin weicht vielleicht der Vorherrschaft eines männlichen (oder bisexuellen) Fruchtbarkeitssymbols. Das ursprüngliche Konzept der Fruchtbarkeitsgöttin geht jedoch weder verloren, noch wird es ernsthaft verdunkelt. Einer der zentralen Riten dieses Übergangskultes ist die Wiederaufnahme des Kampfes um die Vorherrschaft zwischen männlichem und weiblichem Prinzip. Die Frau versucht ihre Überlegenheit zu behaupten, doch der männlichen Gottheit gelingt es, mit Hilfe eines phallischen Symbols, sich an ihr zu rächen.[18] Dennoch unterstreichen viele Einzelheiten, daß das Ritual mit der Muttergottheit eng verbunden war und noch immer ist. Zum Beispiel:

»Auf der Insel Goulbourn ist der geheiligte Boden der Körper der Mutter und der ›äußere‹ (weltliche) Name des 'u:ba:r [phallisches Symbol] ist 'kamo:mo, das gebräuchliche Wort für Mutter. Es heißt, daß sie hervorkommt, wenn sie hört, daß die Zeit der Zeremonien gekommen ist; ihr Geist tritt in den 'u:ba:r ein, der geschaffen und aufgestellt wird... zu diesem Zweck, und sie ›spricht‹ – das heißt, das Schlagen des 'u:ba:rs. Sie ruft alle, aber nur die Männer können in ihre Gegenwart und ihren Körper eintreten... Sollte das Schlagen [des 'u:ba:rs] aufhören, so geht auch ihr Geist hinweg, und das Ritual verliert seine Macht; in ihr liegt das Wesen der Heiligkeit, und sie verleiht den Teilnehmern Kraft, um ihre rituellen Handlungen und Tänze aufzuführen. Sie ist es, die für die Vermehrung der Lebewesen sorgt.«[19]

Selbst in dem Schlangenritual hängt daher alles von der weiblichen Fruchtbarkeitsgöttin ab. Während das Ritual vielleicht einen Übergang von einer maternellen zu einer phallischen Religion illustriert – unter dem Einfluß eines wachsenden Wissens um die Fortpflanzung –, befassen wir uns hier hauptsächlich mit Entwicklungen, die stattgefunden haben mögen, bevor derartige maskuline Götter erscheinen. Phallizismus scheint in einer Gemeinschaft wie der der Australier nicht zu existieren, die glaubt, daß der Beitrag des Mannes zur Fortpflanzung nur darin bestehe, das »Geisterkind« zu finden und ihm »einen Weg zu bahnen«. Es sollte noch einmal betont werden, daß das rituelle Leben dieses Naturvolkes in den Begriffen ihrer äußersten Abhängigkeit von der zufälligen Vermehrung ihrer Nahrungsquellen verstanden werden muß; Tiere sind nicht sehr reichlich vorhanden, und dem Menschen fehlen die Kenntnisse, die zum Ackerbau oder zur Viehwirtschaft nötig sind. So ist ihre Sorge um die Fruchtbarkeit fast unvermeidlich.

Rituelle Chirurgie

Kastration

Ob nun zwischen der Kastration und der Beschneidung eine echte Verbindung besteht oder nicht, jedenfalls sind beide im Denken vieler Menschen so eng verbunden, daß eine Erörterung der Pubertätsriten auch die Kastration in Betracht ziehen muß. Als Einrichtung taucht die Kastration ziemlich spät in der Geschichte bei relativ kultivierten Völkern auf. Damals unterzog sich der Kastrierte ihr, um einer übermächtigen Mutterfigur zu gefallen oder ähnlich zu werden.

Historische Berichte sagen uns wenig darüber, ob es die Kastration in der Naturgesellschaft überhaupt gab und wie gebräuchlich sie tatsächlich war. Browe[1] und andere glauben, daß die Sitte wahrscheinlich bei den Hethitern ihren Ausgang nahm und sich zunächst bei den Semiten und dann bei anderen asiatischen und europäischen Kulturen verbreitete. Wie andere Autoren, einschließlich Weigert-Vowinkel verweist Browe besonders auf den Brauch der Kastration bei den Priestern der Muttergottheiten als Teil ihrer Riten. Verglichen mit dieser rituellen Kastration im Dienste einer weiblichen Gottheit ist die Kastration als eine von Männern an Männern verübte Bestrafung aus religiösen Gründen oder durch das Gesetz eine verhältnismäßig späte Einrichtung. Im Mittelalter war sie Teil des Talionsgesetzes, ohne besondere sexuelle Nebenbedeutung. Bei den Deutschen dieser Zeit war die Kastration eine Strafe für Sakrilege, jedoch nur als Teil der Vierteilung.[2]

Im Kampf oder Krieg erscheint die Kastration viel früher in der Form des Blutzolls, den der Sieger seinem besiegten Feind abzwang. In Ägypten war diese Form sowohl in den religiösen als auch in den militärischen Bräuchen bekannt;

man erinnert sich an den ewigen Kampf zwischen Horus und Set, in dem Horus Set kastrierte, weil dieser Horus' Auge herausgerissen hatte.[3] Ähnliche Erzählungen von der Kastration des Besiegten kommen in anderen Mythologien, insbesondere in der griechischen vor. Das Hauptmotiv des Siegers war dabei, die Manneskraft des Opfers für sich selbst zu gewinnen.

In Ägypten wurden Tötung und Kastration der im Krieg Besiegten später durch den Brauch ergänzt, Eunuchen zu schaffen, die als Diener, besonders im Harem, Verwendung fanden. In ähnlicher Weise kastrierten die Perser unter Darius nach der Eroberung von Chios, Lesbos und Tenedos die hübschesten Jungen und benützten sie als Eunuchen für homosexuelle Freuden.[4] In der westlichen Hemisphäre war die Kastration zumindest bei den karibisch sprechenden Eingeborenen der Antillen bekannt. Nach Roth »praktizierten sie sie an jugendlichen Gefangenen, die später für die Tafel gemästet wurden.«[5] Die Kastration in späteren Zeiten, aus künstlerischen Zwecken (um hohe Erwachsenenstimmen für den päpstlichen Chor zu erhalten) ist hier nur von geringem Interesse.

So zeigt die uns bekannte, wenn auch magere Geschichte der Kastration von Männern durch Männer weder einen Zusammenhang mit den Reifungszeremonien zur Pubertät noch direkt mit der Eifersucht zwischen Vater und Sohn oder mit irgendwelchen psychischen Motiven, die in Verbindung mit der ödipalen Situation oder dem Inzesttabu gesehen werden. Spekulationen, die auf diesen Zusammenhängen basieren, werden nicht durch Tatsachen gestützt.

Anders verhält es sich mit der Kastration im Dienste der großen Muttergottheiten. Hier zweifeln wir nicht daran, daß die Muttergöttinnen die Entmannung als den Preis der Gnade forderten. Weigert-Vowinkel hat für uns Dalys Analyse der Hindumythologie zusammengefaßt, wie sie sich auf den Kastrationskomplex bezieht. Darin verweist sie auf die »Flut unkontrollierbarer Angst« vor der kastrierenden

Muttergottheit, die diese Literatur durchdringt. Sie legt nahe, daß Konflikte, die durch das Kastrationsthema charakterisiert sind, welche auch in den Mythen der Trobriander an erster Stelle standen, typisch für Gesellschaften mit Matriarchaten sind, wobei die Mythen später als die Riten erdacht wurden, um diese zu erklären.[6]

Unter den Riten der Muttergottheiten sind die der Cybele vielleicht am bekanntesten. Sie berichten uns:

»Auf dem Höhepunkt der Erregung am *deis sanguinis*, dem 24. März, kastrierte sich jeder Galloi [Priester der Cybele] freiwillig, indem er sich das ganze Genital mit einem geweihten Steinmesser abschnitt ... der Gebrauch von Bronze oder Eisen war für diesen Akt verboten. Frauen, die sich in gleicher Weise der Gottheit weihten, schnitten sich eine oder beide Brüste ab.«[7]

Selbst in alten Zeiten wurde angenommen, daß das Gebot, nur Steinwerkzeuge zur Selbstverstümmelung zu benützen, von dem hohen Alter dieses Brauches zeugt.

Auch hier war die Selbstverstümmelung nicht auf ein Geschlecht beschränkt, wie auch die männliche Beschneidung oft von einer Manipulation und Verstümmelung des weiblichen Organs begleitet wird. Die Riten der Cybele reflektieren sowohl bei Männern als auch bei Frauen abweichende Tendenzen: entweder einen übermäßigen Wunsch oder eine extreme Angst davor, dem anderen Geschlecht anzugehören. Dennoch war die Verstümmelung der Männer viel schwerer als die der Frauen; der Mann opferte seine primären Geschlechtsmerkmale, die Frau nur die sekundären.

Im Lauf der Riten »ergriff die Flut orgiastischer Gefühle sogar die Zuschauer, und auch diese kastrierten sich. Mit ihrem Genitale in den Händen liefen die Gläubigen durch die Straßen und warfen es in irgendein Haus, aus dem sie dann, dem Brauch entsprechend, Frauenkleider empfingen.«[8] Wenn man in Betracht zieht, was die Kastrierten für das Geschenk ihres Genitales erhielten, scheint es legitim, daraus zu schließen, daß sie es Frauen zuwarfen, die ihnen dafür weibliche Gewänder gaben.* Nachdem die Verehrer der Muttergöttin kastriert waren, wurden ihre Genitale und männlichen Kleider in das Brautgemach der Cybele gebracht. Von da an trugen sie nur noch Frauenkleider, wurden gesalbt und trugen ihr Haar lang. Lateinische und griechische Autoren sprechen von ihnen gewöhnlich in der weiblichen Form.[9]

Dieses Beispiel ritueller Kastration – sowie viele andere, die hier nicht erwähnt werden – zeigt, daß die Kastration von Frauenfiguren als Zeichen der Hingabe und Unterwerfung von ihren männlichen Gläubigen und besonders von den Priestern, die ihnen in ihrem Dienst am nächsten standen, gefordert wurde. Von Frauen wurden andere Zeichen der Hingabe verlangt; nur die Priester mußten sich dem anderen Geschlecht in Kleidung und Verhalten annähern. Ihr »Weiblich«-Werden nach der Selbstverstümmelung hatte kein Gegenstück in dem, was von Frauen erwartet wurde, die der Gottheit dienten.** Die Tatsache, daß die Verstüm-

* Phantasien über ähnliche Akte kommen auch heute vor. Der Wunsch, daß ein Mann sein Genitale abschneiden und es einer Frau zuwerfen sollte, wurde von einem schizoiden pubertierenden Mädchen geäußert, daß in der Orthogenetischen Schule lebte. Es hatte erst vor kurzem zu menstruieren begonnen, als es eines Tages in einem öffentlichen Park einen Mann sah, der in den Büschen urinierte oder sich vor ihr exhibitionistisch entblößte oder beides. Sie wandte sich an ihre Betreuerin sowie an ein anderes Mädchen und sagte mit großem Frohlocken: »Er wird seinen Penis abschneiden und ihn uns zuwerfen.« Phantasien über Jungen, die sich in Mädchen verwandeln und dann weibliche Kleider tragen, kommen bei neurotischen Kindern, sowohl Jungen als auch Mädchen, häufig vor, so daß sie kaum erwähnt zu werden brauchen. Während solche Vorstellungen Kastrationsangst widerspiegeln, entspringen sie noch früheren Erlebnissen, wie in Kapitel 3 erörtert.
** In diesem Zusammenhang, aber ohne allzu sehr spekulieren zu wollen, würde ich gerne anführen, daß ungefähr in dem geographischen Gebiet, wo die Muttergottheiten angebetet wurden, der Gebrauch von Haremseunuchen weitverbreitet war. Die Erklärung, die allgemein dafür gegeben wird, lautet, daß Eunuchen sichere Haremswächter sind, weil sie mit den Frauen in ihrer Obhut keine sexuellen Beziehungen haben können. Doch wenn dies der einzige Grund wäre, könnte man sich fragen, warum keine weiblichen Bediensteten benutzt wurden. Obwohl es vielleicht weit hergeholt ist, sollte die Möglichkeit in Betracht gezogen werden, daß diese Sitte ein Überbleibsel der Riten um die Muttergottheit war. Es mag teils auch auf dem Verlangen der Frauen beruhen, als Untergebene Männer zu haben, die zuvor ihrer männlichen Sexualität beraubt wurden. Die kastrierten Priester der Cybele waren schließlich ebenso Diener der Muttergottheit, wie die Eunuchen Diener der Frauen im Harem waren.

melung selbst gewählt und selbst zugefügt wurde, legt nahe, daß die psychische Motivation aus tieferen Schichten der Persönlichkeit kam, als wenn sie durch andere Menschen aufgedrängt worden wäre. Es zeigt auch, daß Männer bereit und willig waren, »weiblich« zu werden, um an den überlegenen Kräften der Frauen teilzuhaben.

Beschneidung

Wenn auch die Geschichte keinen Zusammenhang zwischen realer Kastration und dem Kastrationskomplex liefert, beweist dies nicht, daß es kein Bindeglied gibt. Parallel zur Geschichte der Kastration in der Anbetung der Magna Mater läuft die biblische Geschichte von Zipporah, und die zahlreichen Mythen, die heutigen Naturvölkern geläufig sind. Gemäß diesen waren es wieder die Frauen, die den Männern die Beschneidung aufzwangen, ein Glaube, der auch durch einige Formen des Verhaltens nach der Beschneidung nahegelegt wird. Zum Beispiel wird bei den Kikuyu in Westafrika von Männern Rache an Frauen für geplante oder wirkliche Kastration geübt: die gerade beschnittenen Jungen greifen in Gruppen von fünfzehn oder zwanzig alte Frauen an, vergewaltigen sie und töten sie schließlich.[10]

Viele Züge der Initiationsriten legen nahe, daß sie zum Teil heilige Opfer für Mutterfiguren sind. Spencer und Gillen (und andere) haben zahlreiche Beispiele berichtet, in welchen die Initiierten ihre Vorhaut, Blut oder Zähne den Frauen schenken. Bei den westlichen Arunta wird die Vorhaut einer Schwester des Novizen geschenkt, die sie trocknet, mit rotem Ocker einreibt und als Halsschmuck trägt.[11] Bei einigen Stämmen wird nach der Beschneidung des Jungen das Blut aus der Wunde in einem Schild aufgefangen und seiner Mutter gebracht, die ein wenig davon trinkt und dem Mann, der es ihr gebracht hat, Speisen reicht.[12] Bei dem australischen Stamm der Binbinga wurde das Blut aus der

Subinzisionswunde von dem subinzisierten Jungen in einem Rindenstück gesammelt und zu seiner Mutter gebracht.[13] Westermarck berichtet, daß die Vorhaut des beschnittenen Ait Yusi Jungen zu seiner Mutter gebracht wird, die sie an dem kleinen Stock, der ihre Spindel stützt, befestigt, beides auf den Kopf setzt und damit tanzt. Bei einigen verwandten Stämmen schluckt die Mutter des Jungen die Vorhaut.[14]

Hinunterschlucken oder orale Einverleibung ist die archaischste Methode, die begehrten Qualitäten eines Objektes, wenn nicht das Objekt selbst zu erlangen. Das erste positive Instinktverhalten in bezug auf ein begehrenswertes Objekt besteht darin, die Distanz zwischen Selbst und Objekt zu verringern und schließlich, in der archaischsten Form, es zu verschlucken; das erste negative Instinktverhalten gegen ein ekelerregendes Objekt ist, die Distanz zu vergrößern und es auszuspucken.[15]

Eine orale Einverleibung von Geschlechtsteilen des anderen Geschlechts geschieht auch in der Initiation der Poro in Liberia. Die Vorhaut wird getrocknet und der Frau übergeben, der die Verantwortung für die Initiationsgemeinschaft der Mädchen obliegt. Hier werden die Vorhäute gekocht und von allen Mädchen gegessen. Ähnlich werden Klitoris und *Labia minora*, die während der Initiation der Mädchen entfernt wurden, dem Mann, der in der Porogesellschaft das Eigentum verwaltet, übergeben, gekocht und von den Jungen während der Beschneidung gegessen.[16] Wie bei oraler Einverleibung häufig, so ist auch hier schwer zu entscheiden, was stärker ist: der feindselige Wunsch, dem anderen Geschlecht die Teile wegzunehmen oder der neidische Wunsch, die einverleibten Teile zu besitzen. Selbst in Gemeinschaften, die geographisch und kulturell so weit auseinander liegen, wie Liberianer und Australier, scheint eine sehr ähnliche Ambivalenz zugrunde zu liegen. Auf jeden Fall läßt der Brauch wenig Zweifel daran, daß die Initiation in hervorragender Weise mit den Organen, wenn nicht den Funktionen des anderen Geschlechts zu tun hat.

Bei den Tikopia nimmt die Inzision der Vorhaut den Platz der Beschneidung ein. Sie wird über einem Stück Rindengewebe ausgeführt, das danach um den Hals einer »unverheirateten Mutter« (in Verwandtschaftsbezeichnungen) des Jungen gehängt wird. Sobald die Wunde verbunden ist, muß »der Junge aufstehen; das Hüfttuch, das er trägt, wird noch einmal abgenommen, und er nimmt ein neues um. Dabei helfen ihm die Schwestern seiner Mutter und die Frauen der Brüder seiner Mutter, die die frischen Gewänder gebracht haben ... Dieses unaufhörliche Wechseln von Kleidern soll seinen weiblichen Verwandten ermöglichen ... um den Hals die Gewänder zu tragen, die sie ihm abnehmen.«[17]

Bei bestimmten Eingeborenen in Victoria (Australien); »Beim Eintritt in das Mannesalter wird ein Jugendlicher von drei Stammesführern tief in den Wald geführt ... Mit einem geeigneten Stück Holz schlägt er sich zwei Schneidezähne aus dem Oberkiefer und schenkt sie bei der Rückkehr ins Lager seiner Mutter.«[18] Collins gibt in der Beschreibung dieses Ritus nicht eindeutig an, wer die Zähne erhielt, schließt jedoch, daß es Frauen waren.[19] Spencer und Gillen bemerken, daß während viele Stämme das Ausschlagen der Zähne als ein wichtiges Ritual behandeln, die zentralaustralischen Stämme es auf ein Rudiment reduziert haben, das seine ursprüngliche Bedeutung, wo es nur auf Männer angewandt wurde, verloren hat und sich jetzt auch auf Frauen erstreckt.* In dem rudimentären Ritus bei den Arunta wird der Zahn in Richtung auf das Lager der mythischen Mütter geworfen; die Autoren interpretieren dies als Zeichen, daß

---

* Bezüglich dieser Auffassung (s. S. 140/141), daß der Brauch der Beschneidung sich von den Männern auf die Frauen ausgebreitet haben könnte, eine Vermutung, zu deren Untermauerung wenig greifbare Beweise angeführt werden können, lohnt es sich, Spencers und Gillens Schlußfolgerung zu unterstreichen, daß ein Brauch oder ein Ritual, das mit der Initiation verbunden ist, viel von seiner ursprünglichen Bedeutung verliert, wenn es auf das andere Geschlecht ausgedehnt wird. Anscheinend fühlten auch diese Autoren, daß die Initiationsriten so eng mit den Unterschieden der Sexualfunktionen zusammenhängen, daß sie den größten Teil ihrer Bedeutung verloren haben müssen, wenn sie auf jedes Geschlecht anwendbar wurden.

möglicherweise in früheren Zeiten der Mutter der Zahn zustand.[20]

Loeb ist überzeugt, daß die Beschneidung ursprünglich als Opfer an eine weibliche Gottheit gefeiert wurde. Er findet es höchst unwahrscheinlich, daß sie spontan aus verschiedenen Ursachen in verschiedenen Teilen der Welt entstanden sein könnte, da der Brauch nicht ohne weiteres einsehbar ist. Die Vielzahl der angebotenen Erklärungen, so meint er, sollte nicht von dieser Tatsache ablenken; bei einem so alten Brauch konnte es nicht ausbleiben, daß er in mannigfaltiger Weise interpretiert und rationalisiert wurde.[21] Er folgt Barton[22], der die Meinung vertritt, daß ursprünglich die ganze semitische Beschneidung ein Opfer an die Göttin der Fruchtbarkeit war; sie stellte das Kind unter ihren Schutz und weihte seine Fortpflanzungsfähigkeit ihrem Dienst.[23]

Die Rolle der Frauen beim Empfangen der Produkte aus der Verstümmelung – Blut, Vorhaut, Zähne – und die Ähnlichkeit solcher Geschenke mit Opfergaben, ist in der Tat erstaunlich. Ich habe von den möglichen Ursachen gesprochen, warum die Frauen diese Geschenke begehren. Wie steht es jedoch mit den Gebern? Opfer finden aus verschiedenen Anlässen statt, sei es, um die Götter zu befriedigen oder als Antwort auf Gebote. Doch ein primärer Grund ist die Hoffnung des Gläubigen, daß er seinerseits etwas für seine Opfergabe erhält, und zwar oft eine Belohnung, die viel größer ist als der Wert seiner Gabe. So mögen die australischen Eingeborenen einerseits ihre Vorhaut ihrer Mutter oder Schwester schenken, um sich des Wohlwollens der Frauen zu versichern oder andererseits, um ihre Forderungen nach der Beschneidung zu erfüllen. Aber wir können auch ableiten, daß die Männer etwas als Entgelt für das Opfer erwarten. Was das sein könnte, darüber können wir nur spekulieren. Ich vermute, daß es ein Anteil an der großen und verborgenen Schöpfungskraft der Frauen ist, ein Geschenk, das nur Frauen machen können, da nur Frauen es besitzen.

Obwohl mythische Erzählungen berichten, daß die männliche Beschneidung zuerst von Frauen ausgeführt wurde, sollte man sich klarmachen, daß die emotionale Wirkung von Mythen in der Naturgesellschaft anders ist als in unserer Gesellschaft. Die Ereignisse, von denen sie erzählen, spielen in einer Vergangenheit, die verschwommen und weit zurückliegend, doch zur selben Zeit als ewig erscheint, da sie auch das gestaltet, was in der Gegenwart geschieht. In ihren emotionalen Auswirkungen sind die in Mythen beschriebenen Ereignisse von einer Unmittelbarkeit auf das gegenwärtige Leben des Volkes, das mit dem Erleben eines kleinen Kindes verglichen werden kann. Diesem sind Gestalten aus Märchen (Hexen, wilde oder beschützende Tiere) oft realer und von mächtigerem Einfluß auf sein Gefühlsleben als Menschen in der realen Welt.

Wenn die Mythen behaupten, daß ursprünglich Frauen die Männer beschnitten, dann tun sie das im gewissen Sinne heute immer noch, obgleich die Ausführung nun den Männern obliegt. Wir dürfen vermuten, daß wenn die Menschen fest daran glauben, daß in mythischer Zeit Frauen die Jungen beschnitten, jetzt, wo die Operation von Männern ausgeführt wird, sie als Beschneidung sowohl durch Frauen als auch durch Männer erfahren wird. Möglicherweise fühlt nicht nur der beschnittene Junge, sondern auch der Beschneidende, daß er an einer Funktion teilnimmt, die ursprünglich weiblich war.

In der Überlieferung der Murngin ist die Wawilak-Sage die wichtigste der Erzählungen, die sich um die *rites de passage* zentrieren. Die mythischen Wawilak-Schwestern repräsentieren die beiden weiblichen Sexualfunktionen, die Männer – oder Männer und Frauen – am meisten zu faszinieren scheinen: eine der Schwestern menstruiert gerade, die andere ist schwanger. Der Mythos sagt einfach und direkt: »Die Beschneidung begann, als diese beiden Frauen versuchten, ihre Jungen zu beschneiden« was in mythischen Zeiten geschah.[24] Erst als die männlichen Vorfahren von ihnen träumten, gingen die Riten in die Hände der Männer über.[25]

Gemäß anderer Mythen führten Frauen das Werkzeug, mit dem die Beschneidung ausgeführt wird, oder wandelten es ab. In einer Region Australiens gibt der Mythenbericht an, daß Frauen das Steinmesser einführten, wo vorher ein Feuerstock benutzt worden war. Diese Frauen warfen den Männern ein scharfes Stück Feuerstein zu, die dann damit anfingen, es zur Beschneidung der Jungen zu verwenden.[26] Wieder ein anderer Mythos führt aus, daß eine Frau den Ahnen das Steinmesser für die Beschneidung gab und daß die Männerinitiation ursprünglich von der der Frauen abgeleitet wurde.

In einem Mythos, der bei den Adnjamatana in Südaustralien verbreitet ist, wird der Schöpfer der Beschneidung als weder männlich noch weiblich beschrieben, sondern als ein halbmenschlicher Vogel, *Jurijurilja*, einer der totemistischen Vorfahren. Dieser Vogel warf einst einen Bumerang, und als dieser zurückkehrte, beschnitt er den Vogel und drang in die Vulvas seiner Weibchen ein, wobei er sie innerlich schnitt, so daß sie bluteten. Dieses verursachte ihre monatliche Menstruationsblutung.[27] Hier wird die Menstruation als eine Folge der Beschneidung gesehen. Diese Geschichte stellt nicht nur eine direkte und enge Verbindung zwischen der Beschneidung und der Menstruation her; indirekt legt sie auch nahe, daß ebenso wie die Fortpflanzung bei Frauen nicht stattfinden kann, bevor sie menstruieren, die Beschneidung eine analoge Verbindung ist.

Die Legende von den Unthippa-Frauen, einer der wichtigsten Mythen der Arunta, erzählt uns, daß: »als diese Frauen ... Leute ... fanden ... die dabei waren, den Ritus der Beschneidung bei einigen ... Jungen ... auszuführen ... Nahmen die Frauen die Jungen auf die Schulter, trugen sie mit sich fort und ließen sie an verschiedenen Stellen des

Weges zurück, nachdem sie die Beschneidung an ihnen ausgeführt hatten.«[28]* Dann wanderten die Frauen weiter, bis sie eine Stelle fanden, wo, wegen ihrer Erschöpfung beim Tanzen, ihnen ihre Geschlechtsorgane herausfielen und Ablagerungen von rotem Ocker bildeten. Ähnliche Geschichten werden von anderen mythischen Frauen erzählt, und »die Ablagerungen von rotem Ocker, die an verschiedenen Stellen des Landes zu finden sind, werden mit dem Blut der Frauen in Verbindung gebracht... Der Überlieferung folgend brachten die Frauen das Blut dazu, daß es in großer Menge aus der Vulva floß und damit die Ablagerungen des roten Ockers bildete.«[29]

Der Mythos behauptet nicht nur, daß die Unthippa-Frauen die Beschneidung erfanden (ein Glauben, der in den Beschneidungsriten der Gegenwart ausagiert wird), sondern zeigt auch auf, daß die Frauen aus ihren Geschlechtsorganen bluteten oder diese verloren, nachdem sie die Jungen beschnitten hatten. Wenn diese Folge von Ereignissen irgendeine Bedeutung hat, dann könnte es die sein, daß das Bluten aus den weiblichen Sexualorganen oder deren Verlust oder Verstümmelung wie in der Introzision der Mädchen, eine Folge der (Bestrafung für?) Beschneidung der Jungen ist.

Roter Ocker ist also im Pubertätsriten von großer Wichtigkeit. Im Denken dieser Menschen wird er nicht nur symbolisch gesehen, sondern ist wirklich das mythische Genitale der Frau oder das genitale Blut; so muß in der weiten zeremoniellen Verwendung roter Ocker als Menstruationsblut oder sonst sehr eng damit verbunden angesehen werden.**

Einzig aus Anlaß der Beschneidung dürfen die Frauen

---

* Bezüglich der Bemerkungen über die Beschneidung als Vorbedingung zur Ehe sollte festgestellt werden, daß diese beschneidenden Frauen zu einer Gruppe gehörten, in welche nach dem Verwandtschaftssystem jeder der Jungen hätte hineinheiraten können.

** Roter Ocker und andere rote Farben werden fast universell zur Bemalung oder zu anderen rituellen Zwecken ohne eine Verbindung mit Menstruationsblut verwendet. Rote Farbe symbolisiert wohl nur dann weibliches Genitalblut, wenn dies, wie in diesem Fall, ausdrücklich angegeben wird.

sich als Krieger bemalen und Männerwaffen tragen. Nachdem der Novize sich bei den Männern hingesetzt hat, heißt es:

»Die Frauen, die seine Ankunft erwartet hatten, fingen sofort zu tanzen an, wobei sie Schilde in der Hand hielten. Der Grund hierfür wird darin gesehen, daß die mythischen Unthippa-Frauen ... ebenfalls Schilde trugen und ... die Initiationszeremonie mit einer Nachahmung ihres Tanzes beginnen muß ... (Roth beschreibt, daß am Anfang der Festlichkeit die Frauen wie Krieger, die sich gerade zu kämpfen anschicken, geschmückt sind). Außer in Verbindung mit dieser Zeremonie dürfen Frauen niemals Schilde tragen, die ausschließlich Eigentum der Männer sind.«[30]

»... Zu einem späteren Zeitpunkt ... der Zeremonien ... kurz bevor die eigentliche Zeremonie der Beschneidung beginnt ... legt eine Frau ihren Kopf zwischen die Beine [des Novizen] hebt diesen plötzlich auf ihre Schultern und läuft mit ihm davon, wie ... die Unthippa-Frauen es taten, aber im Gegensatz zu dem, was in der Vergangenheit geschah, wird der Junge wieder von den Männern ergriffen und zurückgebracht.«[31]

Nach der Beschreibung dieser Zeremonie bemerken Spencer und Gillen, daß, was auch immer diese Unthippa-Frauen gewesen sind, der Mythos andeutet, daß Frauen einmal eine noch wichtigere Rolle bei solchen Zeremonien spielten, als sie es in unserer Zeit tun.[32]

Die Einwohner der Neuen Hebriden erklären ausdrücklich, daß die Beschneidung von Frauen erfunden wurde. Sie erzählen, daß eines Tages ein Mann mit seiner Schwester in den Dschungel ging. Sie kletterte auf einen Brotfruchtbaum, um die reifen Früchte mit einem Stück Bambus abzuschneiden. Als sie damit fertig war, warf sie das Bambusstück hinunter, und es schnitt zufällig die Vorhaut des Mannes ab. Als der Mann sich erholt hatte, übte er den Geschlechtsverkehr mit einer Frau aus, die davon so befriedigt war, daß sie es einer anderen Frau erzählte; bald war dieser Mann außerordentlich begehrt, sehr zum Ärger der anderen Männer; »doch ihre Frauen betrachten sie geringschätzig und sagen, sie sollten wie jener eine Mann sein.

Da bezahlen sie ihn dafür, daß er das Geheimnis verrät. Er tut es, und so haben sie auf solche Weise seitdem ihre Kinder beschnitten.«[33] *

Ich habe schon darauf angespielt, wie bei einigen Naturvölkern die Frauen auf der Beschneidung als einer Vorbedingung für den Koitus oder wenigstens für eine dauerhafte sexuelle Verbindung beharren. Hier könnte ich hinzufügen, daß Seligman und Seligman[34], Larken[35] und Czekanowski[36] darauf hingewiesen haben, wie rasch sich die Beschneidung bei den afrikanischen Azande ausbreitet, weil die Frauen sie bevorzugen: »Die Beschneidung ist eine Neuerung; sie scheint jedoch im Kongo gebräuchlich zu werden und breitet sich im Sudan aus ... sie hat keine religiöse Bedeutung, aber den Frauen gefällt sie, und sie bestehen darauf.«[37] Ein dreizehnjähriger afrikanischer Sebeyi-Junge erzählte Bryk, daß jeder beschnitten werden wolle, weil es schön sei und weil die Frauen unbeschnittene Männer als Sexualpartner abweisen würden.[38] Während jenen Jungen vorpubertäre Mädchen zur Verfügung stehen, beharren reife Frauen darauf, daß die Männer, mit denen sie geschlechtlich verkehren, beschnitten sind ...

Bryk berichtet von einer verwandten Sitte gewisser afrikanischer Frauen. Ganz am Ende der Zeremonien »kommt sein Mädchen ... Sie unterhalten sich die ganze Nacht. Erst früh morgens reicht es ihm die Hand zum Abschied mit folgenden Worten: ›Ich komme abends wieder und gebe dir dann meine Scheide. Mein lieber Herr! Jetzt erst liebe ich dich wirklich ... du wirst kommen, mich abzuholen und mich kaufen‹«[39], was soviel heißt, wie »Heirate mich!« Wie von den Tiv berichtet, ist in dem Beharren der Frauen auf der Beschneidung vor dem Koitus kein Element des Opfers zu sehen, selbst, wenn es vielleicht dennoch vorhanden ist.

Trotz der Beweise, die die Mythen dafür liefern, daß ge-

---

* Siehe bezüglich anderer Mythen, die sich auf die Rolle der Frau bei der Herkunft der Pubertätsriten beziehen, die Diskussion des Kunapipi-Rituals im Anhang.

wisse Initiationsrituale nicht bei Männern, sondern bei Frauen entstanden sind, ist die Möglichkeit nicht auszuschließen, daß sie in Wirklichkeit von Jungen oder Männern erdacht und von Männern zugefügt wurden. Ein Akt, den die Überlieferung den Frauen zuschreibt, muß nicht notwendigerweise von diesen ausgehen. In animistischem Denken mag das, was einen Menschen zu einer bestimmten Handlung veranlaßt, als das erscheinen, was ihm die Handlung zufügte. Wenn die Macht der Frauen, Kinder zu gebären, in Männern Neid erregte, dann mögen sich die Männer Riten ausgedacht haben, um mit diesem Neid fertigzuwerden, und später zu der Auffassung gekommen sein, Frauen als verantwortlich für die Entstehung dieser Riten anzusehen. Und psychologisch gesehen, waren sie es auch. So sollte die Vermutung, daß ursprünglich Frauen die Beschneidung den Männern auferlegten, entweder in der einen oder der anderen Art und Weise gedeutet werden: a) Frauen entwickelten die Vorstellung, daß Männer aus ihren Genitalien bluten sollten (wie es das Mädchen in der Orthogenetischen Schule tat) oder b) die Männer neideten den Frauen ihre lebensspendenden Kräfte und waren »gezwungen«, Schritte zu unternehmen, um mit ihrem Neid fertigzuwerden; diese Maßnahmen empfanden sie dann als von den Frauen aufgedrängt.

Wir können uns jedenfalls nicht auf Mythen und oft noch nicht einmal auf die Angaben der Anthropologen verlassen, was eine richtige Begründung der Rolle der Frauen betrifft. Die Schuld für das Ritual den Frauen zuzuschieben, könnte schließlich dem Versuch gleichkommen, die Verantwortung von ihrem rechtmäßigen Platz bei den Männern zu verlagern. Das Ritual selbst ist für uns immer noch eine verläßlichere Quelle. Wir wollen uns daher jetzt der Subinzision zuwenden, um an diesem extremen Ritus zu erforschen, ob sie ursprünglich von Männern oder Frauen auferlegt war; ob irgendein Merkmal des Ritus zeigt, in welchem Ausmaß er von außen auferlegt wird und wie weit er die inneren

Bedürfnisse der Jugend trifft; ob er ein Opfer an die Frauen oder hauptsächlich das Resultat eines Verlangens ist, sich mit Frauen zu identifizieren; und ob er im Neid des Mannes auf die Frauen entspringt.

Rituelle Subinzision

Anatomisch gesehen, ist es die Subinzision, nicht die Beschneidung, die am weitesten von allen Initiationszeremonien geht, wenn darauf abgezielt wird, Männer physisch zu Frauen zu machen. Da sie nur in einigen Gebieten der Welt praktiziert wird, ist sie in der Literatur verhältnismäßig wenig erörtert worden, obwohl sie einen sehr radikalen chirurgischen Eingriff beinhaltet und wahrscheinlich die Empfindungen beim Koitus verändert. Sie wird wie folgt beschrieben:

»Die Operation besteht im wesentlichen darin, daß der Harnleiter an der Unterseite des Penis ganz oder teilweise aufgeschnitten wird. Der erste Schnitt ist zumeist einen Zoll lang, kann aber danach noch erweitert werden, so daß die Subinzision von der Eichel bis zum Hoden reicht. Auf diese Weise wird die ganze Unterseite des Harnleiters aufgeschnitten. Die letztere Form ist bei den Stämmen Zentralaustraliens allgemein üblich. Außerhalb davon nimmt die Intensität der Operation ab, bis wir auf Formen stoßen, die stark dem Zustand von Hypospadie entsprechen, das heißt, von Formen, in denen ein kleiner Schlitz in den Harnleiter entweder in Richtung auf die Eichel oder in Richtung auf den Hoden oder beides gemacht wird.[40]

Die Subinzision beeinträchtigt also die Fähigkeit, den Urinstrahl zu lenken; danach urinieren die Männer in hockender Stellung wie Frauen. Es mag sein, daß die Stellung beim Urinieren zu einem gewissen Grad von der Sitte abhängt: bei den Pilagá stehen die Männer beim Urinieren, wenn sie sich im Wald befinden, hocken jedoch im Dorfbereich, während die Frauen immer die stehende Position benutzen;*

* Persönliche Mitteilung von Jules Henry

und bei einigen afrikanischen und philippinischen Stämmen, die nicht subinzisieren, ist für die Männer die hockende Stellung die einzige oder bevorzugte Stellung. Doch legt das Verhalten der meisten Menschen und das einiger Tiere nahe, daß die Haltung beim Urinieren hauptsächlich auf physiologischen Gegebenheiten beruht. Auf jeden Fall wird in den meisten Gesellschaften – neben Niederkunft und Menstruation – der Funktionsunterschied der Geschlechter höchst offensichtlich durch die andersartige Urinierstellung demonstriert. Kinder scheinen sie mit Interesse fast so früh wie den Unterschied der Geschlechtsorgane zu bemerken.

Die Subinzision bei den Arunta findet etwa fünf oder sechs Wochen nach der Beschneidung statt, was von der Zeit abhängt, die zur Erholung von der ersten Operation nötig ist. Bei anderen Stämmen kann die dazwischen liegende Zeit viel länger sein. Diese Zeremonie, bei der die Frauen ausgeschlossen werden, läuft teilweise wie folgt ab:

»...Sobald [der Novize] sich in die richtige Stellung begeben hatte, setzte sich ein anderer Mann rittlings auf ihn, ergriff den Penis und dehnte den Harnleiter aus. Alsbald näherte sich der Ausführende und schnitt rasch den Harnleiter mit einem Steinmesser von unten her auf... Wenn alles vorüber war, wurden [die frisch Initiierten] auf die Seite gelegt und sie hockten über Schilden, in die man das Blut fließen ließ.. und von wo aus es mitten in ein Feuer geleert wird, das zu diesem Zweck entzündet wird. Als ein Ergebnis der Operation... geschieht das Urinieren nun immer in Hockstellung...

Es kommt sehr oft vor, daß, sobald an einem Novizen die Operation ausgeführt wurde, einer oder mehrere der anwesenden Männer, die zuvor operiert worden waren, aufstehen und sich freiwillig einem zweiten Eingriff unterziehen«, indem sie meinen, daß die Inzision nicht weit genug geführt wurde. »Freistehend mit Abstand zu den anderen... mit weit gespreizten Beinen und auf dem Rücken verschränkten Armen, ruft der Mann laut... ›Mura [Schwiegermutter] mein, komm und schneide meine Subinzision bis auf die Wurzel hinunter...‹ Die meisten Männer... unterziehen sich der zweiten Operation und manche treten ein drittes Mal hervor, obwohl ein Mann oft schon dreißig oder fünfundvierzig ist, bevor er diese zweite Operation auf sich nimmt.«[41]

Von diesen Stämmen liegen keine Berichte vor, wonach die Männer die Beschneidung erbitten oder sich selbst beschneiden. So wird, während die kleinere Operation der Beschneidung fast immer von anderen ausgeführt wird, die radikalere Subinzision, wie die rituelle Kastration im Dienste der großen Muttergottheiten gelegentlich von eigener Hand, oder, was häufiger ist, dem einzelnen auf seine Bitte hin zugefügt. Wir könnten daher schlußfolgern, daß auch die Subinzision stärker selbstmotiviert ist als die Beschneidung.

Während die Arunta sagen, daß die Beschneidung von den Unthippa-Frauen ausging, wird von keiner direkten Verbindung zwischen der Subinzision und mythischen Frauen berichtet. Dennoch legt das Verhalten der Subinzisierten am Morgen nach der Operation einen Zusammenhang nahe:

»Am nächsten Tag rüsten sich die Männer bei Tagesanbruch mit Feuerstöcken aus, nehmen den jungen Mann in ihre Mitte und führen ihn zu den Frauen ... Wenn die Gruppe fast bei den Frauen angekommen ist ... tritt der junge Mann aus der Gruppe heraus und wirft seinen Bumerang hoch hinauf in die Richtung, wo seine Mutter in mythischen Zeiten gelebt haben soll. Dieses Werfen des Bumerangs in Richtung auf die Wohnstätte der mythischen Mutter ... findet auch während der ... Zeremonien ... statt ... die das Ausschlagen eines Zahnes begleiten.«[42]

Ein solcher Angriff auf die mythische Mutter kann entweder ein Verlangen nach Rache oder einen Versuch von seiten des jungen Mannes darstellen, sich vor einer Gefahr zu schützen. Man könnte ihn auch als symbolisches Verweisen der Frauen an ihren Platz sehen, wenn erst einmal die rituelle Verstümmelung geschehen ist. Was auch immer der Grund sein mag, die Tatsache bleibt bestehen, daß unmittelbar nach der Subinzision (oder dem Ausschlagen von Zähnen, was bei einigen Stämmen die Beschneidung oder Subinzision ersetzt), ein Angriff auf die symbolische Mutter geführt wird. Diesmal benutzen die Männer keine relativ harmlosen Rindenstücke, wie sie es tun, wenn die Frauen zu einem früheren Zeitpunkt der Zeremonien versuchen, den Schauplatz der Beschneidung zu überrennen. Nun wird die mächtigste Waffe des Stammes verwendet. Und während alle Männer zusammen die Frauen mit Rinde bewerfen, wirft diesmal nur das Opfer den Bumerang; dies scheint weniger ein rein zeremonieller Akt zu sein, als vielmehr ernsthaft als Symbol der persönlichen Rache oder des Angriffs gemeint zu sein.

Spencer und Gillen waren über den Brauch erstaunt, obwohl sie versuchten, ihn innerhalb der damals vorherrschenden Kategorien zu rationalisieren – das heißt, der Zweck der Initiation liege darin, in das Mannesalter einzutreten und die Bande zwischen Mutter und Kind zu zerreißen. Nichtsdestoweniger waren sie mit ihren eigenen Erklärungen unzufrieden und stellten schließlich fest, daß schwer zu erkennen sei, welche Bedeutung das Werfen des Bumerangs auf die mythische Mutter hat.

Ein solches Verhalten wäre in der Tat unverständlich, wenn die Aggression gegen die reale Mutter gerichtet wäre. Es war nicht sie, sondern die Urmutter, die entweder direkt oder mittels des männlichen Neides auf die Frauen, die Subinzision verursachte. Ob dies zu der Vermutung Anlaß gibt, daß Mutterfiguren die Operation in prähistorischer Zeit als eine Vorbedingung zur Heirat auferlegten oder forderten; oder ob die Urmutterimago das ist, was jeder Mensch von der Kindheit an in sich trägt; oder ob diese Figur das kindliche Mutterbild ist, das in prähistorische Zeiten projiziert wurde – diese Möglichkeiten sind hier irrelevant. Man kann dennoch ableiten, daß die Subinzision als von einer archaischen Mutter »verursacht« empfunden wird.

Obwohl Mythen über den Ursprung der Beschneidung existieren, gibt es meines Wissens nach keine, die die Subinzision erklären, und auch die Arunta-Eingeborenen haben keine Vorstellung von ihren Anfängen; Spencer und Gillen meinen, daß sie dem Öffnen der Vulva äquivalent sei.[43] Im übrigen ist es ihrer Meinung nach sinnlos zu spekulieren.[44] Stattdessen führen sie Roth an, der über die Subinzision bei

Männern bemerkte, »daß nach dem Prinzip einer Art von Mimikri dem Mann das analoge Merkmal zugefügt wurde, um seine entsprechende Tauglichkeit anzuzeigen.«[45] Diese Aussage Roths beeindruckte mich sehr, da sie eine der tiefsten Einsichten in das ganze Problem ist.

Bei diesen Stämmen ist die Fruchtbarkeit von Flora und Fauna von sehr entscheidender Bedeutung für Leben und Lebensunterhalt; die Initiation selbst ist ein Wachstumsritual. Doch diese Menschen verstehen sehr wenig von der Physiologie der menschlichen Fortpflanzung oder der männlichen Rolle dabei. Vom Öffnen der Vagina erwartet man, daß dadurch die Empfängnis erleichtert wird, und vielleicht schien es glaubhaft, daß je weiter die Öffnung, desto wahrscheinlicher die Empfängnis und um so einfacher die Niederkunft wäre. Es ist viel schwieriger zu verstehen, wie von den Operationen am Penis erwartet wurde, daß sie die Fortpflanzung beeinflußten.

Wie wenig die Australier über den wirklichen Vorgang der Fortpflanzung wissen, mag durch folgenden Bericht illustriert werden:

»Ich untersuchte das Problem so ausgiebig wie möglich und diese Eingeborenen hatten trotz ihres mehr als dreißig Jahre währenden Kontaktes mit den Weißen immer noch keine Ahnung vom wahren Zusammenhang zwischen Geschlechtsverkehr und Empfängnis. Die Eingeborenen behaupteten, daß ein junges Mädchen keine Kinder gebären könne; nach der Pubertät fand eine Empfängnis nur dann statt, wenn ein Mann, gewöhnlich der Ehemann, ein Geisterkind fand. Nach den Funktionen des Geschlechtsverkehrs befragt, gaben die Eingeborenen zu, daß dadurch der Eingangsweg für das Geisterkind geschaffen würde. ›Er Straße gemacht... junges Mädchen keine Straße haben.‹ Die meisten Frauen glaubten, der Samen bliebe in der Vagina und habe nichts mit dem Kind zu tun. ›Er nichts‹ war die energische Antwort, als nach einkreisenden Fragen ich schließlich diese Tatsache vorschlug. Einige Frauen glaubten, daß der Samen in den Uterus eindränge und daß der Embryo darauf ›wie eine Wasserlilie‹ schwämme, wie eine Frau es ausdrückte. Die Eingeborenen, denen die Unlogik der Weißen lächerlich vorkam, erklärten dann etwa ungeduldig:

›Heute ich den ganzen Tag mit ihm schlafen. Jetzt ich keine Lust mehr, diese Kinderchen einzufangen.‹ Eine Frau vom *Forest River*, deren Kind einige Monate nach dem Tod ihres Mannes geboren wurde, brachte dies als Beweis für die Belanglosigkeit des Geschlechtsverkehres vor, den alle Eingeborenen, abseits von seiner vorbereitenden Funktion, einfach als erotischen Zeitvertreib ansehen.«[46]

Selbst wenn die Australier undeutlich fühlen, daß der Mann etwas mit der Empfängnis zu tun hat, können sie solange nicht darüber sicher sein, als sie nicht die genauen Vorgänge verstehen. Wenn rationales Wissen fehlt, füllt oft dogmatische Gewißheit die Lücke. Doch wie fest diese Gewißheit auch immer behauptet wird, so eliminiert sie doch nie ganz das Unbehagen des Zweifels (der in der institutionalisierten Religion oft als Sünde betrachtet wird). Zweifel können ebenso wie totales Fehlen von Wissen Unsicherheit erzeugen und zu kompensierenden Maßnahmen führen.

Dennoch können die Menschen, selbst wenn sie die menschliche Fortpflanzung nicht begreifen, eine bestimmte Verbindung mit Sicherheit herstellen: einer Frau können keine Kinder geboren werden, wenn nicht zuvor ihre erste Menstruation eingesetzt hat. »Tauglichkeit« von seiten der Frau wird durch die Menstruation angedeutet. Die Tauglichkeit beim Mann ist jedoch keineswegs so offensichtlich, und was die Naturvölker nicht in der Realität besitzen, versuchen sie oft durch Magie zu erlangen.

Indem sie sich immer noch auf Roth beziehen, stellen Spencer und Gillen fest, daß seine Theorie »weiterhin die Verstümmelung von Frauen unerklärt läßt, und es fast einfacher scheint, sich vorzustellen, daß diese eine Folge der Verstümmelung der Männer ist.«[47] Das mag nicht nur einfacher sein, sondern auch richtig. Wenn wir annehmen, daß die Männer sich genötigt fühlen, sich selbst den Frauen ähnlicher zu machen, und wenn ihnen auch nur undeutlich bewußt wurde, daß sie sich Verletzungen zufügten, um so fruchtbar wie die Frau zu werden, dann können wir verstehen, warum sie, als ihnen dies nicht gelang, auf die Frauen böse wurden und Bumerangs nach ihnen warfen; vielleicht suchten sie, nachdem sie politische Überlegenheit gewonnen hatten, nach Mitteln und Wegen, an den Frauen Vergeltung zu üben, indem sie ihnen die Verstümmelung auferlegten, der sich Männer ihretwegen unterziehen.

Selbst wenn die Männer einst gezwungen waren, sich der Subinzision zu unterwerfen, würden sie kaum darauf beharren und sie freiwillig verlangen oder sich selbst eine Wiederöffnung der Wunde zufügen, wenn sie nicht durch einen inneren Zwang motiviert würden. Keine Stammesgesetze werden dabei gelehrt, es ist kein *rite de passage,* da er den Status der Person nicht verändert. Es ist eine freiwillig gewählte Verstümmelung, nicht etwa eine Verstümmelung des Sohnes durch den Vater.

Wenn man jedoch von der Tatsache ausgeht, daß die Subinzisionswunde »Vulva« genannt wird, dann werden die Operation selbst und das wiederholte Öffnen der Wunde und das Bluten daraus verständlich. Dann scheint der Zweck des Rituals darin zu liegen, symbolisch das weibliche Sexualorgan herzustellen, während das erneute Öffnen der Wunde vielleicht das periodische Phänomen der Menstruation symbolisiert. Die Angaben, die von diesen Menschen selbst gemacht wurden, bestätigen eine solche Interpretation. Die Murngin sagen:

»Das Blut, das aus einer Inzision strömt und mit dem die Tänzer sich selbst und ihre Embleme bemalen, bedeutet mehr als nur das Blut eines Mannes – es ist das Blut der alten Wawilak-Schwestern ... › Jenes Blut, das wir über all diese Männer ausgießen, ist wie das Blut, das aus der Vagina der alten Frau kam. Es ist nicht mehr das Blut jener Männer, weil es besungen und stark gemacht wurde. Das Loch im Arm des Mannes ist nicht länger einfach nur ein Loch. Es ist wie die Vagina der alten Frau, die daraus blutete.‹«[48]

Lommel erwähnt auch, daß eine rote Pandanus-Blüte in die blutende Subinzisionswunde mit der Absicht hineingesteckt wird, den Schlitz so rot wie möglich zu erhalten, nachdem er geheilt ist.[49] Und Roth gibt an, daß in den Dialekten des Pitta-Pitta und dem Boulia District das Wort für einen introzisierten Penis »der mit einer Vulva« bedeutet.[50] Hogbin berichtet, daß die Wogeo-Männer Neu-Guineas sagen, die Frauen würden automatisch durch die Menstruation gereinigt, doch die Männer müßten, um sich vor Krankheit zu schützen, periodisch den Penis inzisieren und ein wenig Blut fließen lassen; dieser Eingriff wird oft »die Menstruation des Mannes« genannt.[51] Nicht nur die Wogeo, sondern auch die Murngin und die Dwoma Neu-Guineas gebrauchen parallele Bezeichnungen für die Menstruationsblutung und das Bluten aus der Subinzisionsöffnung. Die negative Phase des Menstruationstabus zeigt sich gewöhnlich in der Überzeugung, daß menstruierende Frauen unrein seien. In ihrer Mimikri wiederholen Männer in der Initiation diesen Negativismus, und bei vielen Völkern werden die Novizen als schmutzig angesehen oder machen sich selbst schmutzig. Die Initiierten von Qatu (nördliche Neue Hebriden) wurden einen Monat lang eingesperrt; sie blieben ungewaschen und kamen schwarz vor Schmutz und Ruß heraus.[52] Bei den Ureinwohnern von Victoria wurde der Jugendliche mit Schlamm und Schmutz beschmiert, und er mußte mehrere Tage und Nächte durch das Lager laufen und jeden, der ihm begegnete, mit Unrat bewerfen.[53] So stecken Jungen, die gerade beschnitten werden, jeden an, den sie berühren, genauso, wie es von menstruierenden Frauen angenommen wird. In Neu-Guinea werden nicht nur Frauen während der Menstruationstage gemieden, sondern auch Männer, wenn sie aus der Subinzisionswunde bluten.[54]

Andere Beobachter berichten von ähnlichen Haltungen. Nach Roheim »besteht das Ritual der Subinzision darin ... daß die älteren Männer (die Initiatoren) rückwärts laufen und ihre Subinzisionswunde zeigen. Das Blut strömt aus dem Subinzisionsloch, und die jungen Burschen erblicken das große Mysterium der Initiation. Es zeigt sich ganz klar, was es bedeutet, wenn sie die Subinzisionswunde ›Vagina‹ oder ›Penis-Mutterleib‹ nennen... Sie bieten eine künstliche Vagina als Kompensation für die echte an ...«[55] und »das Blut, das aus dem Penis fließt, wird Frau oder Milch genannt.«[56] Bei einem anderen Stamm Zentralaustraliens, den Urrabuna, wird die Subinzision *verrupu* genannt, und die Vagina wird manchmal ebenso bezeichnet, obwohl deren eigentlicher Name *pintha* ist.[57]

Diese und ähnliche Daten ließen Bryk vermuten, daß »durch die Subinzision der junge Mann angeblich in eine Frau verwandelt wird... Die Initiationszeremonien verwandeln Jungen in Frauen oder vielmehr in Mannfrauen.«[58]

Roheim weist besonders darauf hin, welche Bedeutung der Gebrauch des Begriffs »Milch« in den heiligen Liedern hat, um das aus dem Penis stammende Blut zu bezeichnen. Er vergleicht Speisetabus und stellt die Ähnlichkeit zwischen jenen fest, die auf Männer angewendet werden, welche aus der Subinzisionswunde bluten und jenen für menstruierende Frauen. Als weitere Stütze seiner Behauptung, daß die Männer die Rolle der menstruierenden Frauen spielen[59], zitiert er einen Arunta, der angab, eine Frau, die das Blut eines Mannes aus den Adern strömen sehe, müsse entweder getötet werden oder eine große Anzahl Männer müsse mit ihr Geschlechtsverkehr haben. Roheim meint, daß die Männer dies tun, um ihr Mannestum zu behaupten, welches in Gefahr ist, wenn ihr (»Menstruations«) Blut von einer Frau erblickt wird.[60] Eine weitere Parallele kann in den Erzählungen über mythische Frauen gesehen werden, die mit ihrem Menstruationsblut ihre Zeremonienpfähle einschmierten, so wie die Männer in unserer Zeit das Blut aus der Subinzisionswunde für denselben Zweck benutzen.[61]

Es ist sehr gut möglich, daß die magischen Fähigkeiten, die gewöhnlich der Menstruation und dem Menstruationsblut zugeschrieben werden, seine angebliche Verwendung im Zusammenhang mit den Zeremoniepfählen in mythischen Zeiten erklären. Doch wird immer, wenn eine mächtige

Magie von diesen Australiern beschworen werden soll, Blut benutzt. Die magische Qualität, die besonders dem Menstruationsblut zugeschrieben wird, bildet die Basis der Subinzisionstheorie, die Ashley-Montagu veröffentlicht hat:

»Das allen Formen der Subinzision gemeinsame Element ist das unvermeidliche Blutvergießen ... Kurzum, hier wird behauptet, daß die männliche Subinzision oder Inzision der weiblichen Menstruation entspricht oder entsprechen soll. Tatsächlich darf ich sofort die Hypothese anführen, die ich als Erklärung des möglichen Ursprungs der Subinzision in Australien anbieten möchte; sie lautet, daß die Subinzision beim Manne ursprünglich eingesetzt wurde, um den Mann dem Weib in bezug auf das gelegentliche Blutvergießen ähnlich zu machen, das von Natur aus für das Weib bezeichnend ist, und möglicherweise auch im Hinblick darauf, eine Verweiblichung des äußeren Erscheinungsbildes des männlichen Organs hervorzubringen.«[62]

Während er den Zweck der Subinzision darin sieht, die Männer den Frauen physiologisch und anatomisch ähnlich zu machen, glaubt er, es geschehe nur, »damit die schlechten Stimmungen des Körpers, und solche entstehen wahrscheinlich während der Ausführung bestimmter Aufgaben, mit denen große Kraft verbunden ist, befreit und aufgehoben werden.«[63] Für meine Art zu denken reicht seine Analogie nicht weit genug.

Das Erscheinen der menstruellen Blutung zeigt die Fähigkeit an, Kinder zu gebären; deren temporäres Aussetzen während der Schwangerschaft legt nahe, an ein weiteres Bindeglied zwischen Menstruation und der Erschaffung neuen Lebens zu denken. So kann das Menstruationsblut oder irgendwelches Blut, das aus den Genitalien entnommen wird, als eine Substanz angesehen werden, die einen mächtigen Einfluß auf das Leben hat. Die Arunta glauben, daß es gefährdetes Leben, wie etwa in Fällen von Krankheit, rettet. Während man von Menstruationsblut annimmt, daß es den Mann wieder zu Kräften kommen läßt, soll das Blut aus dem subinzisierten Penis auf Frauen die gleiche Wirkung ausüben. Wenn kein Menstruationsblut zur Verfügung steht, wird Blut aus der *Labia Minora* entnommen, und eine der Frauen nimmt eine *Witchetty-Made,* taucht sie in das Blut und gibt sie dem Mann zu essen. Danach wird sein Körper mit dem Blut eingerieben. Wenn eine Eingeborenenfrau sehr krank ist, zapft einer der Söhne ihrer jüngeren Schwestern Blut aus der Subinzisionswunde; sie trinkt einen Teil davon, und er reibt mit den Rest ihren Körper ein, wobei er eine Schicht roten Ockers und Fett hinzufügt. In allen Krankheitsfällen besteht die erste Heilmaßnahme darin, den Körper mit rotem Ocker einzureiben.[64]

Man könnte ohne Mühe verstehen, wenn in höheren Zivilisationen und mit größerer Bedeutung der Männer, das Ritual der Subinzision auf die Beschneidung reduziert würde. Leider zeigen die verfügbaren Zeugnisse keine solche Evolution. Rituelle Kastration, die weitreichendste Verstümmelung, kommt bei relativ hoch zivilisierten Völkern vor, wird jedoch nicht bei den primitivsten angetroffen. Doch diese Abwesenheit wird verständlich, denn wenn man den Penis in irgendeiner Weise, selbst einer negativen mit der Fruchtbarkeit in Verbindung bringt, fordert man die Anerkennung seiner Rolle bei der Fortpflanzung, und dieses Verständnis ist in höheren, nicht in niedrigen Kulturen anzutreffen. Anthropologische Ergebnisse lassen nicht vermuten, daß die rituelle Beschneidung sich in der Geschichte später entwikkelte als die Subinzision, und die Diffusionstheorie zeigt, daß die Subinzision sich beträchtlich später entwickelte.[65] Die Tatsache, daß die Subinzision im allgemeinen der Beschneidung in der Reihenfolge der Riten folgt, legt in der Tat die Vermutung nahe, daß die Beschneidung älter ist.

So zeigt selbst die Anordnung der beiden Verstümmelungen, daß die Beschneidung ein männlicher Ersatz für die erste Menstruation der Mädchen gewesen sein mag, und daß die Subinzision ein zweiter Versuch war, Leben hervorzubringen, als der erste Versuch gescheitert war.

Die Männer-Frauen

Bisher habe ich mich in der Hauptsache mit Initiationsriten beschäftigt, in denen Beschneidung und Subinzision vorkam. Doch viele Initiationen enthalten weder die eine noch die andere. Ja, manche Initiationsriten – sowohl bei Stämmen, die beide Verstümmelungsarten praktizieren als auch bei jenen, die es nicht tun – weisen andere Elemente auf, die sehr einfach als eine Neuinszenierung der Geburt erklärt werden können.

Abseits vom Verändern des eigenen Körpers kann der Mann versuchen, seinen Beitrag zur Schwangerschaft negativ oder positiv zu unterstreichen. Wenn er das Problem positiv angeht, kann er direkt oder symbolisch behaupten, Männer zu gebären; dies ist die Methode, die bei Stämmen angewandt wird, deren Initiationsverhalten weiter unten diskutiert wird. Der negative Weg ist, die Bedeutung des Beitrags der Frau herabzusetzen (was durch das biblische Versprechen Gottes illustriert wird, aus Abraham eine große Nation entstehen zu lassen, wobei Sarah überhaupt nicht erwähnt wird) oder zu der Überzeugung zu kommen, daß er vernachlässigbar ist (als Beispiel dienen die Pilagá, s. S. 175); oder die Aufmerksamkeit vom tatsächlichen Geburtsvorgang ab- und auf den Mann hinzulenken, durch solche Bräuche wie etwa die Couvade.

Im allgemeinen ist, wie Briffault bei vielen Naturgemeinschaften festgestellt hat, der wirkliche Prozeß der Niederkunft in zeremonieller Hinsicht ein ziemlich unauffälliges Ereignis. Oft geht die werdende Mutter einfach in den Busch, um zu gebären, wäscht das neugeborene Kind und kehrt dann an die Arbeit zurück.[1] Da Spencer und Gillen wenig über Niederkunft und damit zusammenhängende Sitten zu sagen wissen, während sie in einiger Ausführlichkeit die Auffassung erörtern, daß nur Männer in der Lage sind,

Geisterkinder zu finden, können wir daraus schließen, daß diese nüchterne Haltung bei den Arunta vorherrschte, obwohl Kaberrys Bericht (s. S. 165) nahelegt, daß es eine gewisse Anzahl verwandter Zeremonien gibt.

Die Couvade

Der Brauch der Couvade umgibt die Niederkunft mit einem komplizierten Ritual, das jedoch ein Ritual der Männer, nicht etwa der Frauen ist. Wie ein einziges Volk die Couvade praktiziert, wird im folgenden beschrieben:

»Die Frau arbeitet wie gewohnt bis wenige Stunden vor der Niederkunft; sie geht dann mit einigen Frauen in den Wald, wo die Geburt stattfindet. Nach einigen Stunden steht sie wieder auf und kehrt zu ihrer Arbeit zurück. Sobald das Kind geboren ist, nimmt der Vater es zu sich in die Hängematte und bleibt der Arbeit fern, ißt weder Fleisch, noch andere Nahrung außer dünnen Haferschleim, raucht nicht, wäscht sich nicht und rührt vor allem überhaupt keine Waffen an. Er wird von allen Frauen des Hauses ernährt und umsorgt... Dies geht tagelang, manchmal wochenlang so.«[2]

Briffault sieht den Zweck der Couvade darin, daß die unauflösliche Verbindung zwischen dem Ehemann und der Gruppe seiner Frau betont wird, was sich besonders dann zeigt, wenn ihnen ein Kind geboren wird.[3] Man kann verstehen, warum dieser Anlaß gewählt wird, um die Verbindung zu feiern, doch der Zweck erklärt noch nicht die spezifischen Mittel.

Malinowski sieht die Couvade ähnlich:

»In den Vorstellungen, Sitten und sozialen Vorkehrungen, die sich auf Empfängnis, Schwangerschaft und Geburt beziehen, wird das Faktum der Mutterschaft kulturell über seine biologische Natur hinaus übertrieben. Die Vaterschaft wird in symmetrischer Weise durch Regeln errichtet, in denen der Vater zum Teil die Tabus, Vorschriften und Verhaltensregeln nachahmen muß, die gemäß der Tradition der Mutter auferlegt werden... die Funktion der Couvade besteht in dem Errichten der sozialen Vaterschaft durch symbolische Gleichsetzung des Vaters mit der Mutter.«⁴

Ich stimme mit Malinowski darin überein, daß die Couvade ein Brauch ist, der sich um die biologische Natur der Mutterschaft rankt, da sie die biologischen Rollen umkehrt. Während es nach Briffault eine »sympathetische« Vereinigung ist, hat hingegen der Mann, der der Frau ihre Fähigkeit neidet, Kinder zu gebären, keine »Sympathie« für sie. Man erwartet von ihr, oder zwingt sie dazu, unmittelbar nach der Entbindung ihre Arbeit wieder aufzunehmen, obwohl sie von den Wehen und der physiologischen Reorganisation erschöpft ist. Der Ehemann und Vater hingegen ruht sich aus. Sein Einfühlungsvermögen in die Mutter ist so groß, daß er in sich selbst die Notwendigkeit der besonderen Pflege erschafft, die seiner Frau angemessen wäre und welche er ihr verweigert.

Vergleichbare Verhaltensmuster in unserer eigenen Gesellschaft können uns helfen, diese Aktionen zu verstehen. Es gibt viele Situationen, in denen wir ein solches Rollenspiel beobachten, eine solche »sympathetische« Vereinigung, in der eine Person die Rolle einer anderen spielt, ohne die biologischen Tatsachen zu berücksichtigen. Man betrachte das kleine Kind, das sich die Kleider seiner Eltern anzieht, und dabei elterliches Verhalten nachahmt. Auch hier ist ein Ableugnen der biologischen Unterschiede, eine symbolische Assimilation an eine fremde Rolle zu sehen. In funktioneller Hinsicht scheint es sich um eine Vorbereitung des Kindes auf seine Erwachsenenrolle zu handeln, doch diese Erklärung beantwortet nicht die Frage, warum das Kind sich auf diese Rolle vorbereiten möchte oder sie vorzeitig annimmt. Was wir lernen, wenn wir das Kind beobachten, ist, daß es die Rolle des Vaters oder der Mutter durchspielen möchte, weil es gerne an ihrer Stelle wäre, und zwar sofort. Das Kind denkt weder an seine künftige Rolle in der Familie, noch möchte es seine »unauflösliche Bindung« an seine Eltern betonen. Es imitiert Vater oder Mutter, weil es auf deren Bedeutung neidisch ist oder stark angezogen wird von der Macht und den sexuellen Vorrechten von Vater und Mutter.

Während die Couvade sehr wohl diesen Zwecken dienen kann, die ihr durch die Funktionsanthropologen zugeschrieben werden, scheint sie psychologisch dem näher, was das Kind motiviert, Vater oder Mutter zu spielen. Der Mann möchte herausfinden, wie es ist, wenn man gebärt, oder er möchte erzählen, daß er es kann. Mit dieser unwahren Behauptung möchte er von der Bedeutung der Frau ablenken, doch wie das Kind kopiert er nur die unbedeutenden Äußerlichkeiten und nicht das Wesentliche, welches er einfach nicht nachmachen kann. Solch ein Nachäffen von Oberflächlichkeiten betont um so stärker, wie sehr die realen, wesentlichen Kräfte geneidet werden. Frauen, die emotional befriedigt sind, weil sie geboren haben und versichert sind in ihrer Fähigkeit, Leben hervorzubringen, können der Couvade zustimmen; die Männer brauchen sie, um das emotionale Vakuum auszufüllen, das durch ihre Unfähigkeit, Kinder zu gebären, entstanden ist.

Transvestismus

Die Analogie zu dem Kind, das sich die Kleider seiner Eltern anzieht, kann mehr wörtlich in jenen Riten untersucht werden, in welchen das Anziehen der Kleider des anderen Geschlechts eine wichtige Rolle spielt. Die Naven-Zeremonie, die Bateson beschreibt, ist ein zentraler Ritus bei einem der Stämme Neu-Guineas, wo das normale Verhalten der Männer als äußerst männlich zu bezeichnen ist. Im Naven-Ritus gehen sie jedoch in der Offenbarung ihres Wunsches nach dem Weiblichen weiter als die meisten anderen Stämme. Ein hervorstechendes Merkmal ist der Austausch der Kleider zwischen den Geschlechtern, doch in diesem Fall ist es der

Pate, nicht der jugendliche Initiierte, der sich als Frau verkleidet. Insbesondere trägt er schmutzige Witwenkleidung und wird als »Mutter« angesprochen. Diese Maskerade geschieht nicht mit der Absicht zu täuschen; jeder weiß, daß er ein Mann ist, der wie eine Frau agiert. Das Tragen von Witwenkleidung legt etwas anderes nahe: daß der Novize nur ein Elternteil hat, eine rituelle »Mutter« und keinen Vater; und die Mutter ist nicht entweder männlich oder weiblich, sondern beides. Die zeremonielle »Mutter« soll auch schwanger aussehen, weswegen ihr Unterleib mit Schnur umwunden wird, wie der einer Schwangeren. So ausgestattet, streift er im Dorf herum und sucht sein »Kind« und erkundigt sich mit hoher, brüchiger (weiblicher) Stimme nach ihm.[5]

Es ist auch üblich, daß der Novize bei der Initiation Kleider und Schmuck des anderen Geschlechts trägt. Eiselen spricht von dem *boxwera*-Kleid, einem weiblichen Kleidungsstück, dessen Herstellung und Tragen in den Riten der Bamasemola-Jungen von Bedeutung ist.[6] Viele ähnliche Beispiele sind bei Frazer nachzulesen. Er berichtet zum Beispiel, daß ostafrikanische Jungen sich nach der Beschneidung als Frauen verkleiden und diese Kleidermode beibehalten, bis ihre Wunden verheilt sind. Danach werden sie rasiert und tragen Kriegerkleidung. Bei den Nandi geben junge Mädchen den Jungen ihre Kleider und ihren Schmuck, und die Jungen tragen beides einige Monate lang, bis sie beschnitten werden. Sobald die Operation vorüber ist, vertauschen sie die Mädchenkleidung mit den Gewändern und Halsketten erwachsener Frauen, die ihnen von ihren Müttern zur Verfügung gestellt werden; diese Gewänder tragen sie in den Monaten nach der Beschneidung.[7] In ähnlicher Weise bekommen bei den afrikanischen Dschagga die Jungen, die von der Beschneidung zurückkehren, die Kleider ihrer Mütter zu tragen und werden als *mpora* angesprochen, ein Begriff, der allgemein die junge Frau bezeichnet.[8]

Nichts könnte deutlicher die unbewußte Verbindung zwischen der Beschneidung von Jungen und dem Wechsel vom Mädchen zur Frau betonen. Es ist, als ob bei den Ostafrikanern der Wechsel von den Mädchen- zu den Frauenkleidern von den Jungen gemäß der Tradition benutzt wird, um zu erklären: Die Beschneidung hat uns von nichtmenstruierenden (sexuell unreifen) Menschen in Menschen verwandelt, die ihre sexuellen Fähigkeiten so deutlich wie Frauen zeigen können, die Kinder gebären. Daß die Jungen Mädchenkleider von irgendeinem Mädchen erhalten, Frauenkleider jedoch nur von ihren Müttern, mag auch bedeuten, daß ihre Mütter sie für die Beschneidung belohnen.

Frazer kommt zu dem Schluß, daß der Brauch des Kleidertausches während der Initiationsriten »aus einer Vielzahl abergläubischer Motive heraus praktiziert wurde, deren Prinzip der Wunsch zu sein scheint, sich gewissen mächtigen Geistern gefällig zu erweisen und andere zu täuschen.«[9] Doch welche sind diese »mächtigen Geister«, und warum sollte es sie erfreuen, wenn das eine Geschlecht die Kleider des anderen anzieht? Wer wird getäuscht, und was ist der Zweck der Täuschung? Wer schuf diese Geister, das heißt, aus wessen Unbewußtem entspringen sie? Sind sie Projektionen der Männer, der Frauen, der Ältesten oder der Initiierten? Ober sind sie vielleicht in einem gewissen Ausmaß die Projektionen aller?

Frazer und andere Autoren berichten hauptsächlich von Jungen, die Frauenkleider tragen, doch ist der Transvestismus bei der Initiation keineswegs auf das männliche Geschlecht beschränkt. Hollis berichtet von einem ähnlichen Brauch bei den Nandi-Mädchen, die drei Tage vor ihrer Beschneidung als Krieger verkleidet werden und denen ein Tabaksbeutel (sonst ein männliches Vorrecht) sowie männlicher Körperschmuck gegeben wird.[10] Basuto-Frauen kleiden sich während ihrer Initiation wie Männer, tragen Waffen und verhalten sich gegenüber den Männern sehr unverschämt.[11]

Es ist möglich, in diesen Bräuchen einen ritualisierten

letzten Versuch zu sehen, eine andere soziale und möglicherweise auch sexuelle Rolle zu genießen als die von der Gesellschaft vorgeschriebene und von der Biologie aufgezwungene.

Jetzt, auf der Schwelle zum Erwachsensein, bekommen Jungen und Mädchen eine letzte Chance, beide Geschlechtsrollen zu spielen. In der Initiation scheint dieses Verlangen sehr stark ausgedrückt, vielleicht weil es das letzte Mal ist; danach muß sich jeder Mensch für immer an das einzige Verhalten anpassen, das seinem Geschlecht vorgeschrieben ist.

Die Initiation als Wiedergeburt

Daß die Initiation eine symbolische Wiedergeburt ist, bei der gewöhnlich die männlichen Paten die Rolle jener spielen, die den Initiierten das Leben schenken, ist heute weitgehend anerkannt. Immer wieder, bei einem Stamm nach dem anderen, berichten Anthropologen von Pubertätsriten, in denen die Wiedergeburt eine überragende Rolle spielt. Bei gebildeteren Völkern ist sie manchmal ein abstraktes, symbolisches Drama. Bei anderen ist sie ein freizügiges Ausagieren der Entbindung. Wie in allen Dingen, die mit der Initiation zusammenhängen, gibt es unendliche Variationen, doch kann der folgende Bericht als ziemlich repräsentativ gelten:

»Im Westen von Ceram, einer der indonesischen Inseln, werden die Knaben zur Zeit der Geschlechtsreife in die Kakianvereinigung aufgenommen ... Das Kakianhaus ist ein länglicher Holzschuppen, der unter dem schattigsten Baume in der Tiefe des Waldes so errichtet ist, daß man unmöglich sehen kann, was darin vorgeht ... Dorthin werden die ... Knaben mit verbundenen Augen geführt. Ihnen folgen ihre Eltern und Verwandten ... Sobald ein Knabe in dem Raum verschwunden ist, hört man ein dumpfes schabendes Geräusch, ein furchtbarer Schrei ertönt, und ein bluttriefendes Schwert oder ein Speer wird durch das Dach des Schuppens hinausgesteckt. Dies ist ein Zeichen, daß der Kopf des Knaben abgeschnitten worden ist und der Teufel ihn in die andere Welt mitgenommen hat ... Beim Anblick des blutigen Schwertes weinen und jammern daher die Mütter und rufen, der Teufel habe ihre Kinder ermordet ... Während seines Aufenthaltes in dem Kakianhause ... warnt ... der Häuptling die Knaben bei Todesstrafe ... niemals zu verraten, was in dem Kakianhause vorgegangen ist ... Inzwischen sind die Mütter und Schwestern der Knaben nach Hause gegangen, um zu weinen und zu trauern. Nach ein bis zwei Tagen kehren jedoch die Männer, welche den Novizen als Paten und Vormünder dienten, mit der frohen Botschaft ins Dorf zurück, daß der Teufel * durch Vermittlung der Priester die Knaben wieder zum Leben erweckt habe. Die Männer, welche diese Nachricht bringen, kommen halb ohnmächtig mit Schmutz bedeckt wie Boten aus der Unterwelt an ...«[12]

Oder, so könnte man sagen, wie Frauen, die nach der Entbindung völlig erschöpft sind. Die Jungen wissen, daß sie nicht wiedergeboren wurden, und daß der Priester die Rolle des Teufels spielte. Signifikante Züge dieses Rituals sind auch der Wunsch, die Frauen an der Nase herumzuführen, indem vorgegeben wird, daß fremdartige und übernatürliche Ereignisse stattfinden, ebenso wie der geheime Pakt der Männer, niemals den Frauen die Wahrheit zu offenbaren.

Die dunkle längliche Hütte mag den Mutterleib darstellen, in den die Jungen zurückkehren, um wiedergeboren zu werden. Daß das Ritual wohl darauf abzielt, den Akt des Gebärens zu imitieren, wird auch durch das Verhalten der Jungen selbst nahegelegt, die danach vorgeben, orientierungslos wie neugeborene Säuglinge zu sein. Wenn sie in ihre Hütten zurückkehren, agieren sie, als ob sie vergessen hätten, wie man geht, sie stolpern und betreten die Hütte von hinten. Wenn ihnen Nahrung gereicht wird, halten sie den Teller verkehrt. »Ihre Paten müssen ihnen all die gebräuchlichen Verrichtungen des täglichen Lebens beibringen, als wären sie neugeborene Kinder«, einschließlich der Sprache.[13]

---

* Teufel und eine Unterwelt nehmen in der Mythologie dieser Stämme nur wenig Platz ein; wahrscheinlich sind sie Konzeptionen, die von den Weißen eingeführt wurden, insbesondere von den Missionaren, denen wir so viele ausgezeichnete Beobachtungen des Lebens der Naturvölker verdanken. Was sie und einige Anthropologen »Teufel« nennen, wird meistens von dem betreffenden Volk als verstorbene Vorfahren oder mythische Ahnen angesehen.

Das kunstvolle Ritual der Poro Liberias kann als repräsentativ für eine ganze Gruppe von Stämmen angesehen werden, die der Beschneidung – verglichen mit der Zeremonie der Wiedergeburt – eine ganz kleine Rolle zuweisen. Im allgemeinen sollte man sich davor hüten, die relative Bedeutung von Riten zu beurteilen, aber hier wird ausdrücklich gesagt, daß »die Beschneidung ein untergeordneter Ritus« und der beschnittene Junge als Außenseiter betrachtet wurde, bis der »Geist ihn gegessen hatte.«[14] In diesem Ritus verschluckt die Gottheit der Poro, der Krokodilgeist, die Jungen, welche sich beim Betreten des Zeremonieplatzes einem rituellen Tod unterziehen. Während der Zeit, in der sie angeblich im Bauch des Krokodils sind, leben sie von Zuhause entfernt im Busch, ein Zeitraum, der sich auf vier Jahre ausdehnen kann. Dort wird ihre Haut mit den Zeichen des Poro geritzt, die von den Zähnen des Gottes herrühren, als er die Jungen verschluckte. Da der Krokodilgeist die Novizen verschluckt hat, ist er in »sozusagen einem Zustand der Schwangerschaft, bis zum Ende der [Initiations]- Schulzeit, wenn alle, die noch leben von ihm ›geboren‹ werden.«[15] Schließlich kehren sie in die Stadt zurück, geben vor, neugeboren zu sein und erkennen noch nicht einmal ihre ältesten und engsten Freunde wieder.[16]

Während die Jungen im »Mutterleib« sind, verlieren sie ihre Vorhaut, nehmen jedoch Teile des weiblichen Genitales zu sich. Da eine Anzahl Jungen wirklich während der Initiationsperiode stirbt, gewinnt die Vorstellung, daß alle gestorben sind und die meisten von ihnen durch den männlichen Geist wiedergeboren wurden, an Glaubwürdigkeit.

Dieses Ritual weist das interessante Merkmal auf, daß die Jungen von den Zähnen des Poro gezeichnet werden. Es mag sein, daß Phantasien der sogenannten *Vagina dentata*, die bei neurotischen und psychotischen Patienten nicht ungewöhnlich sind, hier mit solchen der oralen Inkorporation verbunden sind. Die rituellen Narben des Poro können dann nicht nur das Verschlingen der Jungen, sondern auch ihre Wiedergeburt symbolisieren. Abrahams Bericht über einen seiner männlichen Patienten, der die Vagina mit den Kiefern eines Krokodils verglich[17], zeigt, daß der heutige Mann des Westens ähnlich spontane Phantasien hervorbringen kann. Wenn dies richtig ist, legen sie nahe, warum von den Liberianern das Krokodil als das Tier gewählt wurde, das die Initiierten wiedergebären sollte.

Da die männliche Angst vor der gefährlichen Vagina nahegelegt wird, können die Narben auch die Bewältigung der Furcht symbolisieren: die sichere, vielleicht siegreiche Passage des Initiierten durch die Vagina dentata. Daß ein Teil des weiblichen Genitales gegessen wird, läßt vermuten, daß der Initiierte vielleicht auch die große Furcht vor oder das Verlangen nach der Vagina durch orale Inkorporation meistert.

Ich möchte an dieser Stelle hinzufügen, daß diese Stämme mit den physiologischen Vorgängen der Geburt vertraut sind; also kann selbst die Wiedergeburt durch den Poro die Männer nicht versichern, daß sie Leben hervorgebracht haben. So könnte es sein, daß sie Bewältigung durch Erwerb (symbolische Niederkunft) ersetzen und durch Zurschaustellen ihrer Furchtlosigkeit. Solch ein Verhaltenswechsel kann auch bei Kindern beobachtet werden. Wenn sie »Ich bin stärker« oder, »Ich bin besser« geschrien haben, und das nichts mehr nützt, verlegen sie sich stattdessen auf:»Ich habe keine Angst vor dir«, um die Überlegenheit zu zeigen.

Frazer betont den Zusammenhang zwischen Initiationsriten und Geburt. Er schreibt:

»Könnte es sein, daß die Beschneidung ursprünglich dazu dienen sollte, die Wiedergeburt des Beschnittenen in einer künftigen Zeit zu gewährleisten? ... Die Vermutung wird durch die Beobachtung bestätigt, daß bei den Akikuyu in Britisch Ostafrika die Beschneidungszeremonie regelmäßig mit einer anschaulichen Vortäuschung der Wiedergeburt, des Novizen, verbunden wurde. Wenn sich herausstellen sollte, daß dies wirklich der Schlüssel zum Verständnis der Beschneidung ist, dann läge es nahe, in der gleichen Weise nach einer Erklärung der Subinzision zu suchen. Nun haben wir gesehen, daß das Blut der Subinzision sowohl Verwandten Kräfte schenkt als auch Wasserlilien wachsen läßt ... Die Absicht beider Zeremonien wäre also die künftige Reinkarnation des Individuums zu gewährleisten ... Jener wichtige Teil, sei es die Vorhaut oder das Blut, wäre in gewisser Weise die Saat, die gesäht wurde, um aufzugehen.«[18]

Frazer betont hier die »stärkende und befruchtende Tugend des Blutes«, die seiner Meinung nach die Subinzision erklärt, und vergleicht ihre Macht sogar mit der einer »Saat, die gesäht wurde, um aufzugehen.« Obwohl er diese Begriffe symbolisch verwendet, sind die Nebenbedeutungen offensichtlich, die diese Riten für ihn haben. Er erwähnt auch eine Initiationszeremonie, die er als vorgetäuschte neuerliche Empfängnis der Jungen interpretiert. Die Priester (die als lebensspendende Väter agieren) beschmieren ihre Gesichter und Körper mit Wasser, das rot gefärbt wurde und Blut darstellt.[19] Frazers Interpretation lautet, daß sie wegen der Defloration bluten, doch mich läßt die Zeremonie eher vermuten, daß sie wegen der Niederkunft bluten.

Es ist gefährlich, Rituale auf der Basis ihrer möglichen symbolischen Bedeutung zu interpretieren, besonders wenn die Interpretation auf den Erfahrungen in einer fremden Kultur beruht. Dennoch erscheint das folgende Ritual signifikant in seiner Wiederaufnahme der intrauterinen Existenz und dem Hervorkommen bei der Geburt:

»Wenn die [Nandi] Jungen sich [von der Beschneidung] erholt haben, wird die *kapkiyai*-Zeremonie abgehalten. Mit Hilfe eines Dammes wird im Fluß ein Becken angelegt und darin eine kleine Hütte gebaut. Dann ziehen sich alle aus und, angeführt von dem Ältesten [dem Initiator] kriechen die Jungen nacheinander viermal durch die Hütte hindurch. Auf diese Weise werden sie völlig vom Wasser bedeckt.«

Nach dieser letzten Zeremonie »dürfen die Jungen davongehen und Leute besuchen, doch müssen sie immer noch die Frauenkleider tragen.«[20] Das Untertauchen ist natürlich eine gebräuchliche Initiationszeremonie; in unserer Kultur kennen wir den Baptismus. Doch im Ritual der Nandi ist das Untertauchen, das so oft die Wiederkehr oder das Herausschlüpfen aus dem Mutterleib symbolisiert mit einem anderen Symbol des Uterus verbunden, der Hütte. Überdies müssen die Jungen kriechen, was bedeutet, daß sie sich der fötalen Lage nähern. Gewöhnlich kann die Hütte, die in vielen Initiationszeremonien vorkommt, als mütterliches Symbol vernachlässigt werden; schließlich müssen die Initiierten ihre Zeit der Absonderung ja irgendwo verbringen, und die Hütte ist eine ganz normale Behausung. In diesem Fall jedoch steht die Hütte buchstäblich im Wasser und ist somit direkt mit dem Untertauchen und der kriechenden Lage verbunden. Die Kombination kann daher als ein Versuch angesehen werden, die intrauterine Existenz wiederherzustellen, wo das Kind in einem kleinen dunklen Raum eingeschlossen und von Flüssigkeit umgeben ist.

Bei australischen Stämmen, wo weniger feinsinnige und mehr direkte Aktionen zu beobachten sind, wo das Geheimnis der männlichen Riten nicht dazu benutzt wird, um Lügen zu verdecken, die man den Frauen erzählt hat, um sie zu ängstigen, wird die Wiedergeburt nicht nur behauptet, sondern auch offen ausagiert. Zum Beispiel tragen Männer die Jungen auf ihren Schultern, wie Mütter ihre Kinder tragen. Sie hocken sich über das Feuer, damit der Rauch in die Anusöffnung einziehen kann, und führen damit dieselben heilenden und reinigenden Riten aus, denen sich Frauen nach der Niederkunft unterziehen. Sie sagen sogar, wenn sie den Rauch in den Anus eindringen lassen, daß sie es tun wie die mythischen Wawilak-Frauen, als diese Kinder gebaren.[21]

Während der Initiationszeremonien in Neu-Guinea (die Hautritzungen, jedoch keine Beschneidung einschließen) verhält sich der männliche Pate zum Novizen wie eine tröstende »Mutter«. Er hält den Jungen im Schoß und tröstet ihn, während die Schnitte gemacht werden. Wenn der Junge schreit, sagt die »Mutter« etwa: »Weine nicht!«, hält ihn still und erwidert gleichzeitig seine rasenden Umklammerungen. Ist die Hautritzung beendet, trägt der Pate das Kind auf dem Rücken wie Mütter ihre Säuglinge zu dem Wasserloch, wo das Blut abgewaschen wird. Dann trägt er den Jungen zurück zum Zeremonienhaus und pflegt die Schnitte mit schmerzlinderndem Öl.[22]

Die Arapesch betonen die Mutterschaft ebenfalls symbolisch. Die Paten schneiden sich in den Arm, mischen das Blut mit Kokosmilch und füttern damit die Novizen, die auf diese Weise zeremoniell ihre Kinder werden.[23] Aus diesen und anderen Beobachtungen schließt Mead, daß der Kult voraussetzt, daß Jungen nur durch ritualisierte Geburt Männer werden können; auf diese Weise übernehmen sie symbolisch und kollektiv die Funktionen, die Frauen individuell und natürlich ausüben.[24]

Die Erfahrung mit schwer gestörten und schizophrenen voradoleszenten Kindern zeigt, daß der Wunsch, schwanger zu sein und zu gebären, bei Jungen ebenso gebräuchlich ist wie bei Mädchen, und daß er durch eine neue Schwangerschaft der Mutter oder einer Mutterfigur in sehr starkem Maße aktiviert wird. Jungen wie auch Mädchen stellen sich dann etwa vor, selbst schwanger zu sein; sie essen dann vielleicht sogar zu viel und schaffen es, einen vorstehenden Unterleib zu bekommen, sowie Haltung und Gang einer Frau in den letzten Stadien der Schwangerschaft anzunehmen. In ähnlicher Weise kann man sowohl bei Jungen als auch bei Mädchen eine »hysterische« morgendliche Übelkeit wie bei einer Scheinschwangerschaft finden.

Wenn wir wiederum vom Unbewußten gestörter Kinder unserer Zeit auf das Unbewußte von Menschen in weniger zivilisierten Gesellschaften schließen dürfen – obwohl es eine ungelöste Frage ist, ob solche Schlüsse Gültigkeit besitzen – dann können wir folgern, daß der Beginn des gebärfähigen Alters bei Mädchen wie bei Männern ähnliche Gefühle heraufbeschwört wie die Schwangerschaft der Mutter bei schizophrenen Kindern. Deshalb tauchen die Initiationsriten zur Adoleszenz auf, und der Junge muß von einem Mann wiedergeboren werden.

Vieles hängt natürlich von der Art der männlich-weiblichen Beziehung in der Gesellschaft ab. Der psychische Mechanismus hinter der Behauptung, daß während der Initiation eine Wiedergeburt stattfindet, mag in vielen Fällen sehr einfach sein: der Wunsch der Männer, von der Wichtigkeit des Gebärens abzulenken oder ihre eigenen Verpflichtungen gegenüber Frauen als der Quelle des Lebens abzusagen.

Trennung

Einige Autoren betonen, daß der Zweck entweder der gesamten Pubertätsriten oder der Wiedergeburtszeremonie darin besteht, die engen Bande, die das Kind zu seiner Mutter geknüpft hat, zu zerreißen und sie durch eine stärkere Bindung an die Männer zu ersetzen, da jetzt die Männer den Jungen das Leben geschenkt haben, wie es einst die Mütter taten.

Die verschiedenartigsten Mittel werden angewandt, um den Initiierten von seiner Vergangenheit zu trennen und kundzutun, daß das neue Leben mit der Initiation beginnt. Die Nandi-Jungen bekommen Abführmittel, und man rasiert ihnen die Köpfe; die Indianer Virginias gaben den Jungen Brechmittel, damit sie alle Erinnerungen an die Vergangenheit vergessen; in Südafrika werfen die Xosa-Jungen ihre Kleider fort und verstellen ihre Sprache[25] (genauso wie der Säugling mit wenig oder sehr kurzem Haar, nackt und ohne Sprache auf die Welt kommt). Die Damaras rechnen das Alter eines Mannes vom Zeitpunkt der Beschneidung an und zählen die davorliegenden Jahre überhaupt nicht.[26] Eine andere weitverbreitete Sitte ist, den Initiierten neue Namen zu geben. Dies ist der intimen Verbindung zwischen einem Menschen und seinem Namen sowie magischer Funktionen wegen, die Namen oft zugeschrieben werden, ein besonders bedeutungsvoller Akt. Laubscher berichtet, daß südafrikanische Jungen zum Beispiel nach der Beschneidung neue Namen erhalten, und daß diese Menschen ohne weiteres glauben, daß das neue Leben das Ergebnis der Operation ist.[27]

Gewisse psychoanalytisch orientierte Autoren sind hier weiter gegangen, indem sie die Trennung betonten und behaupteten, der Zweck der Zeremonien liege darin, daß die ödipalen Bande zerrissen würden. Laubscher zum Beispiel sagt, daß um von der Kindheitsphase der weiblichen Dominanz in die zweite Phase der männlichen Dominanz und Kontrolle überzutreten, müsse der Junge eine psychische Wiedergeburt in der Welt der Männer erfahren, die alle Bindungen an die Mutter löst. Daher rühre das gewöhnlich sehr starre Tabu, das den Frauen die Teilnahme an der Initiation verbietet.

Es ist gewiß wahr, daß jene eng geknüpften Altersgruppen sich oft um das gemeinsame Erlebnis der Initiation bilden. Bei den Massai Ostafrikas sind alle diejenigen, die innerhalb derselben Vierjahresspanne initiiert wurden, für das ganze Leben miteinander verbunden und nehmen viele gegenseitige Verpflichtungen und Ansprüche auf sich.[28/29] Klar umrissene, feste emotionale Bande müssen zwischen den Mitgliedern dieser Altersgemeinschaften existieren, die auf der allgemein erfahrenen Befriedigung tiefer emotionaler Bedürfnisse zum Zeitpunkt ihrer Entstehung basieren; das heißt, bei der Initiation.

Moderne Parallelen können zwischen diesen Gruppenbildungen anläßlich der Initiation und spontanen Jugendbewegungen gezogen werden, wo die Hautritzung ein so zentrales Adoleszentenritual war, wie sie es in der Initiation ist. Deutsche Studenten waren mehr als bereit, Narben und Blutverlust zu ertragen, indem sie die Feuerprobe beim Duell als Beweis für ihre Männlichkeit und ihr Recht auf Zugehörigkeit zur Gruppe betrachteten. Wie die afrikanischen

Altersgenossen, so waren diese jungen Männer, die die Mann-haftigkeit zusammen erreicht hatten, in brüderlichen »Corps« lebenslang verbunden. Ihre studentischen Rituale befriedigten gleichzeitig frühe sadistische und masochistische Wünsche, während das Leben in den Burschenschaften eine gewisse Befriedigung prägenitaler und homosexueller Tendenzen bot.

Andere moderne Jugendgruppen, die zwar ein starkes homosexuelles Element enthalten können, erreichen oft ihren Zusammenhalt durch ein gemeinsames Erlebnis der Befriedigung mehrerer genitaler Triebwünsche, wie etwa in gemeinsamen sexuellen Erlebnissen. Bei Adoleszenten aus der Mittelklasse kann dies ein Gruppenbesuch in einem Bordell sein; oder in einer Bande der Unterklasse der sukzessive Beischlaf aller Mitglieder mit einem willigen oder auch nicht willigen weiblichen Wesen. In ähnlicher Weise sind die Mitglieder einer Universitätsburschenschaft durch die gemeinsam erlebte Einführung in das Erwachsenenleben und seine Befriedigungen vereint.

Akzeptiert man diesen Standpunkt, so wird es unerheblich, ob die echten Vorkehrungen für die Initiationsriten von den Ältesten gemäß der Tradition getroffen werden oder ob sie spontan in den Adoleszenten entspringen. Es könnte ein wesentlicher Unterschied zwischen einer traditionsgebundenen und einer »freien« Gesellschaft sein, daß in der ersten die Rituale von den Ältesten aufgestellt werden, um wenigstens teilweise die inneren Bedürfnisse der Jugend zu befriedigen, während in einer sogenannten freien Gesellschaft jede Generation ihren eigenen Weg finden muß, um diese Bedürfnisse zu befriedigen.

Die so oft in diesem Buch diskutierten australischen Stämme bestehen aus kleinen Gruppen, die wenig mehr als totemistische Untergruppierungen aufweisen. Doch in der sozialen Organisation anderer, höher entwickelter Stämme sind Altersklassen oft eine wichtige Gruppierung oder sogar, wie bei den afrikanischen Dschagga, die wichtigste überhaupt.

Man könnte sogar darüber spekulieren, inwiefern die

Männer nicht größere Gesellschaftsformen schufen, nachdem sie daran verzweifelten, durch magische Manipulation ihrer Genitale Kinder zu gebären.*

Freud und viele andere (Blüher, zum Beispiel[30]) dachten, daß diese größeren Gesellschaftsformen auf homosexuellen Bindungen beruhten. Die Führung, die die Männer auf diesem Gebiet übernahmen, kann daher ihre Wurzeln in Vereinigungen haben, die sich zuerst um die Initiation herum bildeten. In Mittelaustralien kommen viele Stammesgruppen, die sonst von einander getrennt leben, gegen Ende der Initiationszeremonien zusammen, was als eine größere gesellschaftliche Organisation angesehen werden kann. Spencer und Gillen beschrieben im Detail, wie bei solchen Anlässen Boten ausgesandt werden, die die verschiedenen Gruppen zur Zusammenkunft einladen[31], wie sie sich begegnen, und wie bei diesen Treffen wichtige Entscheidungen getroffen werden, die größeren Gruppen umfassen als die, in denen diese Stämme gewöhnlich leben.

»Es ist in der Tat eine Zeit, in der die alten Männer von allen Teilen des Stammes zusammenkommen und diskutieren. Täglich halten die älteren Männer Beratungen ab, womit wir nicht sagen möchten, daß dies in irgendeiner sehr förmlichen Weise geschieht, sondern, daß man ständig Gruppen von älteren Männern sieht, die Stammesangelegenheiten erörtern; all die alten Traditionen werden wiederholt und erörtert, und es geschieht durch Zusammenkünfte wie diese, daß das Wissen der ungeschriebenen Geschichten des Stammes und seiner führenden Mitglieder von Generation zu Generation weitergegeben wird.«[32]

Selbst heute handeln Altersgruppen, die auf der Initiation beruhen, in der Gemeinschaft der Poro, im späteren Leben als soziale Einheiten, im Frieden wie im Krieg. Wichtiger noch ist, daß die Führer diese Gemeinschaft jene sind, die

---

* Siehe auch die frühere Referenz (S. 75) zu Chadwicks Theorie, daß es die Enttäuschung der Männer über ihre Unfähigkeit, menschliches Leben hervorzubringen war, die sie zu intellektuellen Schöpfungen führte.

Gerechtigkeit üben und es ihr Einfluß ist, der die kleinen liberianischen Stämme in größere Einheiten bindet.

»Die Funktion und der Einfluß der Poro-Gesellschaft ... wird sogar außerhalb der Stammesgrenzen gespürt und viele Details der Organisation zeigen sich bei mehreren Stämmen, so daß ein Mann von hohem Ansehen sogar bei einem entfernten Stamm als solcher anerkannt werden wird, dessen Sprache er nicht spricht.«[33]

So mag die Gesellschaft nicht auf der Verbindung der mörderischen Brüder (wie Freud postulierte), sondern auf einer gemeinsamen Anstrengung der Männer, ein allgemeines Problem zu meistern, gegründet worden sein. Dies soll keine neue Hypothese über die Ursprünge der Gesellschaft propagieren. Ich möchte nur zeigen, daß Theorien, die völlig anders sind als jene, die in der gängigen psychoanalytischen Literatur aufscheinen, genauso glaubhaft sind.

Das Geheimnis der Männer

Läge der Hauptzweck der männlichen Initiation darin, die Stammesgesetze zu lehren oder die Reife zu ritualisieren, so wäre leicht zu sehen, warum sie durch kunstvolle Zeremonien markiert wird, die darauf abzielen, ihr besondere Würde und Eindringlichkeit zu verleihen. Doch wenn dies die einzige Absicht wäre, fällt es schwer, einen glaubhaften Grund zu finden, warum sie in ein Geheimnis gehüllt und für Frauen und Kinder verboten ist. Die Stammesgesetze könnten wirksamer gelehrt werden, wenn jedes Mitglied der Gemeinschaft wiederholt unterrichtet würde, und zwar von Kindheit an. Es kann einen tiefen Eindruck hinterlassen, wenn die gesamte Bevölkerung an einer Zeremonie teilnimmt oder ihr zusieht, wie bei Amtseinführungen oder Krönungen. Wenn Heimlichkeit dazu hergenommen wird, um größeren Eindruck zu machen, so muß es besondere Gründe geben, die die Heimlichkeit wirksamer machen als weite öffentliche Teilnahme.

Manchmal dient die Heimlichkeit dazu, keine magische Kraft den Ungläubigen oder auch den Feinden, die sie zur Zauberei mißbrauchen könnten, in die Hände zu geben. Doch in vielen Fällen soll sie in den Ausgeschlossenen den Glauben erwecken, daß die Initiierten übermäßige Kräfte haben.

Das ursprüngliche Geheimnis

Wenn man für den Augenblick meine Interpretation der Initiationsriten akzeptiert, kann man schließen, daß der Geburtsakt ebenso geheim vor Männern gehalten wird wie der Akt der Initiation vor Frauen. Dies scheint tatsächlich der Fall zu sein. Bei den australischen Eingeborenen begleiten nur sehr wenige zeremonielle Geheimnisse die erste Menstruation oder die sogenannte Initiation der Frauen; Rituale um die Niederkunft sind jedoch so geheim, daß sie sich der Aufmerksamkeit der meisten Betrachter entzogen.

Es könnte sein, daß das androzentrische Vorurteil der männlichen Beobachter durch das Widerstreben der Eingeborenenfrauen verstärkt wurde, irgendeinem Mann dieses, ihr größtes Geheimnis mitzuteilen. Auf jeden Fall verdanken wir unser Wissen um diese Rituale weiblichen Forschern, und sogar Kaberry berichtete, daß sie es schwieriger fand, eine Aufstellung von Niederkunftsgesängen von den Frauen zu erfahren als mit den Männern über die Initiation zu diskutieren. Sie hatte schon sieben Monate bei den Eingeborenen gelebt, bevor sie den ersten dieser Gesänge hörte, obwohl sie zuvor die geheime Korrobori einer Frau gesehen hatte.[1]*

»Obwohl nun die Männer einiges über die Niederkunft wissen ... kennen sie immer noch nicht jene Gesänge ... die heilig sind ... und trotz ihrer Einfachheit voll von Macht, kraft ihres übernatürlichen Ursprungs. Soweit sie Gebote sind, die automatisch zu einem Ergebnis zu führen scheinen, können sie als magisch angesehen werden; doch ihre Wirksamkeit wird der Tatsache zugeschrieben, daß ihnen zuerst von den weiblichen totemistischen Ahnen Ausdruck verliehen wurde. Sie haben dieselben Sanktionen wie die Wachstumszeremonien ... die Kult-Totems, die Subinzision und die Zirkumzision.«[2]

Die extreme Heimlichkeit der männlichen Initiationsriten und das Ritual der Niederkunft legen daher nahe, daß es parallele Phänomene (Erscheinungen) sind; die Parallele zwischen der männlichen und der weiblichen Initiation scheint nur äußerlich und vergleichsweise unwesentlich.

Andererseits – während Männer von dem Geheimnis der Frauen sprechen und damit die Geschlechtsorgane und -funktionen meinen – stellen Frauen keine ähnliche Assoziation zu dem Geheimnis der Männer her. Berndt bezieht sich bei

* Nächtliches Fest der austral. Eingeborenen (Anm. d. Ü.)

der Erörterung des Ursprungs der australischen Kunapipi-Riten auf einen der Mythen, der erzählt, wie die Männer ursprünglich »nichts hatten: kein heiliges Objekt, keine heiligen Zeremonien. Die Frauen hatten alles.«[3] So stahlen eines Tages die Männer die heiligen Dinge der Frauen und brachten sie in ihr eigenes Lager. Als die mythischen Wawilak-Schwestern merkten, daß ihre heiligen Gegenstände verschwunden waren, entschieden sie, daß ebenso gut die Männer sie haben könnten, da die Männer nun die meisten Rituale für sie ausführen konnten, während sie selbst hauptsächlich damit beschäftigt waren, Familien aufzuziehen und Nahrung zu sammeln.[4]

Oder, wie einer der heutigen Informanten Berndt erzählte:

»Aber wir haben in Wirklichkeit gestohlen, was den Frauen gehörte, denn es ist meistens ihr Geschäft; und da es sie angeht, gehört es ihnen. Männer haben wirklich nichts damit zu tun, außer zu kopulieren. Es gehört den Frauen; all dies gehört jenen *Wawilak*, das Baby, das Blut, das Schreien, ihr Tanzen, all das betrifft die Frauen; doch jedesmal müssen wir sie überlisten. Frauen können nicht sehen, was Männer tun, obwohl es wirklich ihr eigenes Geschäft ist, aber wir können ihre Seite sehen... am Anfang hatten wir nichts, weil die Männer nichts getan hatten; wir haben diese Dinge den Frauen weggenommen.«[5]

Indem er die Frage zusammenfaßt, warum Männer und nicht Frauen heutzutage diese Fruchtbarkeitsriten feiern, schließt Berndt, daß die Frauen

»wissen, daß die Riten prinzipiell mit spezifischen weiblichen Funktionen zusammenhängen und daß Männer die anstrengenderen Züge des zeremoniellen Lebens ausführen. ›Diese Rituale‹, sagte ein Informant, ›sind genau wie wenn ein Mann mit einer Frau kopuliert; er macht all die harte Arbeit, so daß die Frau das wirklich wichtige Geschäft der Niederkunft ausführen kann.‹ Dies mag eine einseitige Haltung sein, aber sie drückt in adäquater Weise aus, wie die Eingeborenen in jener Gegend über diese Angelegenheit denken.«[6]

Ich kann diese offensichtliche Rationalisierung in bezug auf die Arbeitsteilung nicht akzeptieren. Ich nehme an, daß der Hauptgrund für die Existenz der Riten das Verlangen des Mannes nach einem ähnlich wichtigen »Geschäft« ist.

Die Notwendigkeit der Geheimhaltung

Andere Rituale gehen über eine bloße Versicherung, daß Männer wichtige Geheimnisse haben, hinaus. Sie werden in so verschiedenen Kulturen wie denen der primitiven Afrikaner und denen der hochzivilisierten Griechen angetroffen und schließen die langen Abfolgen von Riten ein, in denen die Wiedergeburt der Initiierten durch Männer behauptet wird. Riten, die der Natur konträr laufende Ereignisse beinhalten, müssen geheimgehalten werden. Sonst können die Teilnehmer sich nicht selbst sagen, daß solche Ereignisse tatsächlich stattgefunden haben. Darüber hinaus schützt die Geheimhaltung den Gläubigen vor dem Zweifel der Skeptiker, die davon abgehalten werden, Beweise zusammenzutragen, die den Glauben zerstören könnten. Da die Initiationsriten Zwecken dienen, die nur im Symbol, aber nicht in der Realität erreicht werden können, müssen ihre Fiktionen verborgen bleiben, wenn die Gläubigen die psychischen Gewinne aus der symbolischen Errungenschaft genießen sollen. Heimlichkeit ist somit notwendig für die anhaltende Befriedigung der Bedürfnisse der Gläubigen.

Bei einigen Völkern laufen Frauen selbst heute noch Gefahr, getötet zu werden, wenn sie diese Riten beobachten. Die Methode der Porogesellschaft, mit einer Frau abzurechnen, die den Männern nachspioniert, zeigt, daß es eher ihre Fähigkeit ist, die Geheimnisse den anderen zu verraten, als ihre eigene Anwesenheit oder das Wissen, welche die Macht der Initiation zerstört. Eine solche Frau wird nicht unbedingt getötet; oft wird ihr erlaubt, in der Initiationshütte zu wohnen und ohne Einschränkung die Zeremonien zu beobachten. Doch sobald die Initiation vorüber ist, muß sie für den Rest ihres Lebens stumm bleiben. Falls sie jemals zusammenbricht und spricht, und sei es auch nur im Traum, wird sie sofort von einem Mitglied der Gemeinschaft getötet.[7]

Meine Ansichten sind nicht neu. Lowie zum Beispiel, hat sie in bezug auf das Geheimnis des Stierbrüllers* ausgedrückt, dessen Geschwungenwerden die heiligsten Zeremonien der Australier begleitet.[8] Frauen und Kinder werden gelehrt, das merkwürdige summende Geräusch als die Stimme eines Geistes anzusehen, der über die Zeremonie herrscht. Doch eines der Geheimnisse, das dem Initiierten mitgeteilt wird, mit großem Nachdruck auf der Notwendigkeit, es vor Frauen zu verschweigen, ist die wahre Natur des Stierbrüllers und wie er in den Besitz der Männer kam (s. Anhang).

Das alltägliche Verhalten von Kindern bietet parallele Beobachtungen an, die eine weitere Erklärung der Natur dieses Geheimnisses nahelegen. Kinder behaupten oft, daß sie geheime Kenntnisse haben, einfach weil sie spüren, daß ihnen so viele Kenntnisse fehlen. Ein Kind brüstet sich etwa mit einer ganz speziellen Information, die es nicht hat, oder die so alltäglich ist wie das Herumwirbeln eines flachen Steines (wie des Stierbrüllers). Unter keinen Umständen wird es das Geheimnis preisgeben, da dessen einziger Zweck darin besteht, ihm in den Augen eines anderen Geltung zu verschaffen. Durch das Erfinden einer Geheimsprache, zum Beispiel, und wenn es sie in Gegenwart von Vater oder Mutter oder älterer Geschwister gebraucht, die das Kind als überlegen ansieht, versucht es, den anderen wie auch sich

---

* Der Stierbrüller wird aus einem kleinen flachen Stück Holz oder Stein gefertigt, das geschnitzt oder sonstwie mit heiligen Zeichen versehen wird. Durch ein Loch wird an einem Ende eine Schnur gezogen; wenn der Stierbrüller schnell herumgeschwungen wird, gibt er ein summendes, dröhnendes Geräusch von sich. Bei vielen Zeremonien werden Stierbrüller geschwungen, und man behauptet, daß der so erzeugte Lärm die Stimme gewisser Geister ist.

selbst zu überzeugen, daß es nicht unterlegen ist, da es ja gewisse wichtige Fähigkeiten oder Kenntnisse hat.

Blackwood glaubte ebenfalls, daß der Hauptzweck der männlichen Geheimgemeinschaften darin liegt, die Frauen zu hintergehen. Die Männer zögern nicht, einige Jungen zu töten, um die Frauen zu überzeugen, daß alle getötet wurden und daß die Männer einige von ihnen ins Leben zurückgebracht haben. Dies entspricht dem Mythos des Stierbrüllers, in welchem sie alle Frauen töteten, damit diese nicht erzählen konnten, daß Männer den Stierbrüller gestohlen hatten. Die Männer holzen sogar Areca-Palmen ab, obwohl die Arecanuß ein hochgeschätzter Leckerbissen ist, um den Frauen die Macht und Bösartigkeit der männlichen Geister zu zeigen, die ihre Söhne töten.[9] In gleicher Weise wie der Neurotiker freiwillig wichtige Besitztümer zerstört, um seine unrealistische Abwehr intakt zu erhalten, so zerstören diese Männer die geschätzten Palmen, um die Frauen noch gründlicher mit ihrer Macht, neues Leben zu erschaffen, zu beeindrucken.

Das Aufsetzen des Upi

Die Beziehung zwischen dem Geheimnis der Menstruation (ein echtes für diejenigen, die nichts von Physiologie verstehen) und den angeblichen Geheimnissen der Männer kann ebenfalls aufgezeigt werden.

Blackwood zum Beispiel hat auf die Geheimnistuerei hingewiesen, die sich beobachten läßt, wenn die Jungen den *Upi* tragen – einen großen, linkischen und vermutlich unbequemen Hut aus Palmblättern, der das Haar verbirgt. Der *Upi* wird aufgesetzt, wenn das Haar des Jungen kurz ist, und er trägt ihn bis zur Initiation, nimmt ihn nie in Gegenwart von Frauen ab, bis der Hut zeremoniell entfernt wird. Bei der Abnahme entdecken die Frauen plötzlich das mysteriöse Geheimnis der Männer: Langes Haar. Der

Hauptzweck der Zeremonie liegt darin, die Frauen mit der Haarlänge zu überraschen.[10]

Die Buka kennen drei Initiationszeremonien, von denen die erste das Aufsetzen des *Upi* und die zweite seine Abnahme ist. Bei Mädchen kann das Wachstum der Brüste der Menstruation um einige Zeit vorausgehen; in ähnlicher Weise setzen die Jungen in der Abgeschiedenheit des Busches im Alter von etwa neun Jahren den *Upi* auf und nehmen ihn einige Jahre später wieder ab. Die Bezeichnungen für pubertierende Jungen und Mädchen unterstreichen diese Parallele. Das Mädchen wird »weibliches Wesen, dessen Brüste wachsen« genannt, während man über den Jungen sagt: »Er geht in den Busch«, was bedeutet, daß er sich zurückgezogen hat, um den *Upi* aufzusetzen.

Da in Wirklichkeit nur wenig geschieht – in diesem Beispiel ein so alltägliches Phänomen wie das Wachsen des Haares – ist es besonders nötig, dies zu einem großen Geheimnis zu erklären und zu ritualisieren. Nur auf diese Weise kann man behaupten, daß das, was den Jungen in der Pubertät geschieht, ebenso wichtig ist wie das, was in Mädchen vorgeht. Der *Upi*, so lächerlich er dem fremden Beobachter auch vorkommen mag, ist wahrscheinlich, wie Blackwood sagt, der ernsthafteste und wichtigste Faktor in der ganzen Kultur dieses Gebietes. Seine Regeln und Tabus beeinflussen das tägliche Leben der Menschen sehr.[11]

Ein natürlicher physiologischer Prozeß, an dem Männer und Frauen in gleicher Weise teilhaben, wird hier so ausgelegt, als hätte er eine spezielle übernatürliche Bedeutung. Der Haarwuchs ist ein besonders geeignetes Symbol, da das Schamhaar bei beiden Geschlechtern erwachsene Sexualität bedeutet, und es bei den Frauen mit dem Einsetzen der Menstruation zusammenfällt. Selbst für Kinder unserer Zeit ist weibliches Schamhaar Anlaß für starkes Interesse. Gestörte Kinder drücken ihren Neid in wütenden Bemerkungen über die »haarige Vulva« aus; bei einigen schwer gestörten Jungen scheint das oft eine Zwangsvorstellung zu sein. Vielleicht wird das Schamhaar, das sich bei Jungen zeigt, aber nur ein zufälliges Zeichen der Geschlechtsreife ist, indirekt betont und ritualisiert, um die deutlicher hervortretenden Anzeichen bei den Frauen wettzumachen.

Gemäß der Mythen gehörte auch der *Upi* ursprünglich nicht den Männern, sondern den Frauen. Doch seine Entstehungsgeschichte geht noch einen Schritt weiter und bringt *Upi* und Brüste in einen Zusammenhang, indem sie ersteres zur Belohnung für das Saugen der Kinder macht. Die Sage, die in der ganzen Gegend verbreitet ist, lautet folgendermaßen:

»Eine Frau ging im Busch spazieren, als sie einen *urar* (Geist eines längst Verstorbenen, Gespenst) sah, der einen *upi* trug. Die Frau betrachtete den *upi,* und er gefiel ihr sehr. Sie sagte zu dem *urar:* ›Oh, ich mag dich, du bist mein Mann, du bist ein feiner Kerl.‹ Da nahm der *urar* seine langen Brüste, gab sie der Frau und nahm die ihrigen, die sehr klein waren. Früher war es so, daß die Männer große Brüste hatten und die Frauen kleine. Danach war es so, wie es jetzt ist. Die Frau sagte: ›Ich will diese großen Brüste nicht haben. Ich möchte deinen *upi*. Wenn du ihn mir schenkst, werde ich ihn niemand sonst geben.‹ Der *urar* antwortete: ›Ich möchte kein Kind säugen. Wenn du ein Kind hast, mußt du es an deine eigenen Brüste legen und ihm Milch geben.‹ Dann gab er ihr den *upi*. Sie versteckte den *upi* im Busch. Aber eines Tages überraschte ein Mann sie damit und nahm ihn ihr weg. Er sagte: ›Du darfst den anderen Frauen nichts davon sagen.‹ Die Frau erwiderte: ›Er gehört mir und allen anderen Frauen.‹ Da tötete der Mann die Frau und sprach: ›Es wäre schlecht, wenn sie hierbliebe und den anderen Frauen von alldem erzählte. Ich werde dieses Ding nehmen und es in den Busch legen. Andere Frauen sollen nichts davon wissen.‹ So nahm er den *upi*, und seitdem gehört er den Männern und nicht mehr den Frauen.«[12]

Dieser Mythos ähnelt jenen, die vom Ursprung des Stierbrüllers erzählen. Die Geschichte scheint überall dieselbe zu sein: Reale Macht wird offen gezeigt, und die Anerkennung ihres Besitzes wird als selbstverständlich angesehen. Vorgegebene Macht muß von Geheimnissen und Ritualen umrankt werden; sonst wird die Welt erkennen, daß der Kaiser nicht nur keine besonderen Kleider trägt, sondern überhaupt keine.

Das Verstopfen des Mastdarms

Bei den Dschagga, einem Stamm, wo die Bedeutung die dem Menstruationsblut beigemessen wird, sehr groß ist[13], nehmen die Männer für sich in Anspruch, den Frauen überlegen zu sein, indem sie die Bewältigung einer Körperfunktion erlangt haben, welche von den Frauen nicht beherrscht wird. Sie behaupten, daß bei der Initiation der Anus für immer verstopft werde und daß danach die Männer ihren Kot zurückhielten. »Verstopft« zu sein ist identisch mit der Erlangung der Rechte eines erwachsenen Mannes. Dieses Verstopfen des Anus ist der zentrale Ritus der Initiation; den Novizen wird erzählt, daß der Pflock das Zeichen der Mannhaftigkeit sei und daß ihre erste Pflicht darin bestehe, das Geheimnis zu wahren. Also:

»›Laß keinen Wind in Gegenwart von Frauen oder uninitiierten Jugendlichen fahren. Wenn du dies tust, werden die Stammesältesten deine Kühe schlachten. Auch darfst du dich beim Defäzieren nicht von Frauen überraschen lassen. Trag immer einen Stock bei dir, grab deine Fäzes ein, kratze hie und da in der Erde und gib vor, nach einer Zauberwurzel zu graben. Falls dich eine Frau beobachtet, sucht sie nach und wird nichts finden... Wenn du an lockeren Fäzes leidest, so rufe einen aus deiner Altersgruppe, damit er dich in das Männerhaus bringt, wo du gepflegt wirst, denn wenn deine Braut davon erfährt, bedeutet das Unheil für dich. Solltest du es wagen, jemand das Geheimnis der Männer zu verraten, dann werden dich deine Altersgenossen, die Stammesältesten und der Häuptling ohne Erbarmen allen dessen enteignen, was du besitzt. Denn du wirst Schande über deine Zeitgenossen, ja sogar über die Toten gebracht haben. Und es wird heißen, daß das Geheimnis der Männer eine Lüge ist.‹ Die Novizen wurden somit offen gelehrt, ihre Männlichkeit auf einer Fiktion aufzubauen.«[14]

Bis vor kurzem wurde diese Fiktion bis zu ihrem Schlußakt, in dem der Pflock »entfernt« wurde, durchgeführt. Eine Gruppe Männer versammelte sich dann in der Hütte eines alternden Mitgliedes, und sie schlachteten eine Ziege. Reichblutende Fleischteile banden sie dem Alten um die Schenkel, damit seine Beine mit Blut überströmten. Dann banden sie das Fleisch wieder ab und riefen seine Ehefrau herbei. Der übergaben sie den Mann zur sorgsamen Pflege. Sie erklärten ihr wohlwollend: der Alte habe sich den Pflock wieder herausnehmen lassen für seine Söhne. Beim Herausreißen der Darmnähte sei die Blutung entstanden. Sie dürfe sich darum nicht wundern, wenn ihm von nun an wieder ein natürliches Bedürfnis eigen sei. Auch solle sie dem Alten sofort zu Hilfe eilen, wenn er falle und sich bloßstelle, damit er nicht dem Spott der Jugend verfalle.[15]

Ein solcher Pubertätsritus scheint wie viele andere ein symbolisches Gegenstück zur Menstruation zu sein. Mädchen »öffnen« bei der ersten Menstruation ihre Vagina, und jeden Monat wird aus dieser Körperöffnung etwas ausgestoßen. Männer behaupten in der Pubertät, eine Öffnung zu verschließen, durch die bisher etwas ausgestoßen wurde. In hohem Alter hört die Menstruation auf, und die Vagina scheint sich zu schließen. Bei alten Männern wird die verschlossene Öffnung geöffnet, und das Ausstoßen wird wieder aufgenommen.

Die Parallele zwischen der Menstruation und dem Einsetzen des Pflocks wird weiterhin durch die Art und Weise angedeutet, wie Männer gelehrt werden, ihre Fäzes, und die Mädchen ihr Menstruationsblut zu verstecken. Den Mädchen wird befohlen, das Blut zu vergraben, um es vor ihren Vätern und Brüdern zu verbergen, weil es eine Sünde sei, es sie sehen zu lassen, ebenso wie Männer angewiesen werden, ihre Fäzes vor den Frauen zu verstecken. Roheim erkannte klar, daß die Verschwiegenheit, die die männlichen Riten umgab »wie eine einfache Umkehrung des Menstruationstabu [schien], in der die Männer sagen: ›Uns ist nicht erlaubt, eure Blutung zu sehen, deshalb erlauben wir nicht, daß ihr die unsere seht.«[16]

Doch das angebliche Verstopfen des Mastdarms hat noch eine zusätzliche Bedeutung. Es hängt nicht nur mit der Menstruation, sondern auch mit der Schwangerschaft zusammen. So imitiert das Einsetzen des Pflocks auch das Aufhören der Menstruation – das heißt das erste Anzeichen für die Schwangerschaft. Die Dschagga-Frauen, denen die Vorgänge bewußt sind, betrachten das Verhalten der Männer mit belustigter Toleranz. In ihren eigenen Initiationsriten wird den Mädchen gesagt, daß die Männer defäzieren, es jedoch vor Frauen geheimhalten; und die Mädchen werden ermahnt, nicht zu lachen. Die Frauen wissen, daß das Geheimnis eigentlich das ihre ist; wenn eine Frau schwanger wird, sagen sie, ihre Blutquelle sei verstopft, und dies sei der ursprüngliche Pflock.[17]

Ich stehe mit meiner Ansicht über diese Riten nicht allein da: Gutmann griff das Problem von einem völlig anderen Gesichtspunkt auf, doch seine tiefen Kenntnisse des Stammesgesetzes der Dschagga und des Dschaggavolkes führten ihn zu ähnlichen Schlußfolgerungen. Er sagt:

»Der peinliche Ausschluß der Frauen [von der Teilnahme an der Initiation], die Darstellung des Ganzen als neue Geburt, läßt sich alles gut aus dem Bestreben der Männer erklären, das Recht auf den Nachwuchs durch den Nachweis zu erbringen, daß sie mit der Mühe, die neue Zeugenschaft zu erwecken und zu sichern ebenso Großes auf sich genommen haben, wie einst die Mutter bei der Geburt des noch geschlechtsunbewußten Kindes.

Die vorgegebene *ngoso*-Setzung z. B. begründen die Dschagga damit, daß es notwendig gewesen sei, die Weiber in Respekt zu setzen. Das liegt vielleicht nicht soweit vom Ursprunge der Erfindung ab, als man glauben könnte.

Wenn es richtig ist, daß die Jugendweihen eine Umprägung des Menschen zur Zeugungsertüchtigung zum Inhalte haben, und diese Umgestaltung zuerst als eine neue Geburt gefühlt wurde, so lag es auch nahe, die Zeit der Vorbereitung zur Zeugungsgemeinschaft mit der Zeit gleichzusetzen, die das Menschenkind im Mutterleibe zubringt: neun Monate. Die Pflegezeit nach der Beschneidung umfaßte zwei bis drei Monate. Der Aufenthalt im Hain dauerte sechs Monate. So wären bis zuletzt noch neun Monate der Abschließung nachzuweisen. Das wichtigste Kennzeichen der Schwangerschaft hat auch ihre Aufmerksamkeit erregt. Sie bezeichnen damit die Schwangerschaft und sagen *kma akufungje:* Die Frau schließt sich. Das Setzen des *ngoso* sollte nun wohl ursprünglich das Gegenstück auf der Männerseite darstellen und die Frauenleistung zur höheren Ehre des Mannes noch übertreffen. So wäre man auf diesen Trug gekommen zu sagen, daß der zeugungstüchtig gewordene Mann restlos verdaue.«[18] *

Das Anhäufen von Geheimnissen

Irgendwann im Laufe der historischen Entwicklung, die von dem Gesellschaftstyp der australischen Ureinwohner zu den komplexeren Formen führt, welche viele afrikanische Stämme erreichten, begann der Mann den männlichen Beitrag zur Fortpflanzung besser zu verstehen. Briffault bemerkte, daß »obwohl magisch-religiöse Obszönität in niedrigen Kulturen vorherrscht, ist phallischer Symbolismus charakteristisch für eher fortgeschrittene kulturelle Phasen.«[20]

Dementsprechend war der Penis, so wie ihn die Natur gestaltet hat, einigen Völkern nicht gut genug. Er mußte manipuliert oder sogar operiert werden, um akzeptabel zu sein. Doch bei einigen jener Menschen, die dazu kamen, den erigierten Penis als das männliche Fortpflanzungsorgan anzusehen, konnte der Phallus nicht genug bewundert und verehrt werden. Dann mögen sich der Neid der Frauen und die Tendenz, den männlichen Beitrag überzubetonen, in dem Glauben verbunden haben, daß der Samen allein wichtig ist und der weibliche Beitrag an der Geburt vernachlässigbar. Die Pilagá Südamerikas zum Beispiel glauben, daß »die Ejakulation des Mannes einen vollständigen Humunculus in

---

* Nach Gutmann geschah es zuletzt in der Mitte des 19. Jahrhunderts, daß initiationsbereite Jungen für eine so lange Zeit in den Hain geführt wurden.[19]

die Frau hineinschleudert und daß dieser lediglich in ihr wächst, bis er groß genug ist, herauszukommen.«[21]

Eine gegenreaktive Überschätzung ist auch in den phallischen Religionen zu sehen; das Gebet, mit dem der jüdische Mann Gott dafür dankt, daß er als Mann und nicht als Frau geboren wurde, mag ein Überbleibsel in unserer Zeit darstellen. Falls diese Entwicklung stattfand, dann gab es vielleicht irgendwo dazwischen ein Stadium, in dem die magische Manipulation des Genitales nicht mehr ausreichte. Mit dem kulturellen Wachstum und größerem Wissen von der Fortpflanzung mag die symbolische Blutung als Beweis des männlichen Beitrags zur Zeugung immer weniger befriedigend geworden sein. Die Männer konnten sich nicht länger einreden, daß auch sie etwas hatten, das der weiblichen Macht der Menstruation und Schwangerschaft gleichkam.

Zu dieser Zeit ist es wohl geschehen, daß die Initiationszeremonien anfingen, sorgfältiger ausgedacht und geheimer zu werden. Da die Männer zu zweifeln begannen, daß die Beschneidung und die Subinzision ihnen die ersehnte magische Kraft verliehen hatte, haben sie vielleicht den Zeremonien neue Riten hinzugefügt, in der Hoffnung, daß diese sich als wirksam erweisen würden. Doch als auch ihre verdoppelten Anstrengungen ebenfalls in Fehlschlägen endeten, ist die Macht der Frauen ihnen wohl noch furchterregender und geheimnisvoller erschienen. So trugen dann die Männer für eigene Geheimnisse Sorge. In der relativ komplexen Kultur der Dschagga ist dieser Prozeß nahezu bewußt, da eine der Hauptabsichten der Initiationsriten darin besteht, die Jungen zu lehren, allen Frauen glauben zu machen, Männer würden nicht defäzieren. Im Lauf der Zeit wurden die Initiationsriten immer weitschweifender; Ritus schloß sich an Ritus an, Mythos an Mythos, und ein Geheimnis ans andere. Bei einigen Stämmen wurden die Rituale schließlich so ausgedehnt, daß ihre vollständige Abhaltung Jahre dauerte.

Bei Neurotikern geschieht es normalerweise, daß ein Symptom, das sein Ziel nicht erreicht, immer komplexer wird. Der Mensch wird von der Hoffnung geleitet, daß das Symptom, wenn er es nur genügend verfeinern kann, schließlich das Ziel erreicht, für das es entwickelt wurde. In derselben Weise beharrten vielleicht die Männer – je mehr sie einsehen mußten, daß die Initiationsriten nicht die Macht der Fortpflanzung verliehen – desto mehr darauf, daß die Riten eine geheime Kraft gewährleisteten. Zur Zeit gibt es viele primitive Gemeinschaften, wo die Männer noch nicht einmal die geheimnisvollen Kräfte definieren können, von denen sie so heftig behaupten, daß sie ihnen durch die Initiation zuteil wurden.

Die Riten der Mädchen

Theorien, die die Beschneidung mit dem Vater in Verbindung bringen, der von seinen Söhnen Gehorsam fordert, sind nicht leicht auf die weibliche Beschneidung anzuwenden. Kleine Mädchen bedrohen nicht den väterlichen Besitz der Mutter als Sexualobjekt. Wahrscheinlich waren sie sogar ganz willig und bereit, dem Vater mit ihren weiblichen Fähigkeiten zu dienen. Zahlreiche afrikanische Stämme, die Mädchen beschneiden, sind oder waren polygam, und bei vielen unterstanden Frauen und Mädchen völlig dem Willen des Vaters. Da die Mädchen nicht die Freiheit der Wahl haben, ist es schwer, einen Grund dafür zu erkennen, daß man versucht, ihre sexuellen Wünsche einzuengen, indem man sie ängstigt. Sicherlich wurde das inzestuöse Verlangen des Vaters nach seiner Tochter nicht dadurch gedrosselt, daß sie beschnitten wurde. Und falls er von einem solchen Verlangen motiviert war, warum sollte er dann nicht selbst die Operation ausführen, anstatt sie Frauen zu überlassen, wie dies so oft der Fall ist? Wenn andererseits Frauen auf ihre Töchter wegen deren Sexualwünschen nach ihren Ehemännern eifersüchtig wurden, warum erwarteten sie dann, daß die Beschneidung solche Wünsche zügeln würde: Es ist unmöglich, daß eine Drohung wie die totale Kastration mit der weiblichen Beschneidung einhergeht.

Wenn also eine Einschränkung beabsichtigt war, so sollte es doch Ermahnungen zum Gehorsam gegeben haben, wie es manchmal für die Beschneidung bei Jungen zutrifft; doch diese fehlen meistens in den Ritualen der Mädchen völlig. Nichts in den Riten oder den entsprechenden Mythen zeigt an, daß eine besondere oder signifikante Unterrichtung in dem Vermeiden sexueller Aktivitäten stattfand. Im Gegenteil, die Unterweisung zielt bei manchen Stämmen darauf ab, das Sexualleben erfreulicher zu machen. Jenseits dieser Art von Unterweisung lassen sich in der Initiation der Mädchen sogar weniger belehrende Elemente als in der der Jungen feststellen. Eine geringfügige, aber bedeutsame Ausnahme existiert bei den Dschagga, wo die Mädchen gelehrt werden, daß das Geheimnis der Männer ein Trug ist; doch dies ist eine direkte Folge von dem, was den Jungen anläßlich ihrer eigenen Initiation beigebracht wird. Es gibt keine Verbindung zwischen dieser Unterweisung und der Beschneidung der Mädchen – weder in der zeitlichen Abfolge noch durch Ritual oder Mythos.[1]

Von der Natur bestimmter Zeitpunkt

Der einzige Zug, der fast universell die Initiationszeremonien der Mädchen und Jungen differenziert, ist der Zeitpunkt, zu dem sie stattfinden: für die Jungen ist er willkürlich, bei Mädchen hängt er von der natürlichen Veränderung ab. Dem Leser mag der Gedanke gekommen sein, daß es nicht stimmt, wenn behauptet wird, es gäbe keine physiologischen Phänomene, um die Sexualreife bei Männern anzuzeigen. Der Samenerguß ist ein solches Anzeichen. Und bei den Zulus »bildet die Tomba-Zeremonie einen sehr wichtigen Abschnitt im Leben des Individuums, nämlich das Erreichen der körperlichen Reife.« Dies ist dann der Fall, »wenn seine erste genitale Entladung stattfindet.«[2] Doch wenn man die Initiationsriten auf die erste Ejakulation gründet, setzt dies Kenntnisse über den Zusammenhang von Samen und Fruchtbarkeit voraus, ein Wissen, daß die meisten Naturvölker nicht haben. Und da die Riten gewöhnlich älter sind als das Wissen um sie, sind solche Riten wie die Tomba selbst bei Völkern selten, die die Fortpflanzung jetzt verstehen.

Mead hat darauf aufmerksam gemacht – wie auch die Jungen in der Orthogenetischen Schule –, daß trotz der allmählichen Änderung der Stimme, des Wachsens der Körperbehaarung und schließlich der Ejakulation, es keinen genauen Zeitpunkt zu geben scheint, zu dem der Junge sagen kann »Jetzt bin ich ein Mann.« Deshalb besteht eine Funktion der männlichen Initiation darin, einen Wachstumsverlauf zu akzentuieren, der von sich aus keine scharfen Akzente besitzt.[3]

Einige Stämme, unter ihnen die afrikanischen Luvale, benutzen die Tatsache, daß die physiologischen Veränderungen bei Männern nicht an einem bestimmten Tag dramatisch sichtbar werden, um zu erklären, warum die Initiation der Mädchen weniger gehaltvoll ist als die der Jungen. Sie führen an, daß keine besonderen Vorbereitungen getroffen werden können, da der determinierende Faktor das unvorhersehbare Einsetzen der ersten Menstruation ist.[4] Doch diese rationale Erklärung kann die Ärmlichkeit des Rituals nicht hinreichend erklären, da viele Stämme sehr wohl die erste Menstruation des Mädchen zur Kenntnis nehmen, sei es als Signal für eine mehrmonatige Absonderung oder für die besondere Verehrung des Mädchens.

Obwohl das Einsetzen der Menstruation den gebräuchlichsten Anlaß für die Mädcheninitiation darstellt, ist er jedoch nicht der einzige. Die zentralafrikanischen Cewa glauben, daß ein Mädchen für die Initiation reif ist, wenn sich ihre Brüste zu formen beginnen.[5] Die Arunta feiern beide Abschnitte in der körperlichen Entwicklung des Mädchens. Zuerst:

»Um das Wachstum der Brüste eines Mädchens zu fördern, versammeln sich die Männer im Männerlager, wo sie alle zusammenkommen ... die Brüste ermuntern, zu wachsen ... Bei Tagesanbruch geht einer von ihnen hinaus und ruft das Mädchen zu einer Stelle nahe am Männerlager heran und sie kommt, von ihrer Mutter begleitet. Hier wird ihr Körper von den Brüdern ihrer Mutter überall mit Fett eingerieben. Die Brüder der Mutter führen dann mit rotem Ocker eine Anzahl gerader Linien auf dem Rükken des Mädchens und auch in der Mitte ihrer vorderen Körperhälfte aus. Um jede Brustwarze wird ein weiter Kreis gezogen.«[6]

Das nächste größere Ereignis in ihrer sexuellen Entwicklung wird wie folgt ritualisiert:

»Bei den Arunta- und Ilpirra-Stämmen wird ein Mädchen bei der ersten Menstruation von ihrer Mutter an eine Stelle nahe am ... Frauenlager gebracht, in dessen Nähe kein Mann jemals geht. Feuer wird entfacht, und die Mutter bereitet ein Lager, und befiehlt dabei dem Mädchen, ein Loch zu graben, das einen Fuß oder achtzehn Zoll tief sein soll, über dem dann das Mädchen sitzt, das fortan von der eigenen und einigen anderen Müttern des Stammes versorgt wird ... Während der ersten beiden Tage soll sie so sitzen, ohne sich hinwegzurühren; danach darf sie von der einen oder anderen alten Frau zur Nahrungssuche mitgenommen werden. Wenn die Blutung aufhört, wird ihr befohlen, das Loch wieder aufzufüllen. Sie wird nun eine *Wunpa*, kehrt in das Frauenlager zurück, und unterzieht sich kurz darauf dem Ritus des Öffnens der Vulva, worauf sie dem Mann übergeben wird, dem sie bestimmt wurde.«[7]

Das Mädchen bleibt *Wunpa*, bis ihre Brüste herabhängen, was Eingeborenenfrauen charakterisiert, die Kinder geboren haben. Danach wird sie *Arakutja* genannt; dies ist der Name für eine völlig reife Frau.[8] So gibt es vier Hauptereignisse in der Initiation eines australischen Eingeborenenmädchens: Die Entwicklung und Bemalung der Brüste, die erste Menstruation, das Öffnen der Vagina und die Niederkunft – alles klar definierte Schritte auf dem Weg zur Reife.

Männliche Zeremonien andererseits könnten willkürlich abgehalten werden und theoretisch jede Anzahl von Riten enthalten. Dennoch haben sie ebenfalls vier Phasen (wie im Anhang beschrieben). Diese sind durch Spencer und Gillen in Beziehung zu den Mädchenriten gesetzt worden:

»In bezug auf die Initiationszeremonien der Frauen ist es klar, daß es gewisse Zeremonien gibt, die offensichtlich die Äquivalente der Initiationszeremonien sind, die die Männer betreffen. Die erste findet statt, wenn die Brüste des Mädchens mit Fett und Ocker eingerieben werden, die zweite, wenn das Öffnen der Vagina erfolgt. Dies wird deutlich als Äquivalent der Subinzision beim Mann gesehen ... Die erste Zeremonie kann vielleicht als Äquivalent zum Hochwerfen und Bemalen der Jungen angesehen werden, während es bei den Frauen keine Äquivalente für die Beschneidung oder die Engwura der Männer gibt.«[9]

Ich stimme mit den Kommentaren der Autoren über die beiden Äquivalente überein. Ich könnte noch hinzufügen, daß, während es keine offensichtliche Parallele zwischen der Beschneidung der Jungen und den Riten der Mädchen bei der ersten Menstruation gibt, eine Parallele aber auch in der Folge der Ereignisse gesehen werden könnte.

Was Spencer und Gillen jedoch zu betonen vergaßen, ist die Verbindung zwischen den Riten und dem Zeitpunkt der körperlichen Umwandlung. Mir erscheint es glaubhafter, daß die Riten der Jungen ein Äquivalent zu der natürlichen Veränderung bei Frauen sind, und daß die Riten der Mädchen den Riten der Jungen entsprechen. Die vielen anderen Zeremonien, die die Initiation der Jungen begleiten, geschehen großenteils um totemistischen Wachstums willen, wo die Männer behaupten die Vermehrung der Tiere zu fördern; diese scheinen in der Initiation der Mädchen zu fehlen. Roth fügt hinzu, daß die Mädchen im Gegensatz zu den Jungen keine neuen Namen erhalten, offensichtlich herrscht hier nicht das Gefühl, daß Frauen in oder nach der Pubertät wiedergeboren werden müssen, um fähig zu sein, Leben hervorzubringen.

Das Tabu der Menstruation

Nichtsdestoweniger können wir nicht so einfach behaupten, daß die weibliche Pubertät, die so deutlich gekennzeichnet ist, andererseits der Zeremonien entbehrt. Zwar ist bei den Cuna-Indianern die signifikanteste Zeremonie des ganzen Stammes, wichtiger noch als die Riten der Geburt, der Heirat oder des Todes, die formale Anerkennung der Weiblichkeit, die man Mädchen erweist, die zu menstruieren beginnen.[10] Doch ist dies die Ausnahme. Trotz ihrer geneideten

Fruchtbarkeit sind die Mädchen in sozialer Hinsicht im Nachteil, und wie die Männer, so erleben auch sie die Ambivalenz über ihr eigenes und das andere Geschlecht. So finden wir bei Naturvölkern wie auch bei zivilisierten ein weites Spektrum von Haltungen gegenüber den Frauen und den ihnen gewährten Zeremonien.

Ich bin der Meinung, daß die Pubertätsriten der Mädchen mehr durch die männliche Haltung gegenüber der Menstruation beeinflußt wird als durch das physiologische Ereignis selbst. Ich habe schon nahegelegt, daß die Gefühle der Männer teilweise durch die Reaktion der Frauen gestaltet werden. Hier möchte ich gerne die ergänzende Feststellung machen: Mädchen können nicht umhin, durch die männliche Scheu vor der Menstruation tief beeindruckt zu sein. Wenn ein Ereignis dem einen Teil der Bevölkerung tabu und unheimlich vorkommt, fängt bald der andere Teil an, sich darüber zu wundern, selbst wenn er es zuerst als gegeben hinnahm. Es kann so enden, daß es keine Rolle mehr spielt, wer zuerst mit Furcht reagierte. Im Hinblick auf Freuds subtile Untersuchung einiger hauptsächlicher Tabus, ist es bedauerlich, daß er dem der Menstruation so wenig Beachtung schenkte.[11] Als er ausführlich die Prinzipien darlegte, durch die alle Tabus verstanden werden sollten, erklärte er:

»Die Tabu seien uralte Verbote... Diese Verbote haben Tätigkeiten betroffen, zu denen eine starke Neigung bestand... Aber aus der Festhaltung der Tabu ginge eines hervor, daß die ursprüngliche Lust, jenes Verbotene zu tun, auch noch bei den Tabuvölkern fortbestand. Diese haben also zu ihren Tabuverboten eine *ambivalente Einstellung;* sie mögen im Unbewußten nichts lieber als eine übertreten, aber sie fürchten sich auch davor; sie fürchten sich gerade darum, weil sie es möchten.«[12]

Man könnte ergänzen: wenn die Männer nicht die Menstruation *per se* geneidet hätten, wären sie neidisch geworden, weil sie tabuisiert war. Vielleicht ist die einfachste

Erklärung die, daß Frauen während der Menstruation entweder besonders anziehende Sexualobjekte waren oder starkes sexuelles Verlangen empfanden, daß aber die Männer sich ängstigten, wahrscheinlich wegen der allgemeinen Furcht vor jeglichem Blutverlust. Als Reaktion gaben sie vielleicht ihre Furcht vor der blutenden Vagina auf, indem sie diese vermieden. Doch ich glaube, eine andere Erklärung könnte ebenfalls stimmen. In der weiteren Erörterung der Tabus fährt Freud fort:

»So ist auch das Tabuzeremoniell der Könige, angeblich die höchste Ehrung und Sicherung derselben, eigentlich die Strafe für ihre Erhöhung, die Rache, welche die Untertanen an ihnen nehmen.«[13]

Es könnte also sein, daß das Gebären und die Menstruation einmal betrachtet wurden, als erhöben sie die Frauen so sehr über die Männer, daß diese aus Neid ihnen unerfreuliche Tabus auferlegten.

Benedict erwähnt die Carrier Indianer Britisch Kolumbiens, die beim Einsetzen der Menstruation das Mädchen dazu verurteilten, drei oder vier Jahre völlig zurückgezogen in der Wildnis, fernab von allem Gewohnten zu leben. Das Mädchen galt als eine Gefahr für jeden, der sie auch nur in der Ferne sah, ihre Fußspuren allein verunreinigten einen Pfad oder Fluß. Sie war selbst in Gefahr und eine Quelle der Gefahr für jeden anderen Menschen.

Bei anderen Stämmen wird dieser Haltung durch Anbetung entgegengewirkt, und so ist die erste Menstruation des Mädchens eine Quelle des Segens.

»Ich habe selbst bei den Apachen gesehen, wie deren Priester auf den Knien die Reihe der feierlich gestimmten Mädchen entlangrutschten, um durch deren Berührung Segen zu empfangen, wie kleine Kinder und alte Leute das gleiche taten, um ihre Gebrechen loszuwerden. Die Mädchen werden nicht abgesondert, da sie ja keine Gefahrenquelle darstellen, sondern genießen im Gegenteil hohe Verehrung als direkte Übermittlerinnen der Segnungen von oben.«[14]

Die männliche Ambivalenz bezüglich der Menstruation wurde kürzlich von Devereux diskutiert, der meint, daß »die menstruierende Frau als Hexe in gewissen Sinn das zentrale Thema des psychoanalytischen Zugangs zur Menstruation« ist[15], und daß gleichfalls wichtige positive Gefühle ignoriert werden. In einer Fußnote teilt Devereux seine Beobachtungen mit, daß selbst bei einigen modernen Volkskulturen die menstruierende Frau eine besondere Würde, wenn nicht Verehrung erlangt. Während italienische Bauern menstruierenden Frauen verderbliche Kräfte zuschreiben, glauben sie doch auch, daß zur Zeit der monatlichen Periode die Frau eine Stufe in der sozialen Hierarchie höher steigt; die Bauersfrau wird eine Dame, die Dame eine Adelige, die Adelige eine Königin, während die Königin mit der Madonna identifiziert wird – in der Tat verkündet die Menstruation in besonderer Weise die Verwandtschaft der Frau mit der Madonna.[16]

Er zieht den Schluß, daß es falsch ist, das Ausschließen der menstruierenden Frau als Zeichen einer vorübergehenden Abwertung zu deuten; im Gegenteil, er glaubt, daß die unzähligen Einschränkungen, die Frauen und Sklaven auferlegt werden, deutlich anzeigen, wo die eigentliche Macht ruht: in den Frauen, die die Art hervorbringen und in den Massen, die die Art sind.[17]

Verstümmelung von Mädchen

Der Begriff »weibliche Beschneidung« ist eine falsche Bezeichnung, und wenn ich ihn anwende, so folge ich nur der vorherrschenden Praxis. Es ist bezeichnend, daß selbst für eine so weitreichende Verstümmelung der Mädchen ein Begriff entliehen wird, der wirklich nur auf Jungen angewendet werden kann. Die weibliche »Beschneidung« variiert von Stamm zu Stamm – es mag sich nur um einen Einschnitt des

Hymens handeln oder die Extirpation der Klitoris oder der Labia minora sein oder auch beides. Ich habe den Begriff »Beschneidung« verwendet, wenn ich von den verschiedenen Operationen sprach, aber man sollte nicht vergessen, daß es sich bei der Frau nicht um eine eigentliche Beschneidung handelt.

Roth beschreibt die Introzision der Mädchen wie folgt:

»... Zwei oder drei Männern gelingt es, die junge Frau, wenn sie also reif genug ist, allein in den Busch zu verschleppen, und nachdem sie sie zu Boden geworfen haben, vergrößert einer von ihnen gewaltsam die vaginale Öffnung, indem er sie mit den drei ersten Fingern, die mit Oppossum-Schnur völlig umwunden sind, nach unten reißt.«[18]

Er meint, daß die männliche Subinzision und die weibliche Introzision ihrem Wesen nach so analog sind – wenn auch nicht in ihrem Erscheinungsbild – daß er es vorzieht, den Begriff »Introzision« auch auf Jungen anzuwenden.[19]

Berndt war von einer weiteren Parallele beeindruckt, nämlich derjenigen zwischen Subinzision und der rituellen Defloration der Mädchen:

»Junge Mädchen lassen vor dem Geschlechtsverkehr ihre Hymen auf dem Zeremonienplatz durchstechen; andere, deren Hymen schon durch den normalen vorehelichen Koitus verschwunden ist, lassen sich das Ende eines Bumerangs symbolisch in die Vagina stecken. In der Rose-River-Region ist diese Form der Defloration ein Gegenstück zum Subinzisionsritus.«[20]

Roth bemerkt auch, daß die weibliche Introzision nur dort Brauch ist, wo auch die männliche Introzision stattfindet, und Mathews kommentiert, daß wo immer »die Subinzision praktiziert wird, die vaginale Introzision unvermeidlich wird.«[21]

Kaberry jedoch berichtet einen widersprüchlichen Fall: Obgleich die Lunga die Introzision nicht praktizieren und leugnen, daß sie es jemals in der Vergangenheit taten, kennen sie die Subinzision.[22] So ist die Verbindung zwischen den beiden Riten in Australien, obwohl allgemein, doch nicht unvermeidlich. In anderen Teilen der Welt kann sie nicht nachgewiesen werden. Bei afrikanischen Stämmen, die die männliche Beschneidung, aber nicht die Subinzision ausüben, sind verschiedene Verstümmelungen der weiblichen Sexualorgane verbreitet. Offensichtlich gibt es keine direkten kausalen Zusammenhang. Beide Verstümmelungen mögen durch dieselben psychologischen Tendenzen verursacht sein, aber weiter kann die Spekulation nicht gehen.

Was die Extirpation der Klitoris oder der Labia minora oder beider angeht, so ist nicht leicht zu verstehen, welche positiven Befriedigungen gewonnen werden oder wer sie erhält. Psychoanalytiker haben vermutet, daß der Zweck der Entfernung der Klitoris darin besteht, die klitoridische Sexualität zu eliminieren und die Frauen zu zwingen, nur die vaginale Sexualität zu genießen. Diese Erklärung ist von einer Reihe psychoanalytisch orientierter Autoren, einschließlich Bryk, akzeptiert worden. Er glaubt, daß durch das Herausschneiden der Klitoris die sexuelle Freiheit des Nandi-Mädchens gezügelt wird, und daß sie von Gemeinbesitz in Privatbesitz umgewandelt wird und nun nur ihrem Ehemann gehört. Das bedeutet, daß das am leichtesten stimulierte Organ entfernt wird und somit die sexuellen Wünsche des Mädchens verringert werden. Nur auf diese Weise, so glaubt er, kann sie zur Monogamie gezwungen werden, die im Gegensatz zu ihrer Natur steht.[23] Eine solche Theorie paßt in die Auffassung von der Dualnatur der weiblichen Sexualität, die vermutlich aus einer früheren phallischen klitoridischen und einer späteren genitalen vaginalen Sexualität besteht. Diese Theorie steht übrigens auf sehr wackeligem physiologischen Fundament.

Doch selbst wenn die Theorie stichhaltiger wäre, als ich annehme, würde sie immer noch nicht erklären, warum die Klitoris entfernt wird. Dies wäre nur zu erklären, wenn man zwei Dinge voraussetzte: erstens, daß sich primitive Menschen bewußt oder unbewußt über die beiden Arten der weiblichen Sexualität im klaren sind, eine Voraussetzung, über deren Existenz wir selbst keineswegs sicher sind, und Kenntnisse, die wir nach dem, was wir über diese Stämme oder aus ihren Angaben von ihnen wissen, nicht vermuten können. Zweitens müßte man voraussetzen, daß die Operation wirklich zu einem gewissen Erfolg führt oder führen soll. Doch keines dieser Völker, die das Herausschneiden der Klitoris praktizieren, fordert vaginale Sexualität.

Dieses Problem wurde am besten von Bonaparte von einem psychoanalytischen Standpunkt aus diskutiert. Sie vermutet, daß Bryk in Wirklichkeit seine Erklärung von Freud ableitet, der, so sagt sie, damit einverstanden zu sein schien. Dem hält Bonaparte mit Nachdruck entgegen:

»Ich bin geneigt, anzunehmen, daß die physische Einschüchterung der Sexualität des Mädchens durch die grausame Exzision vermutlich nicht in der Lage ist, sie mehr zu feminisieren und zu vaginalisieren als die physische Einschüchterung der klitoridischen Masturbation, die kleine europäische Mädchen erleiden müssen.«[24]

Bonaparte glaubt, daß sowohl die Exzision beim Mädchen als auch die Beschneidung beim Jungen aus dem Wunsch des Vaters herrühren, »die Sexualität des Jugendlichen einzuschüchtern«. Doch ein solches Verlangen ist schwer verständlich, außer, wir nehmen an, daß der Vater die Sexualität des Mädchens als lockendes Vergnügen für die jungen Männer ansieht und dieser Ansicht ablehnend gegenüber steht. Bonaparte bezieht sich auch auf das Verlangen einiger Männer, nichts Maskulines bei Frauen vorzufinden. Sie fühlen sich durch das, was bei Frauen phallisch zu sein scheint, bedroht, und bestehen darauf, daß die Klitoris entfernt wird. Anderen Männern, die auf die »phallische Mutter« der infantilen Vorstellung fixiert sind, gefällt es, etwas Männliches in der Frau anzutreffen. Darunter sind die Männer jener afrikanischen Stämme, die wollen, daß die *Labia minora* und die Klitoris verlängert werden, bis diese irgendwie dem männlichen Genitale ähnlich sehen.*

Doch scheinen, wie Bonaparte bemerkt, alle diese Gebräuche nur die Vorstellungskraft jener zu befriedigen, die sie auferlegen. Es ist unwahrscheinlich, daß die sexuelle Natur des Mädchens stark verändert wird. Selbst wenn man die *Labia minora* der Bantu-Mädchen auf ein Viertelyard ausdehnte, so würde sie immer noch kein männliches Genitale darstellen. Das Herausschneiden der weiblichen Klitoris verlegt weder die sexuellen Empfindungen in die Vagina, noch läßt es die verstümmelte Frau als eine geringere Bedrohung für den Mann erscheinen, der um seine Männlichkeit fürchtet.[25]

Obwohl wir aus den Angaben von Naturvölkern sowie aus den Phantasien, die Nunberg berichtet hat, wissen, daß die Jungen die Beschneidung fordern, konnten keine derartigen Zeugnisse bei Mädchen gefunden werden. Zwar ist die Angst der Mädchen vor der Verstümmelung des Genitales gut bekannt, doch habe ich selbst bei meinen Beobachtungen an schizophrenen Mädchen nur sehr selten ein Verlangen nach einer solchen Verstümmelung angetroffen. Wenn man die Literatur durchsieht, hat man den Eindruck, daß die weibliche Introzision und Exzision dem Mädchen von den Männern auferlegt werden. Wenn überhaupt, dann wünscht jedoch sie den Eingriff, und zwar nicht, weil dadurch ihre Sexualorgane verändert werden, sondern weil es ihr zu höherem Ansehen verhilft oder es eine notwendige Vorbedingung zur Ehe ist.

Mädchen leiden zweifellos unter dem Penisneid, wie Jungen unter dem Neid auf die Vagina; doch während der hier gelieferte Beweis nahelegt, daß die Jungen versuchen, ihren Neid symbolisch zu befriedigen, kann nicht gezeigt werden, daß die parallelen Wünsche des Mädchens durch die

---

* Es gibt wenige oder überhaupt keine Beweise dafür, daß die Männer den Frauen die Verlängerung der *Labia* und der Klitoris aufzwangen. Dies scheint im Gegenteil aus weiblichen Wünschen herzurühren.

Initiation als solche befriedigt werden. Sich als Mann zu verkleiden, läßt hauptsächlich ein Ausagieren des Neides auf die männliche Rolle in der Gesellschaft vermuten, aber es scheint keine Verbindung zwischen diesem und irgendeinem chirurgischen Eingriff am Genitale zu bestehen. Den Mädchen wird weder gesagt, noch glauben sie, daß sie als Ergebnis der Verstümmelung neue Funktionen erlangen.

Wenn es stimmen würde, daß durch die Beschneidung und die Subinzision die Männer versuchten und scheiterten, etwas der weiblichen Fruchtbarkeit Ähnliches zu erlangen, dann wäre leicht einzusehen, wie sie vielleicht wütend daran gehen würden, sich an den Frauen zu rächen. Männer, die versuchten, einen chirurgischen Eingriff an ihrem Penis zu erdulden, könnten es als besonders beleidigend empfunden haben, daß Frauen ein penisartiges Organ zusätzlich zu dem weiblichen Genitale haben; folglich haben sie möglicherweise versucht, es den Frauen wegzunehmen. Eine Bemerkung, die Bryk anführt, legt eine solche Haltung nahe. Als er einen Dorfhäuptling nach der Sitte der Klitoridektomie fragte, erhielt er die Antwort: »Wir sind Nandi; wir wollen nicht so was Hängendes bei den Weibern!« Dabei machte er mit seinem Kleinfinger eine verächtliche Gebärde, als wolle er damit die Klitoris andeuten.«[26]

Doch die Rache ist wahrscheinlich kein Hauptmotiv hinter der Verstümmelung der Mädchen, obgleich sie vielleicht ein zusätzlicher Faktor ist. Ich glaube, daß der Brauch in positiveren Wünschen seinen Ursprung hat.

Das Positive an den Mädchenriten

Durch das ganze Buch hindurch wurde ich von dem Glauben geleitet, daß wichtige menschliche Unternehmungen, und darunter ganz gewiß jene, die durch Jahrhunderte zur Befriedigung führten, eher positiven als negativen Zwecken dienen müssen. Dieser Standpunkt stimmt mit der Ichpsychologie überein, die sich in gleicher Weise mit dem normalen wie auch dem unnormalen Menschen und seinen Motivationen befaßt, während die Psychologie des Unbewußten hauptsächlich auf der Untersuchung unnormaler Menschen basierte.

Der Neurotiker betet vielleicht zu Gott, um dessen Zorn zu besänftigen und sich auf Gott zu verlassen, daß dieser ihm Nachkommen schenkt und ihn vor Krankheit schützt. Ein mehr realitätsbezogener Mensch wird um positive Führung beten und sich dann auf seine eigene Fähigkeit, neues Leben zu schaffen verlassen, Hygiene und Medizin entwickeln, um Krankheiten zu heilen und nach besseren Lebensbedingungen streben. Der Neurotiker schneidet sich vielleicht die Nase ab, um sein Gesicht zu ärgern, doch das normale Menschenwesen wird, wenn es triftige Gründe hat, mit seiner Nase unzufrieden zu sein, sich einer Schönheitsoperation unterziehen, um sein Äußeres zu verbessern.

Ich möchte und kann nicht glauben, daß weibliche Riten ausgedacht und durch Jahrhunderte beibehalten wurden, nur um Frauen mit Ritualen zu versorgen, wie sie die Männer feiern, oder um die Männer ihre Rache auf das weibliche Genitale ausüben zu lassen. Obwohl ein geliebtes Spielzeug entzweigehen kann, wenn das kleine Kind es wütend wegwirft, weil es zu kompliziert ist oder im Augenblick seine Bedürfnisse nicht befriedigt, so zerbricht das Kind es nicht nur aus Rache. Die Zerstörung komplexer Spielzeuge resultiert gewöhnlich aus dem Versuch, sie zu verstehen, zu erfahren, wie sie funktionieren, sie laufen zu lassen, wie es dem Kind gefällt; kurzum, das Kind möchte das Spielzeug meistern. Je verzwickter ein Spielzeug ist, um so größer wird der Wunsch, es zu beherrschen und auch es zu behalten. Jedes Kind erlangt in gewisser Weise die Meisterschaft über das Spielzeug, das es zum Laufen bringen kann.

Wenn ich eine Analogie zu weiblichen Verstümmelungen herstellen darf, so ist es möglich, sie als männliche Versuche zu betrachten, Kontrolle über weibliche Sexualfunktionen zu erhalten. Schließlich zerstören diese Menschen nicht, wie etwa manche neurotischen Kinder, das geliebte Spielzeug, nur, weil sie es nicht »laufen lassen« können. Der Mann ist mit einer Ersatzbeherrschung des äußeren weiblichen Genitales zufrieden, die nicht die weibliche Fruchtbarkeit oder die sexuelle Lust der Frau beeinträchtigt.

Weibliche Introzision, wie sie bei den Australiern ausgeübt wird, könnte einen Versuch der Männer darstellen, die Frauen wie bei der Menstruation zum Bluten zu bringen. Das Menstruationstabu ist eine weitere, weniger direkte Versicherung der männlichen Meisterschaft, in diesem Fall nicht über die weiblichen Funktionen, sondern über ihr Verhalten, wenn diese Funktionen in Erscheinung treten. Durch Gesänge und das Reiben der Brüste des pubertierenden Mädchens können die Männer glauben, daß sie das Wachstum der Brüste beeinflussen. Durch alle diese Akte versuchen die Männer, sich selbst und die Frauen von ihren positiven Beiträgen zur Fruchtbarkeit zu überzeugen.

Weibliche Initiationsriten, die von Frauen erdacht und auferlegt werden, wie etwa die Verlängerung der Klitoris und der Labia fördern sicherlich die gesellschaftlich geschätzte Masturbation; sie mag auch ein Resultat des weiblichen Wunsches sein, ein penisähnliches Organ zu haben. Sich wie ein Mann anzuziehen, Männerschmuck, Waffen usw. zu tragen mag helfen, den Neid auf die sozialen Funktionen des Mannes zu befriedigen.

Einige Beispiele können dazu dienen, die Verfahrensweisen zu illustrieren, die den Frauen ein größeres Maß an klitoridischer oder »phallischer« Sexualität gewähren, als die Natur ihnen verliehen hat, ebenso wie ein penisartiges Organ. Doch ist hier zu betonen, daß die Frauen diese Praktiken ohne jegliche Ermutigung oder Störung von seiten der Männer entwickeln; folglich muß die Motivation in den Wünschen der Frauen liegen. In Dahomey:

»Mädchen, die zwischen neun und elf Jahren alt sind – das heißt, deren Brüste sich zu entwickeln beginnen – werden in einer Umzäunung in Gruppen versammelt... und befassen sich mit dem Brauch... die Lippen der Vagina zu massieren und zu vergrößern. Sie versammeln sich bei Sonnenuntergang hinter dem Haus der Frau, in deren Obhut man sie gestellt hat... Mit einem besonders geformten Stück Holz manipuliert diese Frau bei jedem Mädchen die Lippen der Vagina, zupft an ihnen, zieht sie in die Länge und durchsticht das Gewebe leicht an mehreren Stellen. Dies tut sie bei jedem ihrer Schützlinge acht oder neun Mal während des ersten Lehrjahres, und im nächsten Jahr machen die Mädchen es gegenseitig... Dies wird mindestens zwei Jahre lang fortgesetzt, und zusätzlich werden diese ›Lippen‹ auf der Außenseite massiert, damit sie dicker und muskulöser werden, denn ›dünnlippige‹ Frauen gelten als weniger anmutig.«[27]

Das afrikanische Luvale-Mädchen

»wird gelehrt, wie es sexuelle Befriedigung schenken kann... und es besteht kein Zweifel daran, daß dies einer der ausgeprägtesten Aspekte der Instruktion ist... Sie lernt auch, wie sie mit ihren Hüften beim Koitus Tanzbewegungen machen kann... Sollte sie eine Jungfrau sein, was ungewöhnlich ist, so wird ihr Hymen mit einem Stock oder einem Stück Cassava-Wurzel, das nach Art eines Penis geschnitzt ist, durchstoßen. Ihre Schamlippen werden ebenfalls gedehnt...«[28]

Nach einem anderen Bericht heißt es:

»Das Volk der Maxi verwendet ein Horn [zur Vergrößerung und Entwicklung der Schamlippen], obwohl in Abomey sowohl ein spezielles hölzernes Gerät als auch die Wurzel der Indigopflanze und zusätzlich Ameisen verwendet werden... Der Zweck der Einführung dieser pflanzlichen Reizmittels oder der stechenden Ameisen ist, den Massageprozeß anzuregen, denn die Hautreizung verleitet zum Anfassen und Zerren. Der [weibliche] Lehrer gibt neben der Überwachung dieses Prozesses... den Mädchen auch Anweisungen für das Sexualleben.«[29]

Bei den Baganda und Suaheli wird das Mädchen, bevor es die Pubertät erreicht, ermutigt, seine Labia durch häufiges Ziehen und Streichen sowie mit Hilfe von besonderen Kräutern oder Blättern zu vergrößern.[30] Solche Verfahren bewirken Veränderungen an den Genitalen, die weder mit der Unterweisung in den Stammesgesetzen noch dem Wunsch, den Stamm zusammenzuschmieden, in Verbindung gebracht werden können; sie haben weder einen Bezug zu den *rites de passage*, noch zur Sicherstellung des Inzesttabus oder zur Unterbindung der Sexualität. Sie steigern offensichtlich das Verlangen und die Gelegenheit zur Masturbation und, gemäß den damit verbundenen Lehren, erhöhen sie die sexuelle Lust für Männer wie für Frauen. Jede Praktik ist eine Erfahrung des Reifens, die das Mädchen auf seine künftige Geschlechtsrolle vorbereitet und in Einklang mit dem zu stehen scheint, was Mädchen dieses Alters begehren. Sie wird nicht von Ältesten aufgezwungen gegen die Wünsche der Jugend und dient kaum einem anderen Zweck, als sexuelle Stimulation zu bewirken und den Mädchen zu helfen, die Sexualreife zu erlangen. Verglichen mit solch progressiver Erfahrung, fehlt den weiblichen Ritualen, die in der Hauptsache Kopien der männlichen Riten zu sein scheinen, die Überzeugungskraft.

Ein letzter Gedanke: die Initiation sowohl der Jungen als auch der Mädchen wird wahrscheinlich durch die Ambivalenz abgewandelt, die Erwachsene empfinden, wenn sie mit heranwachsenden jungen Menschen konfrontiert sind. Einerseits ist der Erwachsene stolz auf das Ergebnis seiner Pflege und Erziehung; doch kann er auch auf den jungen Menschen neidisch sein, der ihn bald an wichtigen Stellen ersetzen wird.

Eine solche Ambivalenz könnte helfen, einige, aber nur einige der mild bestrafenden und der schmerzvollen Erlebnisse, die dem Initiierten, dem Jungen wie dem Mädchen, zugefügt werden, was von Schlägen bis zu Stichen von Ameisen, Wespen und anderen Insekten, sowie dem Durchbohren von Körperteilen, Einschränkungen in bezug auf Bewegung, Nahrung oder Ruhe und so weiter ad infinitum reicht. Bonaparte kommentiert, wie glücklich die alten Frauen, deren Aufgabe es ist, die Mädchen zu verstümmeln, über diese Gelegenheit sein müssen, Rache an der Jugend für das eigene Greisenalter nehmen zu können.[31]

Ich kann nicht zustimmen, daß Eltern irgendeiner Gesellschaft so gewaltsam eifersüchtig auf ihre Nachkommen sind. Zwar sind ihre Gefühle ambivalent, doch in der überwiegenden Zahl der Fälle sind die positiven Gefühle viel stärker als die negativen.

Eltern, die ihr Kind geliebt und hingebungsvoll für es gesorgt haben, beginnen nicht plötzlich während der Adoleszenz des Kindes damit, ihre geringfügigen negativen Empfindungen in wilder Art und Weise auszuagieren. Was die psychoanalytische Beweisführung jedoch aufzeigen kann, ist daß der Neid der älteren Generation auf die Jugend in engem Verhältnis zum Ausmaß der sexuellen Frustration steht.

So mag die zivilisierte sexualfeindliche Gesellschaft viel stärkere Neidgefühle bei Eltern entstehen lassen, als es jene Gemeinschaften tun, wo die älteren Leute sexuelle Befriedigung erlebt haben und weiterhin in dem Ausmaß genießen, wie es ihnen gefällt oder sie dazu in der Lage sind.

Zusammenfassung

Wer über die weibliche Initiation schreibt, findet relativ wenig Material, mit dem sich arbeiten läßt. Zum einen, weil die meisten Forscher Männer waren und zum anderen, weil die männlichen Riten auffallender sind, ist die Literatur über die weibliche Initiation dürftig. Aber in einem Punkt liefern die weiblichen Riten bessere Beweise als die männlichen. In den Mythen, die die Rituale der Jungen erklären, wird gesagt, daß die Manipulation des männlichen Genitals einst von Frauen ausgeführt wurde; doch in der gegenwärtigen Praxis geschieht dieser Eingriff fast immer durch Männer. Bei der Manipulation der weiblichen Sexualorgane hingegen, werden bestimmte Riten von Männern und andere von Frauen ausgeführt. So können wir in den Riten der Mädchen einen Hinweis finden, welche Arten von Manipulationen vom anderen Geschlecht auferlegt werden (und vielleicht auch, warum) und welche frei gewählt oder vorgeschlagen und durch Menschen desselben Geschlechts auferlegt werden.

Wenn man die Manipulation der weiblichen Geschlechtswerkzeuge durch Männer und Frauen vergleicht, kann man sehen, daß im großen und ganzen die Manipulation der Männer destruktiv ist, eine aggressive Feindschaft zeigt, die sehr einfach aus ihrer Furcht oder ihrem Neid erklärt werden kann. Die Manipulation durch Frauen hingegen resultiert häufig in größerer sexueller Befriedigung und in einer Vergrößerung der Sexualwerkzeuge, die die vorhandenen Organe denen des Mannes ähnlich werden läßt. Daß die Schamlippen, wie Herskovits ausführt, durch die künstliche Manipulation muskulöser, härter, weniger flexibel werden, geschieht, um sie dem erigierten Penis ähnlicher zu machen. Diese Bräuche legen nicht weniger als die Riten der Jungen noch einmal nahe, daß der Neid des Menschenwesens auf das andere Geschlecht zu dem Verlangen führt, ähnliche Organe zu bekommen und Macht und Kontrolle über das Genitale des anderen Geschlechts zu gewinnen.

Die biologische Antithese

Am Ende dieser Studie bin ich immer noch nicht in der Lage, die Beschneidung vollständig und eindeutig zu erklären. Es gibt viele Beweise dafür, daß Frauen sie auferlegen oder wünschen; aber es gibt auch guten Grund, anzunehmen, daß sie von Männern gewünscht wird – entweder weil sie ihnen symbolisch die Fähigkeiten von Frauen verleiht oder weil sie ihre Männlichkeit betont, indem die Eichel von nun an ständig sichtbar ist, oder aus einer Kombination dieser und anderer Gründe. Auf jeden Fall scheinen alle die Erklärungen, die mir am glaubhaftesten vorkommen, in der großen biologischen Antithese zu wurzeln, die Neid und Anziehung zwischen den Geschlechtern hervorruft.

Zwar bereiten soziale Unterschiede in bezug auf Ansehen und Privilegien der Geschlechter dem Neid den Weg, einschließlich der größeren sexuellen Freiheit, die dem einen gegenüber dem anderen zugestanden werden mag. Besonders in dieser letzten Hinsicht ist die Frau immer noch im Nachteil. Doch hier und noch mehr im Hinblick auf sozialen Status und Rolle, scheint sich unsere Gesellschaft glücklicherweise auf eine größere Gleichberechtigung hinzubewegen.

Aber in bezug auf das, was am meisten zählt, gewährt die Natur jedem Menschen nur ein Geschlecht. Folglich führt ein Verlangen nach den körperlichen Merkmalen und Funktionen des anderen Geschlechts in eine psychologische Sackgasse: Wie das andere Geschlecht zu werden (was gewünscht wird), bedeutet, das eigene Geschlecht aufzugeben (was gefürchtet wird). Diese Sackgasse ist als konditionierender Faktor in der sogenannten Kastrationsangst nicht recht erkannt worden. Daß die Angst tiefer reicht als man aus dem elterlichen Einfluß erklären kann, wurde von Freud erkannt. So sah er rassenspezifische Gedächtnisspuren als ihre Ursache an und kam zu dem Schluß, daß wir mit der Furcht vor dem Verlust unserer Geschlechtsorgane geboren werden. Ich glaube hingegen, daß unsere Verlangen nach den Eigenschaften des anderen Geschlechts eine notwendige Konsequenz des Geschlechtsunterschiedes ist. Die Erfüllung dieses Verlangens würde den Verlust unseres eigenen Genitales mit sich bringen – daher die unerbittliche Natur der Kastrationsangst bei beiden Geschlechtern.

Die Anstrengungen, die, wie ich glaube, Männer wie Frauen in den meisten Pubertätsriten, die in diesem Buch erörtert wurden, auf sich nehmen, erstreben ein wirkliches oder symbolisches Verständnis der Funktionen des anderen Geschlechts und eine psychische Bewältigung der damit verbundenen Gefühle. Diese Versuche werden von dem Verlangen angetrieben, das Rätsel unserer dualen Sexualität zu meistern. Weit davon entfernt, Kastrationsangst hervorzurufen, unternehmen sie vielmehr große Anstrengungen, sie zu besiegen. Folglich können wir zu der Ansicht kommen, daß die Riten nicht die Sexualangst erzeugen, sondern sie beherrschen oder auslöschen sollen. Wenn dies stimmt, wird es nicht mehr so wichtig sein, zu wissen, welche Riten bei den Männern und welche bei den Frauen entstanden sind.

Bis jetzt wurden die Initiationsriten, besonders die Beschneidung, von Anthropologen und Psychoanalytikern als in der Hauptsache den widerstrebenden Jungen von den Ältesten auferlegt angesehen. Aber die schizophrenen Kinder, die ich beobachtete, entwickelten aus ihren tiefen inneren Bedürfnissen heraus etwas den Initiationsgebräuchen sehr Ähnliches. So neurotisch oder psychotisch ihre Versuche auch gewesen sein mögen, so versuchten diese Kinder doch ganz deutlich, sich zu helfen. Dies war der Anlaß, daß ich mich fragte, ob wir den Menschen nicht zu niedrig eingeschätzt hatten, als wir eines seiner größten Rituale als lediglich von der Tradition oder dem Haß seiner Eltern auferlegt interpretierten. Meine Überzeugung wuchs, daß diese Riten nicht von dem Verlangen motiviert sind, die Autonomie des Menschen zu zerbrechen oder seine Selbstverwirklichung als

Mensch und Mitglied seiner sozialen Gruppe zu verhindern, sondern genau das gegenteilige Verlangen beinhalten. Ich glaube, daß die Riten wenig mit irgendwelchen von Menschen geschaffenen Konflikten zwischen Alt und Jung zu tun haben, oder mit der Sicherung des Inzesttabus oder dem Festhalten an der Tradition. Stattdessen glaube ich, daß die Initiationsriten Versuche sind, die Konflikte zu meistern, die aus polyvalenten Triebwünschen des Menschen, wie auch dem Konflikt zwischen solchen Wünschen und der Rolle, die die Gesellschaft von ihm erwartet, herrühren.

Es gibt viele Wege, mit einem Verlangen fertigzuwerden, das in sozialer Hinsicht unannehmbar ist oder das der Mensch selbst aus diesem oder jenem Grund nicht akzeptieren kann. Ein Weg für das Individuum besteht darin, das Verlangen zu dramatisieren, auszuagieren und durch intensive, doch auf lange Sicht nur scheinbare Befriedigung zu versuchen, es für immer zu vertreiben. Ein anderer Weg, der immer noch auf der persönlichen Ebene liegt, ist die Verleugnung der Existenz dieses Verlangens durch Überbetonung dessen, was *nicht* unannehmbar ist.

Vielleicht versucht auch die Gesellschaft durch Rituale oder Einrichtungen den jungen Menschen entweder zu helfen oder sie zu zwingen, mit dem Problem fertigzuwerden. Einige Gesellschaften versuchen, den Menschen von den Tendenzen, die dem anderen Geschlecht zugeschrieben werden zu befreien, so daß er handelt und fühlt, als ob diese Neigungen nicht mehr in ihm existent wären. Diese Lösung kann man bei einem Volk sehen, dessen Initiationsriten nur (oder in erster Linie) die Männlichkeit der Jungen und die Weiblichkeit der Mädchen betonen. Viele der besser bekannten Forderungen, die an pubertierende Jungen und Mädchen gestellt werden, scheinen diese Methode zu belegen. Die Heldentaten, die ein Junge ausführen muß, um seine Mannhaftigkeit zu beweisen – wie etwa das Töten eines Feindes bei den Kopfjägern oder das Fußballspiel in unserer Gesellschaft – können sehr wohl in dem Wunsch gründen, durch Überbetonung der Männlichkeit das zu verleugnen, was als feminine Tendenzen angesehen wird. Die Behauptung der weiblichen Rolle in der Gesellschaft drückt sich in solchen Ritualen aus, wo das Mädchen ein kleines Haus auf den Schultern trägt, das ihre Stellung als Säule des Hauses symbolisiert.[1]

Obwohl diese Rituale gewöhnlich als Demonstration dessen, was männlich oder weiblich ist, angesehen werden, können sie vielleicht richtiger in ihrer negativen Bedeutung verstanden werden, in ihrer Verleugnung von Tendenzen, die angeblich nur den Kindern oder nur den Erwachsenen des anderen Geschlechtes eigen sind. Solche Tendenzen beinhalten etwa Furchtsamkeit bei Jungen, oder bei Mädchen Abneigung, sich von weiblichen Aufgaben aufzehren zu lassen.

Eine weitere Lösung ist in dem pubertären *Nozhizho*-Ritus der Omaha-Indianer zu sehen. Das wichtigste Element dieses Ritus ist der Traum des Adoleszenten vom Mond, in dem er einen Lastengurt oder ein Bündel Pfeile, das ihm entgegengehalten wird, sehen kann. Sieht er im Traum den Lastengurt, das Emblem des Frauenlebens, so muß er hinfort, ungeachtet der Tatsache, daß er ein Junge ist, wie eine Frau leben, die Sprache der Frauen und ihre Kleider benutzen. Das Mädchen, das träumt, daß ihr Pfeile entgegengehalten werden, muß von dieser Zeit an wie ein Mann leben.[2] Dies wäre eine bewundernswerte Lösung, wenn die Lebensweisen von Mann und Frau gleiche soziale Wertschätzung erführen und wenn der Entschluß weniger absolut wäre. Das heißt, wenn er nicht ein für allemal, sondern vorübergehend oder versuchsweise und im wechselnden Engagement zu der Lebensart des anderen Geschlechts getroffen werden könnte.

Noch ein anderer Weg, den Konflikt herunterzuspielen, besteht darin, es dem jungen Menschen möglich zu machen, wenigstens einen Teil seiner maskulinen und femininen Strebungen für den Rest des Lebens zu befriedigen. Dies scheint in den Gesellschaften die Lösung zu sein, die am weitesten darin gehen, den Mann mit dem Anschein der weiblichen Sexualität auszurüsten. Nicht wünschenswert daran ist, daß es kein Zurück gibt. Keine individuellen Variationen in der Wahl des Zeitpunktes, der Intensität oder der Dauer werden gestattet.

Unsere sozialen Einrichtungen bieten alle zu wenig Gelegenheit zur privaten oder rituellen Integration solcher Wünsche. Mit unseren maskulinen Vorrechten mag der Wunsch des Mädchens, ebenfalls ein Mann zu sein, stärker oder offener zutage treten, als der Wunsch des Jungen, eine Frau zu sein. Mädchen Bluejeans tragen zu lassen, ist eine dürftige und unzureichende Lösung. In der Naturgesellschaft mit ihrer Konzentration auf die Fortpflanzung bei Mensch und Tier, war das Verlangen des Mannes nach einer größeren Rolle in der Fortpflanzung vielleicht drängender. Oder es mag sein, daß in unserer maskulin orientierten Gesellschaft die Jungen von der Sitte gezwungen werden, ihre femininen Strebungen stärker als Mädchen die ihren zu unterdrücken.

Zum Beispiel kann die Bedeutung verschiedener Formen nichtkoitaler sexueller Betätigungen kaum überbetont werden. Selbst Sexualneid könnte, obwohl im Grunde unlösbar, gemildert werden, wenn die Sitten und damit Gewissen und Selbstachtung Männern und Frauen gestatteten, beides, sowohl die mehr aktive als auch die mehr nachgebende Rolle zu spielen, wie ihre Gefühle es im Augenblick forderten – und dies nicht nur in ihrer sozialen sondern auch in ihren sexuellen Beziehungen. Nach der psychoanalytischen Theorie leiten sich diese sexuellen Aktivitäten aus dem ab, was Freud die polymorph-perversen Anlagen des Kindes nannte und müssen bei Erwachsenen, wenn überhaupt, durch die Vorlust befriedigt werden. Obwohl Freud diese Konzepte als wertfrei ansah, hat der Begriff pervers im täglichen Sprachgebrauch eine negative Nebenbedeutung, während Vorlust zugleich eine Handlung mit wenig Nutzen an sich bedeutet. Ich finde Jungs Konzepte und Begriffe viel mehr nach meinem Geschmack. Er schlug vor, die sexuellen Prädispositionen des Kindes nicht als polymorph-pervers, sondern eher als polyvalent anzusehen, und bemerkte, daß auch im erwachsenen Alter die Reste »infantiler Sexualität« die Keimstätte wichtiger geistiger Funktionen sind.[3]

Dies verhält sich gewiß so, doch polyvalente Tendenzen sind auch die Saat sozialen und sexuellen Verhaltens, eine Saat, der unserer Gesellschaft erst jetzt zu erlauben anfängt, kultiviert zu werden und Früchte in sozialen und sexuellen Gewohnheiten zu tragen. Natürlich, wenn diese sexuellen Handlungen mit Schuldgefühlen unternommen werden, sei es wegen sozialer Schande oder weil das Individuum seine eigenen Wünsche zurückweist, kann wenig Gutes entstehen, noch wird dadurch die biologische Antithese wesentlich gemildert. In sich und durch sich können sie lediglich Erleichterung anbieten, wenn sie Teil einer befriedigenden sexuellen Verbindung zwischen Mann und Frau sind. Innerhalb einer Verbindung, die auf gleichen sozialen und sexuellen Rechten und Verantwortung beruht, könnte die Befriedigung der polyvalenten Tendenzen viel zur Verminderung der negativen Auswirkungen der Antithese zwischen den Geschlechtern beitragen. Ich spreche zum Beispiel von dem männlichen Wunsch, sich sexuell hinzugeben (unter anderem und gelegentlich) und dem Verlangen der Frau, sexuell aggressiv zu werden (unter anderem und gelegentlich). Und dies, ohne daß der Mann sich selbst oder seiner Partnerin als Schwächling oder unmännlich vorkommt, und die Frau, ohne sich selbst als Mannweib anzusehen oder von ihrem Partner angesehen zu werden.

Gegenwärtig erlaubt kaum eines unserer Rituale den Jugendlichen oder Erwachsenen, diese Wünsche darzustellen oder teilweise zu befriedigen. Ich möchte gewiß dafür plädieren, daß in einer freien Gesellschaft, wie unsere zu sein es anstrebt, Lösungen nicht in ritueller sondern in von der Gesellschaft respektierten persönlichen Verhalten gefunden würden. Doch solange wir keine annehmbaren Lösungen für das Problem anbieten, sollten wir wenigstens verständnisvoller sein und einen Freiraum dafür vorsehen. Wenn wir dem Wunsch der Jungen, Kinder zu gebären, größeres Verständnis entgegenbringen könnten, ebenso dem Verlangen der männlichen Adoleszenten und erwachsenen Männer nach passiverem und gemächlichem Genießen des Lebens anstatt »immer kämpfen und sich in die Brust werfen« zu müssen, würden unsere Jungen und Männer vielleicht weniger Neid und ängstliche Feindseligkeit gegenüber Mädchen und Frauen fühlen. Sie würden auch seltener die Notwendigkeit zur Kompensation durch emotionalen Abstand zu Frauen und aggressiven Wettbewerb untereinander verspüren. Je freier die Männer ihren positiven Wunsch, Leben hervorzubringen, anerkennen und ihren Beitrag dazu betonen dürfen, desto weniger werden sie es für nötig erachten, ihre Macht durch destruktive Erfindungen zu sichern.

Was befriedigt werden muß, ist das Verlangen sowohl des Mannes als auch der Frau, eine bedeutsame Rolle in den Pflichten, Verbindlichkeiten und Vorrechten, den Aktivitäten und Freuden zu spielen, von denen man in unserer Gesellschaft annimmt, daß sie zufällig jeweils dem anderen Geschlecht angehören. Dann wäre es ihnen möglich, trotz der biologischen Unterschiede der Geschlechter und trotz des Neides, der eine »natürliche Konsequenz« ist, Glück und damit Selbstverwirklichung zu finden. Jedes Geschlecht könnte dann größere innere Autonomie erreichen, könnte die eigene Rolle und die des anderen besser akzeptieren, und die beiden Geschlechter könnten in befriedigenderer Weise miteinander leben. Es scheint, daß in der Naturgesellschaft die Männer versuchen, dieses Problem durch das Ritual zu lösen. Wir sollten in unseren eigenen Anstrengungen ebenso ernsthaft vorgehen. Wonach wir sehr gut suchen könnten, das sind Lösungen, die mehr rational sind; Lösungen, die sich in Einklang mit dem Ethos einer freien Gesellschaft befinden, die persönlicher, sozial effektiver und befriedigender für den einzelnen sind.

Anhang

Säuglingsbeschneidung

Die Rolle, welche die Beschneidung in der jüdischen Religion spielt und auch das Wesen des Gottes, der sie fordert, sind wiederholt als Beweis für die tiefere Bedeutung der Beschneidung als Unterwerfung unter mächtige Vaterfiguren angeführt worden. Eine nähere Untersuchung zeigt jedoch, daß der psychologische Einfluß und sogar die Motivation der Beschneidung vor dem Erscheinen des Monotheismus ganz anders gewesen sein können.

Sherman betont, daß die jüdische Beschneidung ein Spezialfall ist, charakterisiert durch drei Wesenszüge, die in anderen Formen des Brauches unbekannt sind: »1. die ausgeprägte religiöse Bedeutung; 2. das frühe Lebensalter, in dem die Operation stattfindet; 3. das Fehlen aller Spuren weiblicher Verstümmelung.«[1] Wir können diese Unterschiede als Hinweise dafür deuten, daß nach jüdischem Brauch 1. die Beschneidung als das Knechtschaftszeichen eines überwältigenden Gottvaters wurde; 2. daß sie aus der Pubertät (dem Alter, wo sich die Sexualität geltend macht) in das Säuglingsalter (das Alter der äußersten Abhängigkeit) verlagert wurde; und 3. daß sie zu einem rein männlichen Ritus wurde. Vielleicht konnte nur kraft dieser Änderung, jedoch in erster Linie des Zeitpunktes, die Beschneidung das Vehikel dessen werden, was Freud als Kastrationsangst begriff.

Ich habe in dieser Arbeit schon von der Bedeutung der beiden Faktoren gesprochen, die die emotionalen Reaktionen auf das physische Trauma formen. Eine ist die psychische »Konstellation« innerhalb derer das Trauma erlebt wird; die zweite ist das Alter (oder das Stadium der psycho-biologischen Entwicklung), in dem das Trauma eintritt.

In der jüdischen Religion geschieht die Beschneidung nicht im Alter der größten sexuellen Kraft und Selbstsicherheit – was in der Adoleszenz oft der Fall ist, sondern im Alter der totalen Abhängigkeit von Elternfiguren. So kann sie das Symbol des »Bundes mit dem Herrn« werden. Der Bund verleiht besondere Privilegien, wie es auch die Initiation in der Pubertät tut, findet jedoch am Beginn des Lebens statt und wird daher nicht als eine Änderung im Ansehen erfahren. Die Privilegien, die aus ihm resultieren, erscheinen, als ob sie schon immer existiert hätten. Mehr noch, macht die Initiation in der Pubertät das Kind zu einem Mann, so macht der jüdische Bund es für immer zu einem Kind, dessen der Herr sich annimmt, vorausgesetzt, daß das Kind seine Gebote befolgt. Es ist daher ein Übereinkommen, durch das die Männer ihre Unabhängigkeit an einen Übervater abtreten, der dafür verspricht, sich um sie zu kümmern.

Solch ein bereitwilliger Verzicht auf Unabhängigkeit aus Angst geschieht im Einklang mit der Hilflosigkeit des Kleinkindes. Er folgt viel weniger aus den Tendenzen des Adoleszenten, der, oft der großen Angst zum Trotz, auf Selbstbestimmung besteht, und in der Defensive seine Unabhängigkeit von Vaterfiguren erklärt.

Wenn das Kind älter wird und erfährt, daß es im Säuglingsalter beschnitten wurde, wird es vielleicht weitere Bestrafungen von seiten des Vaters befürchten. So kann die Beschneidung zur Kastrationsangst im besonderen, zu der allgemeinen Furcht vor dem echten Vater oder zu der Furcht vor der Vaterfigur führen, welche die jüdische Religion charakterisiert.

Das Verlegen der Beschneidung in das Säuglingsalter mag somit ein Schritt gewesen sein, einen paternalistischen Monotheismus zu errichten. Das Fehlen der weiblichen Initiation bei den Juden läßt an einen anderen Schritt denken: Ein Brauch, der einst vielleicht beiden Geschlechtern individuelle Unabhängigkeit und sexuelle Erfüllung verheißen hat, mag in seiner mächtigen und magischen Funktion (in den Bund mit dem Herrn einzutreten) von den Männern für sich allein in Anspruch genommen worden sein. Daß Frauen von dem Ritus ausgeschlossen wurden, zeigt wiederum, wie es kam, daß die jüdische Beschneidung mit dem Kastrationskomplex in Verbindung gebracht wurde. Der Hauptzweck einer Beschneidung, die an beiden Geschlechtern in gleicher Weise ausgeführt wird, kann nicht darin liegen, das inzestuöse Verlangen des Mannes allein zu zügeln. Doch die Beschneidung allein des männlichen Kindes, und zwar im Säuglingsalter, kann diese Konsequenzen haben, da der Junge danach in der Gewalt des Vaters verbleibt.

Die Annahme ist einleuchtend, daß der frühe, um seine Existenz kämpfende Monotheismus besonders streng in seinen Über-Ich-Forderungen war, gerade weil er von Gesellschaften umgeben war, die größere Triebbefriedigungen gewährten. Vielleicht gehört der strengste, kastrierendste Vatergott gerade dem frühesten Monotheismus an; vielleicht wurde die Kastrationsangst als neue Waffe beschworen, um den Menschen unter seiner Kontrolle zu halten. Nehmen wir diesen Fall an, so sind wir auf der falschen Spur, wenn wir die jüdische Beschneidung daraufhin untersuchen, ob sie vielleicht ein Licht auf die Beschneidung bei den Naturvölkern wirft.

Der Gott des Alten Testamentes ist vielleicht der unerbittlichste aller Über-Ich-Imagines. Können wir wirklich einen Wesenszug dieses Monotheismus mit der Beschneidung in einer Gesellschaft vergleichen, in der vielleicht noch keine deutliche Trennung zwischen bewußt und unbewußt stattgefunden hat, in der Es, Ich und Über-Ich wahrscheinlich weniger genau voneinander unterschieden waren?

Der Gebrauch, den die Juden von dem Ritus der Beschneidung machten, mag mit der christlichen Nutzbarmachung heidnischer Gebräuche verglichen werden; der Ritus wurde übernommen, jedoch mit völlig anderen Mythen verbunden. Gemäß Freud zwang der Ägypter Moses seine

Religion dem ziemlich primitiven jüdischen Stamm auf. Ob dies sich so verhielt oder nicht, es ist immerhin möglich, daß der Brauch der Beschneidung sich von Ägypten auf die Juden ausdehnte. Erhielt damals die Beschneidung eine völlig andere Bedeutung? Eine monotheistische Religion, deren Hauptlehrsatz die Unterwerfung unter einen allmächtigen Gott ist, wird keine Verwendung mehr für Riten haben, die dem Individuum große magische Kräfte verleihen, wie es die Initiation tat. Den Zielen solcher Reformer wie Moses – ob er nun Jude oder Ägypter war – war am besten damit gedient, wenn das Ritual mit all seiner Macht über das Bewußtsein der Gläubigen aufrechterhalten wurde und es dann wie in einer Reaktionsbildung mit einem Mythos verbunden wurde, der seine Bedeutung umkehrte.

Die Beschneidung, die ein Werkzeug des größten Stolzes des Mannes war, mag danach zu einer Vorrichtung zu seiner Abwertung auf den Status eines hilflosen Untertans geworden sein. Oder, um es anders auszudrücken: die Energie, die einst vom Es benutzt wurde, um durch die Manipulation des Genitales magische Kräfte zu gewinnen, wurde dem Es entrissen. Diese Energie wurde dann von einem externalisierten Über-Ich beansprucht, das sie dazu benutzte, um das Es zu zügeln und das Ich zu schwächen, indem es sie einer Über-Ich-Imago unterwarf.

Wenn ein so grundlegender Brauch wie die Initiation in das Erwachsenenleben für uns nicht nur dieselbe Form (Beschneidung) beibehalten hat, sondern auch die gleiche Bedeutung wie bei den Naturvölkern, könnte man sich fragen, wie es kommt, daß wir einen höheren Zivilisationsstand als diese erreicht haben? Es wird weitgehend akzeptiert, daß die äußerliche Form eines Rituals relativ unverändert lange Zeiträume überdauern kann, während ihre Aussage im Einklang mit der sozialen Entwicklung vielen Änderungen unterliegt. Benedict zum Beispiel beobachtete, daß die Instabilität der symbolischen Bedeutung ebenso verblüffend ist wie die Stabilität der scheinbar willkürlichen rituellen Akte.[2]

Man könnte darüber spekulieren, ob eine sich wandelnde Interpretation der zentralen Rituale in gewissem Grade die sich ändernde Entwicklung der Gesellschaften widerspiegelt. Die Initiation in die Geschlechtsreife ist deutlich ein zentrales Ritual der Naturgesellschaft. Möglicherweise waren andere Rituale, die später dem Menschenleben Bedeutung verliehen, ursprünglich ein Teil davon. Von den sieben Sakramenten der Römisch katholischen Kirche sind mindestens fünf, möglicherweise aber sechs als Abkömmlinge zu erkennen. Die Taufe als rituelle Wiedergeburt ist eine davon. Die Firmung und möglicherweise die Priesterweihe finden ihr Gegenstück in der Initiation selbst und in der Aufnahme in geheime religiöse Gemeinschaften, die oft der Initiation folgen. Die Kommunion, das gemeinsame Essen der Nahrung, die das Ritual symbolisiert (wenn nicht den Gott) ist ebenfalls häufig Teil der Initiation. Die Mutproben, die den Initiierten auferlegt werden, von denen viele schmerzhaft und erniedrigend sind, ähnelt dem Sakrament der Buße. So bleiben nur zwei der sieben Sakramente ohne Erklärung: die Heirat und die Letzte Ölung; und da die Initiation bei vielen Stämmen das Recht auf Heirat verleiht, besteht selbst hier eine Verwandtschaft. Eine Zeitlang scheint der Zivilisationsprozeß parallel zu der Aufteilung eines einzigen Rituals in seine Bestandteile und ihrer zeitlichen Trennung voneinander angelaufen zu sein.

Eine solche Trennung fand bei den Kikuyu erst vor so kurzer Zeit statt, daß es noch erinnerlich ist. Bei diesem afrikanischen Volk sind die Hochzeits- und Todesriten, die uns so wichtig sind, unbedeutend im Vergleich zur Initiation.[3]

»Die symbolische zweite Geburt ist vielleicht der mysteriöseste Kikuyu-Ritus. Er ist einer der ältesten Bräuche und herrscht bei allen ihren Clans vor ... Es gab eine Zeit, wo die neue Geburt mit der Beschneidung kombiniert wurde und somit erlaubte die Zeremonie die Teilnahme an den Privilegien und religiösen Riten des Stammes. Danach gab es Schwierigkeiten ... die alten Männer regelten die Angelegenheit, in dem sie beides trennten.«[4]

Das sagt zu wenig, um Spekulationen über die psychologischen Gründe der Änderung oder deren Resultate zu erlauben. Als Beispiel zeigt es, wie der Weg vorbereitet wurde, die Beschneidung auf eine andere, untergeordnete Position zu verweisen, ein Prozeß, der auch bei den Porogemeinschaften Liberias stattfand.[5]

Freud brachte wiederholt das Argument vor, daß die Gesellschaft einen hohen Preis von ihren Mitgliedern fordert, indem sie diese zum Verzicht auf Lust nötigt und sogar dazu bringt, Unlust zugunsten der Zivilisation zu akzeptieren. Vielleicht ist es die Reinterpretation eines Rituals – eines, das ursprünglich die Lust oder die magische Kraft mehren sollte zu einem, das die Macht des einzelnen bedrohte oder bannte – oder befand sich eine solche Wendung unter den Faktoren, die eine Art Angst schufen, welche allgemein, wenn nicht typisch für diese Gesellschaft wurde. Die Angst tendierte dann dazu, angstabwehrende Verfeinerungen oder Superstrukturen hervorzubringen – kurzum, sie half der Gesellschaft in dem Prozeß der Zivilisation weiter.

Da dies alles Spekulationen sind, darf noch eine weitere hinzugefügt werden. Wenn man aus der psychoanalytischen Theorie der menschlichen Entwicklung extrapoliert, könnte man sich fragen, ob in gewissen Initiationsritualen zwei verschiedene Entwicklungsphasen nicht miteinander verschmolzen – wobei die eine hauptsächlich zur urethralen und die andere hauptsächlich zur phallischen Phase gehört. Fenichel sagt:

»Die Lust am Urinieren mag bei beiden Geschlechtern eine phallische oder sogar sadistische Bedeutung haben oder als ›Fließenlassen‹ empfunden werden, als ein passives Sich- und-die-vorherige-Kontrolle-Aufgeben. Das Ziel des passiven Fließenlassens kann mit anderen passiven Zielen bei Jungen, wie etwa dem, am Penis liebkost oder an der Peniswurzel stimuliert zu werden, zusammengefaßt werden.«[6]

Die Subinzision scheint dazu zu führen, daß der Urinstrahl passiv erlebt wird, während das wiederholte Öffnen der

Subinzisionswunde eine massive Stimulation nicht der Eichel, sondern der Unterseite des Körpers oder der Peniswurzel bewirkt.

Phallische Elemente können andererseits in der Zurschaustellung der Eichel durch die Beschneidung und in der Überbetonung der männlichen Rolle in der Fortpflanzung durch die Behauptung, daß Männer gebären können, gesehen werden. So scheinen die Ableitungen der beiden entgegengesetzten Tendenzen in einem einzigen Ritual verschmolzen zu sein: die passive Rolle des Mannes (sein Verlangen nach femininen Befriedigungen) und seine Fixierung auf das urethrale Stadium der Libidoentwicklung, sowie seine Anstrengungen der phallischen Selbstversicherung (sein Verlangen nach maskulinen Befriedigungen).

Die ursprüngliche Natur Jahwes als eines Feuergottes, der Moses in dem brennenden Dornbusch erschien, paßt zu der Auffassung, daß zu Beginn des Monotheismus urethrale und phallische Elemente sich in einem ersten Schritt zum phallischen Primat mischten. Hierbei nimmt man natürlich an, daß Freuds Theorie über den Ursprung und die symbolische Bedeutung des Feuers richtig ist. Die Technologie, das Charakteristikum der modernen Zivilisation, mag hier eine ihrer psychologischen Quellen haben. Vielleicht blieben bestimmte Völker »unzivilisiert« weil sie keine psychische Notwendigkeit verspürten, sich über die »passive Selbstaufgabe« hinaus zu entwickeln, das heißt, weil sie mehr oder weniger abhängig von dem, was die Natur zur Verfügung stellt, leben. Aber mit der phallischen Psychologie werden aggressive Manipulation der Natur mittels technologischer Erfindungen nicht nur volkswirtschaftlich nutzbringend, sondern auch psychologisch attraktiv. Es sollte auch bemerkt werden, daß das phallische Stadium mit seiner Aggressivität (und damit seiner Furcht vor Vergeltung), seiner Überbewertung des Penis im besonderen und der Männlichkeit im allgemeinen durch die Furcht vor dem Verlust des Penis begleitet wird.

In geschichtlich später liegenden Zeiten und bei »zivilisierteren« Stämmen benutzen die Initiatoren die Initiation oft zum Teil, um Gehorsam zu erzwingen. Doch nirgendwo habe ich den Beweis dafür gefunden, daß wegen Ungehorsams weitere Verletzungen des Genitales drohten. Im Gegenteil, wo sowohl die Beschneidung als auch die Subinzision praktiziert werden, ist der zusätzliche Schaden am Penis durch die Subinzision keine Strafe, sondern eine Belohnung, die größere Macht und größere Würde verleiht. Überdies können bei den verschiedenen Stämmen alle Stadien der sozialen Entwicklung angetroffen werden.

Es gibt Stämme, die die Initiation, aber nicht die Beschneidung praktizieren, andere, bei denen die Beschneidung Teil der Initiation ist, jedoch frei von allen Nebenbedeutungen des Gehorsams gegenüber den Ältesten. Bei den primitivsten Stämmen, wo die Subinzision bis zum äußersten Extrem getrieben wird, liegt auf dem Gehorsam oft die geringste Betonung. Es mag sein, daß selbst dort, wo Gehorsam gefordert wird, dies ein Stadium des Wandels von einem Ritual darstellt, das hauptsächlich oder einzig als Maßnahme begann, um mit dem Neid oder der Angst vor den Geschlechtsunterschieden fertig zu werden oder um Macht über die Frauen zu gewinnen oder größere sexuelle Lust möglich zu machen, sich dann jedoch zu einem Ritual entwickelte, das seine ursprüngliche Bedeutung verlor und dessen Mythos verzerrt wurde. Solche Abwandlungen von magischen Versuchen, Macht gemäß dem Lustprinzip zu gewinnen, zu einem konsistenteren Verhalten mit einem Über-Ich-Prinzip würde mit der Entwicklung einer immer komplexeren es-einschränkenden Gesellschaft übereinstimmen.

Wir könnten schließen, daß das, was einst vom Es bestimmt war, langsam unter die Kontrolle des Über-Ichs gerät – die Vertretung der Ältesten – bevor es schließlich ich-bestimmt wird. Die Beschneidung verschwindet dann im Christentum, wo der drohende, »kastrierende« Gott die zusätzlichen Attribute eines sanften liebenden Christus übernimmt. Heute breitet sich der Brauch der Beschneidung aus angeblich rationalen, hygienischen Gründen wieder aus; doch das kann auch daher kommen, daß wir sexuell ein wenig freier geworden sind und es uns gefällt, die Eichel von der Vorhaut befreit zu sehen. Möglicherweise findet man bei Naturvölkern, von den Eingeborenen Australiens bis zu höher entwickelten Völkern verschiedene Stadien der Initiationsriten, einschließlich der Beschneidung, die parallele Entwicklungen zeigen. Soviel ich weiß, wurden solche Untersuchungen nicht angestellt.

All dies hat uns so weit in das Reich der Spekulation geführt, daß noch eine letzte Spekulation hinzugefügt werden darf. In einer patriarchalischen Gesellschaft, in der die Männer vielleicht erst vor relativ kurzer Zeit an die Macht gekommen sind, einer Gesellschaft, die möglicherweise eine andere ablöste, in der die Frauen größere Bedeutung hatten – dies wegen ihrer Fruchtbarkeit – gehen die Männer vielleicht anfangs sehr weit, wenn es sich darum handelt, ihre Überlegenheit unter Beweis zu stellen. Wenn man das Alte Testament liest, findet man gewisse Aussprüche des Herrn an die Israeliten, in denen er seine Macht und Einzigartigkeit versichert, in denen man Untertöne der Prahlerei zu hören vermeint, als sollten Stimmen, die an all dieser neuen Macht zweifeln, erstickt werden. Wäre es nicht frevlerisch, könnte man versucht sein zu sagen: »Mich dünkt, der Herr beteuert zu viel.« Verschiedene Studenten der jüdischen Religion haben diese emphatische, defensive, fast nörgelnde Versicherung der männlichen Überlegenheit kommentiert. Manchmal können die Spuren eines älteren Kultus der mütterlichen Gottheiten nicht ganz verwischt werden.

Der jüdische Schöpfungsmythos scheint ein Beispiel solch defensiver Überbeteuerungen zu sein. Die meisten solcher Mythen beginnen mit einem nichtsexuellen oder bisexuellen Gott oder ersten Menschen, durch den oder von dem Männer und Frauen zur selben Zeit erschaffen werden. Die australischen Eingeborenen haben keinen solchen Mythos wie den eines totemistischen Adam, dem eine totemistische Eva als nachträglicher Einfall folgte; sie glauben, daß die männlichen und weiblichen totemistischen Vorfahren von Anfang an zusammen existierten.[7] In der jüdischen Tradition wird im Gegensatz zum natürlichen Lauf der Ereignisse die Frau aus Teilen des Körpers des Mannes geschaffen. Genau wie ein Usurpator verkünden mag, daß sein Recht auf den Thron seit undenklichen Zeiten besteht, so projiziert der Mythos eine vielleicht erst vor kurzer Zeit erworbene Vorherrschaft an den Anfang der Zeiten. Tatsächlich sind Mythen über den Ursprung der Welt oder des Menschen wahrscheinlich Projektionen von Bedingungen, die entweder existieren oder auf die in der Gegenwart gehofft wird. So läßt der jüdische Mythos entweder an eine aktuelle totale männliche Dominanz oder an den Wunsch nach einem solchen Zustand denken, während der australische Mythos die Gleichheit der Geschlechter nahelegt. Dies ist ein weiterer Grund zu bezweifeln, daß die Eingeborenen an die Bedrohung durch eine »kastrierende« Vaterfigur glauben; solch ein Zweifel bezieht sich nicht auf die Juden.

Es scheint Freud bewußt gewesen zu sein, daß seine Spekulationen über den Urvater und dessen kastrierende Macht über seine Söhne in der Zeit nicht weit genug zurückreicht. Vielleicht reichte auch sein Postulat eines allmächtigen Vaters nicht tief genug ins Unbewußte hinein, vielleicht waren seine Spekulationen eine Abwehr gegen die viel omnipotentere Mutter, die am Beginn unser aller Leben steht. Freud gestand seine Hilflosigkeit ein, als er mit der überlegenen Macht der Mutterfiguren konfrontiert wurde. Er sagte:

»Wo sich in dieser Entwicklung die Stelle für die großen Muttergottheiten findet, die vielleicht allgemein den Vatergöttern vorhergegangen sind, weiß ich nicht anzugeben.«[8]

Kürzlich ging Roellenbleck auf das Problem des jüdischen Monotheismus und seine Beziehung zu den Muttergottheiten von einen psychoanalytischen Standpunkt aus ein. Sein

Buch bezieht sich auf viele Passagen des Alten Testamentes in denen, trotz der scheinbar bewußten Anstrengungen, eine Religion zu schaffen, die von einem einzigen allmächtigen Gott beherrscht wurde, sich Spuren von einem Glauben an die mütterliche Gottheit zeigen. Er diskutiert zum Beispiel den Abschnitt im Exodus (Zweites Buch Mose), in dem eine Frau die Beschneidung ausführt. Moses' Frau Zipporah berührt, nachdem sie ihren Sohn beschnitten hat, Moses mit der Vorhaut und sagt: »Ein Blutsbräutigam bist du mir.« Roellenblecks Interpretation besagt, daß gemäß einer frühen Sitte, ein Mann nur dadurch zur Heirat tauglich und für eine Frau annehmbar wird, daß er ein wenig von seinem Blut aus der Genitalregion vergießt.[9] Bei den alten Hebräern war die Beschneidung anläßlich der Initiation wie bei vielen primitiven Stämmen unserer Zeit eine Voraussetzung für die Ehe.

Etymologisch gesehen sind die hebräischen Wörter für »Beschneider« und »Schwiegervater« so nah verwandt, daß man daraus nur schließen kann, derselbe Begriff habe einst beides bedeutet. In unseren Tagen beschneiden die Männer die Jungen, und das Alte Testament beharrt darauf, daß es so sein muß (trotz der Geschichte der Zipporah). Doch dies erscheint Roellenbleck als eine Umkehrung der ursprünglichen Situation. Nach ihm war es der Initiierte, der ursprünglich diesen Akt der opferfreudigen Verstümmelung an sich selbst ausführen mußte. Er glaubt, daß in einem tieferen Sinne der Mensch der die Operation ausführt, in Wirklichkeit nur als der Vertreter der Muttergottheit handelt.[10] (Siehe die freiwillige Selbstkastration der Priester der Cybele: S. 123/124.)

Roellenbleck kam durch seine Studie über den Einfluß des Muttergottheit-Kultus auf das Alte Testament, auch dazu, die Gültigkeit der Theorien Freuds anzuzweifeln. Eine davon war Freuds Formulierung der Aktivität als der männlichen Aufgabe in der Sexualität, die darin gipfelt, daß der Mann die Jungfräulichkeit der Frau durchdringt.

Roellenbleck findet statt dessen:

»Die Kennzeichnung des Bräutigams als Frischbeschnittener läßt vermuten, daß der hebräische Mann seine Sexualität, soweit er sie unter religiösen Kategorien auffaßt, primär nicht als Verbindung zu männlichen aktiven Mächten auffaßt; daß vielmehr eine Abkehr von einer uneingeschränkten bejahten männlichen Aktivität zugunsten einer Wendung ins Passive stattgefunden haben muß.«[11]

Ob die Beschneidung von Männern eingesetzt wurde oder von Frauen, ob sie Triebbedürfnisse der Männer oder der Frauen befriedigte oder beider: sie kann nur die Kastration in einer Gesellschaft symbolisieren, wo schwere Strafen, besonders in bezug auf das Sexualverhalten, ein Teil des individuellen Blickpunktes sind. Und nur wo die strafende Gestalt eines Erwachsenen von großer Bedeutung sich auftürmt, wird das Kind leicht den geistigen Übergang von der Beschneidung zur Kastrationsangst machen. Die jüdische Gesellschaft ist eine solche, und in gleicher Weise sind es andere Gesellschaften ebenfalls, die tief vom Judentum beeinflußt wurden.

Auch Zimmerman hat kürzlich die jüdische Beschneidung von einem psychoanalytischen Standpunkt angegangen. Er kam zu dem Schluß, daß ihre Bedeutung weniger in der symbolischen Kastration liegt als »in dem Wunsch, Männern eine permanente Erektion des Penis zu verschaffen ... und fruchtbare Sexualität und damit den Fortbestand der Gruppe zu gewährleisten.«[12] Doch die Vorstellung einer permanenten Erektion oder der Wunsch danach scheint eher dem Reich der phallischen Phantasien anzugehören als dem der reifen Genitalität. Ich glaube, daß in Zimmermans Erörterungen wie auch in gewissen anderen psychoanalytischen Stellungnahmen der Beschneidung Blickwinkel oder Erfahrungsorbit sich zu vermischen scheinen. Der beschnittene Penis kann nur dann als ständig erigiert erlebt werden, wenn die Erektion schon erfahren wurde. Nunbergs erwachsener Patient konnte fühlen, daß die Beschneidung seine (phallische) Männlichkeit steigerte, doch eine »permanente« Erektion in Zusammenhang mit einem eine Woche alten Kind hat keinen Sinn.

Ich glaube, daß Zimmerman recht hat, wenn er die Beschneidung mit der Fruchtbarkeit in Verbindung bringt. Aber es ist die Beschneidung in der Pubertät, die den Beginn der Fruchtbarkeit beim Manne feiert und nicht die Beschneidung jüdischer Säuglinge.

Australische Riten

Die anthropologische Literatur über die Initiation ist sehr reichhaltig, so daß ein vollständiges Begreifen der Pubertätszeremonien eine sorgfältige Analyse jedes einzelnen Teiles von jedem Ritual erfordern würde. Diese Aufgabe habe ich nicht auf mich genommen. Wie früher bereits erwähnt, war meine Absicht nicht, das alte Rätsel der Initiation und der Beschneidung ein für allemal zu lösen. Zuerst wollte ich der Vermutung Ausdruck geben, daß Freuds Deutung dieser Bräuche ernsthaften Zweifeln ausgesetzt ist, wie auch die Interpretationen jener, die ihm folgten und in der rituellen Beschneidung in erster Linie ein Verlangen sahen, Kastrationsangst zu erregen. Zweitens legte ich andere mögliche Interpretationen nahe, die sich meiner Meinung nach mehr an die Tatsachen halten. Im Einklang mit meiner ersten Absicht und um Freud gerecht zu werden, habe ich in diesem Buch stark auf die Literatur zurückgegriffen, die er benützt hat. Meine Hypothesen müssen begründet werden oder dürfen zumindest nicht durch seine Quellen in Abrede gestellt werden; sonst müßte man wegen der großen Mannigfaltigkeit der Riten zu dem Schluß kommen, daß Freuds Deutung für die von ihm erörterten Stämme gelten, während andere Hypothesen auf andere zutreffen. Auch waren einige der Autoren, die schrieben, nachdem Freud seine Hypothesen formuliert hatte (die meisten davon, strenggenommen keine Anthropologen, sondern Autoren, die mit anthropologischen Daten arbeiteten), so tief von ihm beeinflußt, daß sie ihre Interpretationen manchmal mehr von Freud als von den empirischen Beweismitteln ableiteten, – ein weiterer Grund, zu den Quellen zurückzugehen, die Freud benutzte.

Freuds anthropologische Spekulationen, insbesondere die über die Initiation, basierten auf den Schriften von Spencer und Gillen (über Australien) und auf Frazer. Doch verließ

sich Frazer bei der Diskussion über die australischen Einge-
borenen selbst weitgehend auf Spencer und Gillen. Und tatsächlich haben diese Eingeborenen, wie Freud bemerkte,
ähnlich wie die australische Fauna bis in unsere Zeit viel
Archaisches bewahrt, was sonst nicht mehr zu finden war.[1]
Dies trifft besonders auf die Arunta zu, die nur wenig durch
Berührung mit komplexeren Kulturen beeinflußt wurden.
Sie werden immer noch als die fruchtbarste Quelle für Forscher angesehen, die versuchen, die spontane Entwicklung,
Aufnahme und Modifikation der primitiven Riten zu verstehen. 1896, als die Arunta zum erstenmal von Spencer und
Gillen erforscht wurden, waren sie von Europäern noch
fast unberührt. Ihre isolierte Lage im Herzen des Kontinents
hatte sie sogar von engem Kontakt mit anderen Stämmen
abgehalten und sie befähigt, ihre Kultur in unveränderter
Form zu bewahren.[2]

Spencers und Gillens Bericht über die Initiation bei den
Arunta allein erstreckt sich über mehrere hundert Seiten.
Diese Pubertätsriten umfassen die vier Hauptphasen: 1. Das
In-die-Luft-Werfen des Jungen und seine Bemalung; 2. die
Beschneidung; 3. die Subinzision; und 4. die Feuerzeremonie.
Die erste wird relativ wenig in der Literatur erörtert und
spielt keine Rolle in der psychoanalytischen Interpretation
der Riten. Vielleicht liegt ihre Bedeutung in einer ersten Erklärung, daß die Jungen im Begriff sind, sich einer großen
Veränderung zu unterziehen, und daß die Männer diese an
ihnen ausführen werden. Vielleicht stehen diese Männer auch
für die mythischen Gestalten, bei denen der Brauch entstanden ist. Die zweite und dritte Phase des Rituals, Beschneidung und Subinzision, sind in den vorhergehenden Kapiteln
ausführlich abgehandelt worden. Deshalb wird, um das Bild
abzurunden, nun ein Bericht über die Feuerzeremonie folgen, die die unten erörterte Initiation der Arunta abschließt.
Soviel in bezug auf Spencer und Gillen, auf deren Berichte
sich Freud stützte. Zusätzlich habe ich eine kurze Erörterung des Kunapipi, einem wichtigen Zyklus von Pubertäts-

riten in Australien, beigefügt, der von Beobachtern in jüngerer Vergangenheit geliefert wurde.

Die Feuerzeremonie

Das vierte Stadium der Initiation bei den Arunta und den Ilpirra wird ›Engwura‹ genannt. Diese Zeremonie besteht aus einer langen Abfolge von Riten, die meistens totemistisch sind, Monate dauern und durch Feuerproben beendet werden. Frühere Novizen sind nicht völlig initiiert, solange diese Serie nicht beendet ist. Alle Ausführenden der Engwura haben sich geschmückt, und der Schmuck wird normalerweise am Körper befestigt, indem man Blut, das aus der Subinzisionswunde oder einer Armvene entnommen wird, als Klebemittel benutzt. Die Blutmenge, die verwendet oder vergossen wird, ist enorm, und die Zeremonien können zur totalen Erschöpfung der Männer führen, die das Blut hergeben. Spencer und Gillen berichten von einem Mann, der allein bei einer Zeremonie drei halbe Liter Blut spendete.[3]

Ein Teil des Höhepunkts dieser Zeremonien wird wie folgt beschrieben:

»Nach Einbruch der Nacht wurden ein Dutzend oder mehr Feuer entfacht ... In dieser Nacht begab sich im Männer- oder im Frauenlager niemand zur Ruhe. Auf der anderen Seite des Flusses ... konnte man die Lagerfeuer der Frauen durch die Bäume flackern sehen. Die ganze Nacht hindurch ließen auch die alten Männer nicht nach, den Frauen über den Fluß etwas zuzurufen, und die Frauen riefen zurück. Es war eine sehr aufregende Szene. Ein alter Mann rief etwa: ›Was tut ihr gerade?‹, und die Frauen antworteten: ›Wir machen Feuer‹. – ›Was macht ihr mit dem Feuer?‹ und die Antwort lautete: ›Wir werden die Männer verbrennen.‹ ... Im Frauenlager hatten sich alle an einem Platz versammelt [wo sie] ... jede für sich, eine flache Grube aushoben, die einen Durchmesser von knapp 2 Metern hatte, und im Morgengrauen zündeten sie in jeder Grube ein Feuer an ... Dann ging ... ohne das leiseste Wort die ganze Männergruppe, einer nach dem anderen (auf das andere Ufer) hinüber ... Auf der anderen Seite blieben sie etwa 50 Meter von den Frauen und Kindern entfernt stehen, die hinter beiden Feuern standen, wo nun wegen der grünen Büsche, die man auf die rotglühende Holzkohle gelegt hatte, dicker Rauch ausströmte ... Als erstes lief ein (die Patenschaft ausübender) Mann mit seinem (Novizen) nach vorn, im Halbkreis von den Männern zu den Frauen und wieder zurück. Nachdem jeder dies getan hatte, rannten die Männer auf das Feuer zu, und der eine oder andere der Novizen kniete nieder ... während die Frauen den Männern ihre Hände auf die Schultern legten und sie nach unten drückten. Auf diese Weise war der Akt schnell ausgeführt, und kein Wort war seit Beginn der Zeremonie gesprochen worden. Jeder Mann kniete einfach fast eine halbe Minute im Rauch nieder. In weniger als einer halben Stunde war alles vorüber.«[4]

So endet die Engwura-Zeremonie, die viele Monate dauert und der sorgfältigsten Vorbereitungen bedarf.

Eine weitere dieser Feuerzeremonien wird an anderer Stelle wie folgt beschrieben:

»Das Frauenlager meidend ... wurden die (Novizen) quer durch eine Senke an der Westseite des Lagers vorbeigeführt ... Etwa um fünf Uhr abends kamen alle Frauen und Kinder auf dem schmalen Uferstreifen an der Ostseite des Flusses zusammen ... Ein Mann wurde auf einem Hügel postiert, der im Westen des Engwura-Platzes lag, und kurz vor Sonnenuntergang gab er das Zeichen, daß die Novizen sich näherten. Diese hielten, bevor sie das Lager betraten, kurz an einer Stelle an, wo sie das erlegte Wildbret niederlegten und sich mit frischen Zweigen und Blättern schmückten ... Dann kamen sie dichtgedrängt aus der Senke hervor. Die [Novizen] wurden vorwärts in das Flußbett getrieben, wobei sie hie und da stehenblieben, als zögerten sie, näherzukommen ... Nach einer letzten Pause kamen die [Novizen] eng an die Frauen heran; die Vorderste der Frauen ergriff das trockene Gras und die Büsche, entzündete beides und warf es den Männern an den Kopf, die sich schützen mußten, so gut sie das mit ihren Zweigen tun konnten. Inzwischen rannten die Männer mit den Stierbrüllern um die [Novizen] und die Frauen herum und wirbelten die Stierbrüller so schnell sie konnten ... Plötzlich kreisten die Männer ein letztes Mal herum und liefen – gefolgt von den Frauen, die jetzt das Feuer noch kräftiger angefacht hatten – alle zusammen in den Fluß hinein. Die Frauen blieben am Ufer stehen, drehten sich dann um und liefen schreiend zurück zu ihrem Lager.«[5]

Die erste dieser beiden Zeremonien macht deutlich, daß die Frauen Macht über das Feuer besitzen. Sie scheinen es zu benutzen, um die Männer zu bedrohen und zu beherrschen, genau wie in den mythischen Berichten, in denen die Männer bei der Beschneidung mit einem Feuerstock gebrannt wurden. Die Männer sind solange vor der Bedrohung (und vor den Frauen) geschützt, wie sie durch den Fluß von den Frauen getrennt bleiben. Das große Zögern, das die Männer ausagieren, bevor sie den schützenden Fluß überqueren, deutet noch einmal auf die magische Kraft hin, die die Frauen über sie zu haben scheinen. Dies wird höchst lebendig demonstriert, erstens durch die Frauen, wenn sie die Männer in das Feuer hinunterdrücken, und zweitens durch die Tatsache, daß dieser Akt den Höhepunkt der Zeremonie darstellt. Die Initiation der Männer scheint abgeschlossen, wenn sie den Schutz des Wassers aufgeben und sich dem Feuer und den Frauen unterwerfen.

Nach der Feuerzeremonie scheint es wenig Zweifel zu geben, daß sich die Novizen bei den Frauen sicher fühlen, die sich nun rituell den Männern als Sexualobjekt anbieten. Eine letzte Phase der Zeremonien erweckt den Eindruck, daß am Ende den Männern reiche sexuelle Befriedigung zuteil wird.

»Wenn die alten Männer in ihre Lager zurückkehren und die (nun völlig initiierten Männer, die gerade durch die Feuerzeremonie hindurchgegangen sind) hinaus in den Busch gegangen sind, findet ein oder auch mehrere normale Tanzfeste statt. Ein besonderes davon ist ein Tanz der Frauen. In der Nacht versammeln sich alle Männer und Frauen in dem Hauptlager ... Jeder Mann sieht sich, wenn er sich dem Feuer nähert, in einer Art und Weise um, als suche er jemanden, und setzt sich dann nach kurzer Zeit bei den Anwesenden nieder. Nachdem die Männer einzeln diese kurze Vorstellung hinter sich gebracht haben, kommt eine Anzahl junger Frauen näher, die außerhalb des Feuerscheins gewartet haben. Jede ist mit einem doppelten Band aus Pfeifenton in der

Form eines Hufeisens geschmückt, das sich von einer Hüfte zur anderen über den Bauch erstreckt. Ein biegsamer Stock, dessen Enden festgehalten werden, ruht im Nacken. Wie sie so in einer Gruppe dastehen, schwanken die Frauen leicht von einer Seite zur anderen und lassen in höchst bemerkenswerter Weise die Muskeln an Hüften und Bauch spielen. Der Sinn des suchenden Blickes der Männer und des Schmuckes und der Bewegung der Frauen ist augenscheinlich, und in diesem Abschnitt der Zeremonien findet ein allgemeiner Austausch und auch ein Verleihen der Frauen statt, und Eingeborenen, die sich als Gäste bei dem Stamm aufhalten, werden vorübergehend Ehefrauen zur Verfügung gestellt... Dieser Tanz der Frauen... dauert eine Nacht um die andere an, vielleicht zwei oder drei Wochen lang, und danach fängt ein anderer Tanz an.«[6]

Das Feuer spielt eine wichtige Rolle in anderen Initiationsritualen neben dem der Engwura. Wie viele Berichte darlegen, bestand die erste Methode der Beschneidung in der Verwendung eines brennenden Stockes, der erst später durch Steinmesser ersetzt wurde. So ist es möglich, daß der Gebrauch von Feuer und Rauch in der Endphase der Initiation eine letzte Spur der Beschneidung mit Hilfe von Feuer darstellt, und zugleich einer Beschneidung oder Initiation, in der die Frauen durchwegs viel aktiver und dominant waren.

In einem Mythos der Wunambal, die in Nordwestaustralien leben, soll das Feuer sogar in der Subinzision entstanden sein. Einer der wichtigsten mythischen Ahnen »warf den ersten Blitzstrahl, indem er seinen Penis aufschlitzte, und das Feuer und den Blitz herausließ. Er schuf das Feuer, indem er die rote Innenseite des aufgeschlitzten Penis nach außen kehrte, bis das Feuer herauskam.«[7]

Feuer und Urinieren stehen ebenfalls mit der Verstümmelung des Penis sowohl in einer heilenden als auch in einer schädigenden Weise in Zusammenhang. Bei einigen Stämmen »läßt man das Blut aus der Wunde in einen hölzernen Schild fließen, der dann ins Feuer geleert wird, das zuvor für diesen Zweck vorbereitet wurde. Wenn die Wunde schmerzt, legt der Initiierte ein paar glühende Holzkohlestückchen in die Asche und uriniert darauf, wobei er seinen Penis über die Glut hält, so daß der Dampf aus dem Feuer aufsteigen kann, was den Schmerz lindern soll.«[8]*

Die enge Verbindung zwischen Feuer- und initiatorischer Beschneidung wird durch einen inhaltsreichen Begriff bekräftigt, den die Tikopia gebrauchen. Dieser Begriff bezieht sich auf das Anzünden des Brennmaterials in der Kochstelle; wörtlich bedeutet er »das Anzünden des Ofens«. Doch derselbe Begriff bezeichnet die ganze Initiationszeremonie, die ein Aufschlitzen der Oberseite der Vorhaut enthält. Diesem Namen für die Initiation haftet eine definitive rituelle Bedeutung an.[9]

Feuer und phallische Freuden

Viele haben darüber spekuliert, ob das Feuer eine der ersten kulturellen Errungenschaften des Menschen war oder nicht. War dieser Besitz so mächtig, daß seine Bewahrung einen zentralen Platz erforderte, um den herum sich der Stamm gebildet haben mochte? Da das Feuer gewöhnlich von den Männern und nicht den Frauen angezündet wird, scheint es einleuchtend, daß diese es auch entdeckt haben. Ein Feuer anzuzünden und auszulöschen, scheint große phallische Freuden mit sich zu bringen. Ob die Erhaltung des Feuers ursprünglich den Frauen oblag, ist natürlich höchst spekulativ, besonders da das Problem, es zu bewahren, dem Kniff, es anzuzünden, um einige Zeit vorausgegangen zu sein scheint. Doch Berichten über weibliche Feuergottheiten, deren Priesterinnen gezwungen wurden, jungfräulich zu bleiben, deuten darauf hin, daß das Feuer vor den Männern geschützt werden mußte. Anderen Feuergöttern und -göttinnen durften nur Priesterinnen dienen, was vielleicht zeigt, daß die Frauen für die Bewahrung des Feuers die Verantwortung trugen.

* Wie früher angeführt (S. 157) unterziehen sich Frauen demselben Heilungs- und Reinigungsprozeß nach der Niederkunft.

Mythen wie der der Wunambal, der die Subinzision mit der Errungenschaft des Feuers in Verbindung bringt, scheinen Freuds Auffassung über den Zusammenhang zwischen Feuer und phallischen Phänomena zu unterstützen. Er glaubte, daß die Männer den Wunsch, die Flammen durch Urinieren auszulöschen, beherrschen mußten, um ständig das Feuer besitzen zu können.[10] Und tatsächlich können Männer, die beschnitten sind, den Urinstrahl nicht mehr so gut lenken. Das Vergnügen, ein Feuer aus einer hockenden Stellung auszulöschen, ist gering, verglichen mit dem, den Strahl aus einiger Entfernung darauf zu richten.

Im Hinblick auf Freuds Spekulation ist es interessant, daß der Schaden, den der Penis durch die Beschneidung gemäß australischer Tradition erfährt, ursprünglich durch das Feuer zugefügt wurde – eine genaue Umkehrung des phallischen Vergnügens, die Flammen durch Urinieren auszulöschen. Wenn Freud recht hatte, dann können sowohl das Engwura-Ritual als auch der Wunambal-Mythos als symbolische Feststellung dafür interpretiert werden, daß die Männer ständige Kontrolle über den Gebrauch des Feuers erlangt hatten.

Es gibt in der modernen Folklore und Psychologie Parallelen für eine Verbindung zwischen Urinieren und Feuer. Man warnt etwa Kinder davor, mit Streichhölzern zu spielen, weil sie sonst nachts ins Bett nässen würden. Fenichel spricht über eine tiefverwurzelte Verwandtschaft zwischen Urethralerotik und der Erregung, die durch Feuer hervorgerufen wird.[11] Und ich habe oft das Vergnügen bemerkt, das Jungen daran haben, ein Feuer anzuzünden und dann mit einem Blasebalg zu spielen, besonders Jungen, die bezüglich ihrer Männlichkeit starke Zweifel hegen.

Wenn man die Möglichkeit in Betracht zieht, daß Waldbrände durch Blitzschlag (siehe den Wunambal-Mythos) die ursprüngliche Feuerquelle des Menschen gewesen sind, scheint die Vorstellung, das Feuer durch Urinieren zu löschen, lächerlich. Doch das Feuer, das durch den Blitz entstanden war, ist vielleicht damals in kleinen Bränden unterhalten worden, die leicht durch Urinieren ausgelöscht werden könnten. Wir haben beobachtet, wie einer unserer gestörten Jungen versucht war, auf ein kleines Feuer in einem offenen Kamin zu urinieren, und wie der Wunsch so ansteckend war, daß ihm alle anderen Jungen folgen wollten. Solche gemeinschaftlichen Anstrengungen konnten leicht das kleine Dauerfeuer eines Stammes auslöschen.

Eine Anzahl unserer bettnässenden Jungen haben geglaubt, daß das Bettnässen ihr einziger Schutz gegen Zerstörung durch Feuer sei. Während der Behandlung teilten sie mit, daß sie ihre Schlafanzüge und Leintücher durchtränkten, um sich vor dem Verbrennen zu schützen – entweder einem echten Feuer, das sie sich vorstellen konnten oder dem »Feuer« ihrer Gefühle; wenn sie schliefen, also nicht wachsam waren, kam ihnen die Gefahr besonders groß vor.

Ähnlich unbewußte Motive könnten zum Teil die eben erörterten Feuerzeremonien erklären. Die Männer suchen im Anschluß an die Subinzision, wo sie symbolisch die Fähigkeit aufgegeben haben, Feuer durch den Urinstrahl auszulöschen, Schutz hinter dem Wasser, einem Fluß. Am Ende der Zeremonie erleben sie die Frauen als gefährlich und mächtig (indem diese ihnen den Kopf ins Feuer drücken), aber auch als gnädig, da nichts physisch Gefährliches geschieht und das Feuer erhalten bleibt.

Die Sequenz der vier Arunta-Pubertätsriten wird dem Beobachter unserer Zeit vielleicht verständlicher, wenn sie in umgekehrter Reihenfolge gelesen werden (wobei wir für den Augenblick die Engwura vergessen wollen, die uns fremder als andere Riten ist). Während nur die primitivsten Stämme die Subinzision praktizieren, beschneiden hoch zivilisierte Nationen immer noch, und die erste Zeremonie, die darin besteht, die Jungen in die Luft zu werfen und dann zu bemalen, ist spontanen Praktiken bei Adoleszenten ähnlich, die in den modernsten Gesellschaften bekannt sind. In diesem Land ähnelt es den Schikanen, die zusammen mit dem Schlußexamen, der Verleihung der Zensuren usw. oft mit den Pubertätsriten verglichen wurden. Wie viele der Rituale, die in vorpatriarchalischer Zeit geschaffen wurden, mögen auch diese später von der patriarchalischen Gesellschaft übernommen worden sein. Dann konnte das neue System, das sich auf die Strenge seiner Institutionen in seiner frühen, unsicheren Zeit verlassen mußte, mit wachsender Sicherheit ihnen mehr Freiheit lassen.

Wenn wir die Gesamtheit der Rituale von diesem Standpunkt aus betrachten, ist der Schluß möglich, daß in dem Prozeß der Zivilisation – der in vielfacher Hinsicht der Entwicklung der patriarchalischen Gesellschaft parallel läuft – eine Initiationszeremonie nach der anderen verschwunden ist und uns nur Rudimente der ersten bleiben. Daß ein solcher Prozeß mit einer Abnahme der Stärke des patriarchalischen Systems einherging, kann man sich leicht vorstellen. Als es sich gefestigt hatte, mag es weniger abhängig gewesen sein von Ritualen und Institutionen, die aus der vorpatriarchalischen Zeit übernommen worden waren, und die Männer mögen die Notwendigkeit, weibliche Fähigkeiten zu erringen, weniger stark empfunden haben.

Dies ist wiederum großenteils Spekulation. Nur die Indizien bleiben übrig: Die »Feuerprobe« ist die letzte und vielleicht tiefste Zeremonie, denn sie bedeutet nicht nur, daß die Initiation vollendet ist, sondern auch möglicherweise die Unterwerfung der Männer unter die Frauen. Unmittelbar davor findet eine Operation statt, die die Anatomie des Mannes verändert, so daß er wie eine Frau uriniert und aus einer genitalen Öffnung wie eine Frau blutet; in struktureller Hinsicht ist diese Operation sehr weitreichend, doch psychologisch gesehen mögen ihre Auswirkungen weniger tiefreichend sein als die des Feuerrituals. Die noch früher stattfindende Beeinträchtigung des männlichen Geschlechtsorgans durch die Beschneidung bringt diese nur einmal zum Bluten und ist sogar weniger umfassend. Das Einschmieren der Jungen mit einer Substanz, die Menstruationsblut darstellt, ist rein symbolisch, während das In-die-Luft-Werfen der Jungen die mildeste aller Initiationszeremonien ist.

Chronologisch gesehen, scheinen die Riten an Strenge zuzunehmen und auch darin, Männer Frauen ähnlich werden zu lassen, von denen sie schließlich beherrscht werden.

Es ist unmöglich zu entscheiden – selbst bei einem Stamm, der so primitiv ist wie die Arunta, sich aber in einer so späten Entwicklungsphase befindet wie gegenwärtig – ob diese Riten wirklich bei den Frauen entstanden. Doch Spencer und Gillen warnten vor dem Irrtum, der schon zu ihrer Zeit häufig vorkam, von den Riten als auf die Männer beschränkt oder den Männern gehörig zu sprechen; hätte Freud ihre Warnung beherzigt, wäre er vor jenen Spekulationen bewahrt geblieben, die die Zeremonien mit der Kastrationsangst unserer Zeit in Verbindung bringen. Die Autoren machen auf eine Überlieferung nach der anderen bei den Arunta aufmerksam, die in allen Einzelheiten berichten, wie in vergangenen Zeiten die Dinge, die nun als für Frauen tabu angesehen werden, es nicht waren.*

---

* In dem Kapitel Rituelle Chirurgie habe ich Mythen angeführt, die berichten, wie Frauen die Beschneidung ins Leben riefen. Hier darf ich einen Mythos hinzufügen, der bei den Buka erzählt wird, und den Ursprung des Stierbrüllers erklärt: »Eine Frau ging einmal in den Busch, um Feuerholz abzuhacken. Sie hob ein Stück Holz auf und schlug es gegen einen Baumstamm. Es zersprang in zwei Teile. Ein Teil flog in die Luft und gab ein Geräusch von sich wie dieses (der Erzähler imitiert das Geräusch). Die Frau sprang erschrocken auf: ›Was ist das?‹ Dann dachte sie: ›Das ist etwas sehr Gutes. Es gehört mir, ich habe es gefunden.‹ Dann ging sie in ihr Dorf (und alle Frauen kamen zusammen und) sagten: ›Wahrlich, wahrlich, du hast etwas Gutes gefunden. Es gehört uns, du hast es gefunden.‹
Dann kamen alle Männer herbei und wollten wissen, was der Lärm sollte. Die Frauen erzählten es ihnen, und dann gingen die Männer zurück auf ihre eigene Seite der Hütten und besprachen sich. ›Ach, wir sollten uns dieses Stück Holz, das schreien kann, beschaffen.‹ So gingen die Männer und nahmen es den Frauen weg . . . und sie töteten alle mit Ausnahme einiger sehr kleiner Mädchen, die kaum älter als Säuglinge waren; diesen schenkte man das Leben, weil sie über den Stierbrüller nichts Genaues wußten.«[12]
Diese und andere Mythen scheinen jenen parallel zu laufen, die behaupten, daß die Beschneidung ursprünglich von Frauen ausgeführt wurde; sie könnten als sich gegenseitig unterstützend angesehen werden, da sie relativ unabhängig voneinander sind.

Die Autoren sehen es als unwahrscheinlich an, daß den Eingeborenen solche Einzelheiten eingefallen sein könnten, die so konträr zu ihren heutigen Vorstellungen sind, und vermuten daher, daß die Überlieferung in Wirklichkeit anzeigt, daß Männer und Frauen früher auf der Basis größerer Gleichberechtigung miteinander verkehrten als später.[13] Aus Gründen, die wir noch nicht verstehen können, wurden Zeremonien, an denen einst beide Geschlechter teilgenommen haben mögen, in zwei Gruppen geteilt, die sich in wichtigen Punkten unterscheiden.

Die Endphase dieser vermutlichen Entwicklung, die einzige, die uns bekannt ist, zeigt, daß für den untersuchten Stamm, die männlichen Initiationszeremonien komplizierter als die Frauenriten sind, und daß die Frauen, die zuvor gemäß der Sage die Hauptrolle spielten, nun auf eine zweitrangige Stelle im Ritualleben verwiesen werden.

Kunapipi

Der folgende kurze Bericht über die Kunapipiriten wird hier aufgenommen, weil er eines der charakteristischsten Beispiele für die männliche Beschäftigung mit weiblichen Sexualfunktionen zu sein schien. Warner hat sowohl den Mythos als auch das Ritual unter dem Namen der Gunabibi[14] erörtert, und in jüngerer Zeit widmete Berndt ihnen einen Bericht von der Länge eines Buches.[15] Diese Riten finden in Gegenden Australiens statt, wo sowohl die Beschneidung als auch die Subinzision praktiziert werden. Die ursprüngliche Bedeutung von Kunapipi ist nicht klar, doch wird sie meistens als »Mutter« oder »alte Frau« übersetzt. (In diesem Zusammenhang bedeutet der Begriff »alt« eher den Status als das chronologische Alter). Doch soll »Kunapipi« auch noch andere Bedeutung haben, einschließlich »Pfeifhahn«, was die Subinzisionswunde bezeichnet, und »Uterus der Mutter«.[16] Selbst Stämme, die nur die Beschneidung und nicht die Subinzision praktizieren, gebrauchen denselben Namen für die Subinzision und die Kunapipi.

Berndt glaubt, daß der Kunapipi-Kult mit dem der Wawilak-Schwestern verschmolz, und daß auf diese Weise ihre Mythen, die ganz direkt mit der Beschneidung und Subinzision verknüpft sind (siehe auch S. 165 f.), Teil der Mutter-Fruchtbarkeitsriten wurden.

»Diese Mutter ist in Ritual, Tänzen und Gesängen immer gegenwärtig. Sie ist ein Symbol der schaffenden Kräfte der Erde, die ewige Ergänzerin menschlicher, tierischer und pflanzlicher Quellen; es war ihr Uterus, aus dem menschliche und totemistische Wesen hervorkamen. Sie selbst hat kein Totem, noch ist sie eine totemistische Konzeption; sie selbst führt kein totemistisches Ritual aus, obwohl ihre Jungpriester es tun. In diesem Gebiet bildet sie den Hintergrund für alle totemistischen Zeremonien, eine ›ewige‹ Erklärung und ein Symbol des eingeborenen Lebensstils mit seiner kontinuierlichen Erwartung der Wiedergeburt.

Die Mutter selbst, *Kunapipi, Kalwadi* oder *Kadjari* wird in einigen Teilen der Mythologie als ständig schwangere Frau dargestellt, die in der Traum-Zeit aus ihrem Uterus menschliche Wesen hervorkommen ließ – die Vorfahren der heute lebenden Eingeborenen. Sie war auch dafür verantwortlich, daß von einer Jahreszeit zur anderen Geister der Pflanzen- und Tierarten ausgesandt wurden, damit ihr ständiges Wachstum gewährleistet war. Dies bewirkte sie nicht völlig allein, sondern in Verbindung mit einer Regenbogenschlange, dem symbolischen Penis, der die doppelte Konzeption erfüllte.«[17]

Obwohl Berndt die Schlange ein Penissymbol nennt – was sie auch ist – wird sie in den Mythen oft als weiblich beschrieben. Als eine weibliche Schlange symbolisiert sie den Wunsch des Mannes nach weiblichen (und möglicherweise auch den Wunsch der Frauen nach männlichen) Geschlechtmerkmalen und -funktionen.

Der Mythos

Der Kunapipimythos erzählt, wie die ältere Wawilak-Schwester ein Kind gebar. Die Schwestern setzten danach ihre Reise fort, doch das Nachgeburtsblut floß noch, als sie das heilige Wasserloch der mythischen Schlange erreichten, der großen Julunggul, die »Führerin« aller Tiere, Vögel und Nutzpflanzen war. Die Wawilak-Schwestern machten Feuer und legten ein Opossum darauf, um es zu rösten; doch es sprang auf und rannte davon. Und das taten auch die anderen Tiere, als die Schwestern sie zu kochen versuchten. Die Tiere wußten, daß Julunggul in der Nähe war, und daß die Frauen ihr Wasserloch entweihten, indem sie Nachgeburtsblut um es herum tropfen ließen. Die Tiere scheuchten sie auf, indem sie in ihren Brunnen hineinsprangen, und sie konnte das Nachgeburtsblut der älteren Schwester riechen. Sie hob den Kopf aus dem Wasser, roch die Verunreinigung und sprühte Wasser heraus, um Regenwolken zu erzeugen.

Als die Schwestern die Wolken sahen, bauten sie eine Hütte, um sich vor dem Regen zu schützen. Sie entfachten ein Feuer und begaben sich zur Ruhe. Der Regen begann zu strömen und spülte das geronnene Blut aus dem Boden in den heiligen Brunnen. Als Julunggul das Blut im Wasser sah, tauchte sie wieder aus ihrem Brunnen auf und schleppte sich zu der Rindenhütte. Als die Wawilak-Schwestern die Julunggul sahen, versuchten sie, sich zu vertreiben.

»Die jüngere Schwester begann zu tanzen, um die Schlange am Vordringen zu hindern. Sie bewegte sich anmutig, scharrte mit den Füßen und wiegte ihren Körper hin und her. Die Julunggul blieb, wo sie war und sah dem Tanz zu. Aber das Mädchen wurde müde und rief: ›Komm, Schwester, jetzt bist du an der Reihe. Ich möchte mich ausruhen.‹

Die ältere Schwester kam aus der Hütte, ließ ihr Kind zurück und begann zu tanzen. Doch ihr Blut, das immer noch rann, zog die Schlange weiter an, und sie kam näher.

›Komm, Schwester‹, rief die ältere Schwester, ›das taugt nicht für mich; mein Blut strömt heraus, und die Schlange riecht es und kommt näher. Es ist besser, wenn du weitertanzt.‹«

So tanzte die jüngere Schwester weiter, und wieder bewegte sich die Julunggul nicht, sondern sah dem Tanz zu. Auf diese Weise tanzten die Wawilak-Schwestern abwechselnd; wenn die jüngere Schwester tanzte, hielt die Schlange inne; wenn die ältere tanzte, kam sie näher. Doch die intensive Anstrengung bewirkte, daß bei der jüngeren Schwester die Menstruation einsetzte, und als die Schlange das Menstruationsblut roch und davon angezogen wurde, kam sie ohne Zögern näher. Die Mädchen rannten in ihre Hütte und setzten sich, und zusammen mit dem Säugling warteten sie ab. Als Julunggul schließlich ihren Kopf in die Hütte steckte, besprühte sie die Frauen und das Kind mit Speichel aus ihrer Kehle, um sie sehr schlüpfrig zu machen, und schluckte dann zuerst das Baby, dann die Mutter und schließlich die jüngere Schwester hinunter.[18]

So sind es die weiblichen Funktionen, die mit Blut zu tun haben, welche die Schlange anziehen und verärgern; sie reagiert nicht auf die Frau, die nicht blutet.

Wie Berndt kommentierte, sind wesentliche weibliche Sexualfunktionen, Niederkunft und Menstruation, die anspornenden Ereignisse in dem Mythos. Sie wecken die Schlange auf, die stark sowohl von dem Menstruationsblut als auch dem Blut der Nachgeburt angezogen wird. Die Schlange steckt ihren Kopf in die Hütte und speit eine schlüpfrige Substanz aus, einen Speichel, der mit einem Wort bezeichnet wird, das auch für den Samen gebraucht wird.[19] Doch warum verschlingt die Schlange diese drei weiblichen Wesen? (Das neugeborene Kind ist ebenfalls weiblichen Geschlechts). Vielleicht liegt in diesem Akt die Erklärung für die Motive, die zu dem Mythos und den Riten rührten.

Das Eindringen des Schlangenkopfes und das Ausstoßen des Samenspeichels stellen vielleicht den Geschlechtsverkehr dar. Aber dieser Geschlechtsverkehr wird nicht primär als ein Akt der Zeugung erlebt, da die Eingeborenen wenig über den Zusammenhang zwischen Koitus und Empfängnis wissen. Geschlechtsverkehr, wie er hier beschrieben wird, könnte eine Möglichkeit darstellen, die weiblichen Sexualfunktionen zu erlangen oder ein Teil davon zu sein. Die Geburt findet statt, bevor die Schlange angelockt wurde; es war das Blut, das von der Niederkunft herrührte, welche ursprünglich die Schlange anzog. Als die Anziehungskraft der Menstruation noch hinzukam, wurde die Kombination für die Schlange so stark stimulierend, daß der Koitus symbolisch stattfand. Schließlich geschieht es im Koitus, daß die Geschlechter am vollständigsten verschmelzen, und ein Mann, der weibliche Sexualfunktionen erlangen möchte, könnte dies durch den Geschlechtsverkehr versuchen.

Doch die Frage, warum die Schlange die drei weiblichen Personen nach dem Koitus verschluckt, ist immer noch nicht beantwortet. Vielleicht stellen die Opfer die Hauptformen dar, in denen Frauen und weibliche Sexualfunktionen dem Mann erscheinen: das »geschlechtslose« Kind, das pubertierende Mädchen und die schwangere Frau; oder die Sexualfunktionen der Menstruation und des Gebärens. Durch orale Einverleibung erlangt der Mann alle drei Stadien der weiblichen Entwicklung, was sowohl in der Zeremonie als auch dem Mythos ausgedrückt wird. Wenn die Schlange das Symbol des männlichen Gliedes ist, dann ist sie auch das Symbol des inzisierten Penis, der in sich selbst den Schnitt, den Schlitz, die Vulva, hineingenommen hat und beides, männlich und weiblich ist. Oder, wie Berndt schließt, der subinzisierte Penis symbolisiert nun all das, was »in dem Prozeß der Befruchtung wesentlich« ist.[20]

Der Wunsch der Männer, weibliche Sexualfunktionen zu erwerben, bringt eine große Ambivalenz mit sich, wie jede orale Einverleibung eines begehrten und gefürchteten Objektes. Wir sollten daher erwarten, Überlieferungen zu finden, in denen die Schlange (nun sowohl männlich als auch weiblich) das ausstößt, was sie vorher verschlungen hat. Und tatsächlich berichtet der Mythos, daß die Schlange in der Folge die Frauen und das Kind erbricht, die dann wiederbelebt werden. Doch weiter geht der Versuch, eine eindeutige Männlichkeit wiederherzustellen, nicht. Die Frauen werden schließlich wieder verschlungen.[21]

Der Kunapipi-Ritus wird gewöhnlich in der trockenen Jahreszeit abgehalten, und die Zeremonien dauern von etwa zwei Wochen bis zu zwei Monaten; in Ausnahmefällen können sie sich auf über zwei Jahre ausdehnen. Die Riten folgen dem Mythenbericht sehr eng, wenn auch in stark gekürzter Form; ihr Ereignisablauf wird auch in den chronologischen Anordnungen der verschiedenen Riten verdoppelt. Am Ende des Mythos ist die Schlange durch das Verschlingen der drei weiblichen Wesen, sowohl männlich als auch weiblich. Vermutlich hat der Mann am Ende der Zeremonien dasselbe getan, in dem er sich das weibliche Element einverleibte.

Fast unmittelbar nach der ersten Zeremonie, werden die Novizen, nachdem sie mit rotem Ocker und Blut aus den Armvenen eingerieben wurden, hinweggeführt, um der Julunggul zu begegnen. Soweit es die Frauen offiziell angeht, werden die Jungen von der Schlange verschluckt, und sie dürfen erst wieder in die Gemeinschaft der Frauen zurückkehren, wenn sie am Ende der Kunapipi wiedergeboren wurden.[22] *

Warner fügte beim Beschreiben der offensichtlich grundlegenden Elemente der Kunapipi-Zeremonien, wie sie in der Initiation der Murngin auftreten, ein wichtiges Element hinzu. Dort wird den Jungen, die beschnitten werden sollen, gesagt:

»›Der große Vater Schlange** riecht deine Vorhaut. Er ruft danach.‹ Die Jungen glauben das wörtlich und bekommen große Angst.«[23]

---

* So ist ein Element, das nicht direkt in dem Mythos enthalten aber im ausagierten Ritual unentbehrlich ist, die Verbindung zwischen Initiation und Wiedergeburt

** Der »große Vater Schlange« ist Warners Übersetzung nicht von Yurlunggur (wie die Murngin für Julunggul sagen), sondern eines anderen deskriptiven Begriffs, der manchmal zusätzlich zu Yurlunggur verwendet wird. Yurlunggur ist nicht zu übersetzen.

Hier übt der Geruch der Vorhaut dieselbe Anziehungskraft auf die Schlange aus wie das Blut der menstruierenden und nach der Niederkunft noch blutenden Frauen. Da die Vorhaut später wirklich im Lauf der Zeremonien abgeschnitten wird, scheint es, daß die Schlange, die sich die weibliche Sexualität einverleibte oder einverleiben wollte, nun die Blutung des männlichen Sexualorgans bewirkt. Wenn die männliche Genitalblutung auch nicht als direkt mit der weiblichen Genitalblutung vergleichbar hingestellt wird, so scheint sie wenigstens die Befriedigung eines Verlangens darzustellen, das durch letztere geweckt wurde. Die Stellungnahme der Murngin lautet weiter:

»»Dies ist das Blut, das die Schlange roch, als sie [engl: he] in dem Brunnen war ... Wenn ein Mann Blut auf sich hat (zeremoniell damit bemalt ist), ist er genau wie die beiden alten Frauen, als sie Blut hatten.‹«[24]

Wenn der Mann sein Blut in dem Ritual vergießt, wird über ihm eine Trompete geblasen; dies stellt Yurlunggur dar, der aus seinem Brunnen gekommen ist, um die Frauen zu verschlingen, weil er das Menstruationsblut gerochen hat. Die Gesänge spielen auf die Entweihung des Brunnens und das Verschlungenwerden der Frauen an und bedeuten, daß der Mann, der zum erstenmal sein Blut hergibt, von der Schlange verschlungen wird und in diesem Augenblick eine mythische Frau ist.[25] Wenn ein Junge beschnitten wird, ist es, als ob die Schlange wiedergekommen wäre[26], ganz wie in mythischen Zeiten, als sie von den blutenden Frauen angelockt wurde.

Ich habe Warners Bericht hier eingeschoben, weil Berndt sich nicht spezifisch mit der Verbindung zwischen der Beschneidung und den Kunapipi- und Julunggul-Riten befaßt. Aber es kann kein Zweifel bestehen, daß Beschneidung und Subinzision mit den Mythen der Wawilak-Schwestern in direktem Zusammenhang stehen, die auch zentral bei der Kunapipi sind.

Berndt berichtet jedoch von einigen Gesängen, die während der Riten gesungen werden und sich auf die Beschneidung und die Subinzision beziehen. Nur Schlüsselwörter werden gesungen, und daher sind Kommentare des Autors nötig, um die Bedeutung der Lieder zu verstehen. Eines davon lautet: »Der Schnitt des subinzisierten Penis [ist] weit offen«, was Berndt kommentiert:

»Dies bezieht sich auf [verschiedene Regionen], wo der Schnitt ursprünglich wegen der *Wawilak* (oder ... der *Kunapipi* selbst) gemacht wurde, um die Vaginae der beiden Frauen darzustellen; und das Blut, das aus dem Schnitt kam (oder aus dem nachfolgenden Durchbohren), symbolisierte sowohl die Nachgeburt als auch die Menstruation. In der Version der Yirrkalla (nordwestliches Arnhem Land) von der *Kunapipi*, ist das Entnehmen des Blutes aus dem Arm ein Ersatz für einen solchen Brauch.«[27]

Dieser Gesang und die Kommentare von Berndt und Warner zeigen, daß Blut aus dem Arm, das so allgemein in den Zeremonien der Eingeborenen benutzt wird, ein Ersatz für das Blut ist, das aus den Genitalen abgezapft wird, einschließlich dem subinzisierten Penis. Dies ist wichtig, weil man gedacht hat, daß es einen grundlegenden Unterschied zwischen »gutem« Blut aus der oberen Körperhälfte und »schlechtem« Blut aus dem unteren Teil und besonders dem Genitale gibt.

Ein anderer dieser Gesänge lautet: »Ziehen Vorhaut Steinmesser Penis.« Eine Übersetzung wäre etwa: »Wenn sie ihre Vorhäute mit einem Steinmesser abschneiden.« Berndt kommentiert:

»Die alten Männer sehen *Buda* und *Bananggale* bei den Frauen; das sind junge Burschen, die noch nicht beschnitten sind. Die [Frauen] sagen: ›Ihr wollt beschnitten werden, und dann können wir besser kopulieren.‹ Obwohl die beiden jungen Männer unbeschnitten waren, hatten sie mit den [Frauen] kopuliert; doch nun überreden die Mädchen sie, sich ihre Vorhäute entfernen zu lassen, um den Koitus lustvoller zu gestalten.«[28]

Der erste dieser Gesänge zeigt somit, wie die Beschneidung und Subinzision aus Ereignissen herrühren, die mit den beiden mythischen Frauen in Verbindung stehen. Die Männer setzen diese Ereignisse noch einmal in Szene, indem sie in ihre Penes oder Arme schneiden, um eine blutende, vulvaähnliche Öffnung zu bekommen, und wie die ältere (gebärende) und die jüngere (menstruierende) Wawilak-Schwestern zu werden. In dem zweiten Gesang drückt sich der Glauben aus, daß zum Teil dem Verlangen der Frauen zuzuschreiben ist, daß Jungen beschnitten werden.

Literaturverzeichnis

Vorwort

1. M. E. Spiro, [Buchbesprechung] in: *American Journal of Sociology* (Sept. 1955), LXI, Nr. 2, S. 163.
2. Ebd.
3. D. F. Aberle, [Buchbesprechung] in: *American Sociological Review* (April 1955), XX, Nr. 2, S. 248.
4. R. Graves, »*The White Goddess*«, New York: Creative Age Press, 1948.
5. M. Praz, »*The Romantic Agony*«, Oxford: Oxford University Press, 1933.
6. D. Riesman, [Buchbesprechung], in: *Psychiatry* (1954), XVII, S. 300 ff.
7. E. R. Leach, »Golden Bough or Gilded Twig?« und H. Weisinger, »The Branch that Grew Full Straight«, in: *Daedalus* (Frühjahr 1961), S. 371 ff.

Ein uraltes Rätsel

1. Frazer, J. G.: »Der goldene Zweig«, gekürzte Ausgabe, Leipzig: Hirschfeld Verlag, 1928.
2. Ashley-Montagu, M. F.: »Ritual Mutilation Among Primitive Peoples« *Ciba Symposia*, VIII (1946), S. 421.
3. Ebd.
4. Speiser, F.: »Über Initiationen in Australien und Neu-Guinea«, *Verhandlungen der Naturforschenden Gesellschaft in Basel*, XL (1929), S. 195, 199, 200, 244.
5. Spencer B. und Gillen F. J.: »The Native Tribes of Central Australia«, London: Macmillan & Co., 1899, S. 263.
6. Ebd.
7. Speiser, a. a. O., S. 198.
8. Miller, N.: »The Child in Primitive Society«, New York: Brentano's, 1928, S. 189.
9. Miller, N.: »Initiation«, *Encyclopaedia of the Social Sciences*, New York: The Macmillan Co., 1932, VIII, S. 49.
10. Malinowski, B.: »Magic, Science and Religion and Other Essays«, Glencoe, Ill.: The Free Press, 1948, S. 21.
11. Mead, M.: »Mann und Weib«, Diana Verlag: Stuttgart/Konstanz 1955.

12. Ashley-Montagu, M. F.: »Coming Into Being Among the Australian Aborigines«, London: George Routledge & Sons, Ltd., 1937.

13. Bateson, G.: »Naven«, Cambridge: Cambridge University Press, 1936.

14. Berndt, R. M. und C. H.: »Sexual Behavior in Western Arnhem Land«, New York: Viking Fund Publications in Anthropology, 1951, und Berndt, R. M.: »Kunapipi«, Melbourne: F. W. Cheshire, 1951.

15. Freud, S.: »Einige psychische Folgen des anatomischen Geschlechtsunterschiedes«, Gesammelte Werke. Unter Mitwirkung von Marie Bonaparte, Prinzessin Georg von Griechenland, hrsg. von Anna Freud, E. Bibring, W. Hoffer, E. Kris, O. Isakower; London: Imago Publishing Co., Frankfurt/a. M., S. Fischer. 18 Bände 1940–1952. GW XIV, S. 21.

16. Freud, S.: »Abriß der Psychoanalyse«, GW XVII, S. 114.

17. Freud, S.: »Drei Abhandlungen zur Sexualtheorie«, GW V, S. 120.

18. Fenichel O.: »The Psychoanalytic Theory of Neurosis«, New York: W. W. Norton & Co, Inc., 1945, S. 437 ff.
Deutsche Ausg.: »Psychoanalytische Neurosenlehre«, Olten: Walter Verlag, in Vorb.

19. Neumann, E.: »Die große Mutter«, Zürich, Rhein Verlag 1956, S. 275.

20. Ebd., S. 157.

Wiederaufnahme des Falles

1. Wolff, W.: »The Threshold of the Abnormal«, New York: Hermitage House, 1950, S. 183.

2. Reik, T.: *Ritual*, New York: Farrar, Strauss & Co., Inc., 1946, S. 48.

3. Rangell, L.: »The Interchangeablity of Phallus and Female Genital«, *Journal of the American Psychoanalytic Association*, I 1953, S. 504 ff.

4. Ferenczi, S.: »An ›Anal Hollow-Penis‹ in Women«, *Further Contributions to the Theory and Technique of Psychoanalysis*, London: Hogarth Press, 1950, S. 317.

5. Chadwick, M.: »Die Wurzel der Wissbegierde«, *Intern. Zeitschr. f. Psychoanal.*, XI, 1925, S. 63.

6. Nunberg, H.: »Problems of Bisexuality as Reflected in Circumcision«, London: Imago Publishing C., Ltd. 1949, S. 22.

7. Fenichel, a. a. O., S. 77.

8. Nunberg, a. a. O., S. 8.

1. Freud, S.: »Der Mann Moses und die monotheistische Religion«, GW XVI, S. 230.

2. Freud, S.: »Selbstdarstellung«, GW XIV, S. 93.

3. Freud, S.: »Neue Folge der Vorlesungen zur Einführung in die Psychoanalyse«, GW XV, S. 93.

4. Freud, S.: »Abriß der Psychoanalyse«, GW XVII, S. 117, Fußn. 1.

5. Freud, S.: »Der Mann Moses und die monotheistische Religion«, GW XIV, S. 207.

6. Erikson, E. H.: »Kindheit und Gesellschaft«, Stuttgart: Klett, 1961, S. 82–83.

7. Nunberg, a. a. O.

8. Ebd., S. 1.

9. Ebd., S. 71.

10. Ebd., S. 63.

11. Ebd., S. 8.

12. Ebd., S. 1.

13. Fenichel, a. a. O., S. 364.

14. Bonaparte, M.: »Edgar Poe« Wien, Internat. Psychoanalyt. Verlag, 1934, II, S. 20–21.

15. Freud, S.: »Totem und Tabu«, GW IX, S. 5.

16. Aberle, a. a. O., und »Schneider Book review of Symbolic Wounds«, *American Anthropologist*, 57, 1955, S. 390–392.

17. Roheim, G.: »Australian Totemism«, London: George Allen and Unwin, 1925, S. 221.

18. Fenichel, a. a. O., S. 450.

19. Freud, S.: »Drei Abhandlungen zur Sexualtheorie«, GW V, S. 91.

20. Landauer, K.: »Das Menstruationserlebnis des Knaben«, *Zeitschrift für Psychoanalytische Pädagogik*, V, 1931, S. 178.

21. Chadwick, a. a. O., S. 61–62.

22. Klein, M.: »Early Stages of the Oedipus Conflict«, *Contributions to Psycho-Analysis* 1921–1945, London: The Hogarth Press, 1948, S. 206–207.

23. Zilboorg, G.: »Masculine and Feminine«, *Psychiatry*, VII, 1944, S. 290.

24. Fromm, E.: »The Forgotten Language«, New York: Rinehart & Co, 1951, S. 233. Deutsche Ausg.: »Märchen, Mythen, Träume«, Stuttgart: Diana Verlag 1957.

25. Jacobson, E.: »Development of the Wish for a Child in Boys«, *The Psychoanalytic Study of the Child*, New York: International Universities Press, 1950, V, S. 142.

26. Neumann, E.: »Ursprungsgeschichte des Bewußtseins«, Olten: Walter Verlag, 1949; und in »Geist und Psyche«, München: Kindler Verlag.

27. Zilboorg, a. a. O., S. 275–276.

28. Ebd., S. 288.

29. Ebd., S. 294.

Die Scheuklappen des Narzißmus

1. Freud, S.: »Aus den Anfängen der Psychoanalyse«, London: Imago Publishing Co., 1950, S. 54–55.

2. Ebd.

3. Freud, S.: »Charcot«, GW I, S. 23–24.

4. Nunberg, a. a. O.

5. Schmidl, F.: »Freud's Sociological Thinking«, *Bulletin of the Menninger Clinic*, XVI, 1952, S. 1 ff.

6. Freud, S.: »Analyse der Phobie eines fünfjährigen Knaben«, GW VII, S. 243.

7. Freud, S.: »Einige psychische Folgen des anatomischen Geschlechtsunterschiedes«, GW XIV, S. 21.

8. Lommel, A.: »Notes on Sexual Behavoir and Initiation, Wunambal Tribe, North-Western Australia«, *Oceania*, XX, 1949, S. 158.

9. Webster, H.: »Primitive Secret Societies«, 2. Aufl.; New York: The Macmillan Co., 1932, S. 43.

10. Berndt und Berndt, »Sexual Behavior«, S. 16.

11. Ebd., S. 18.

12. Ebd., S. 21.

13. Kaberry, P. M.: »Aborginal Women, Sacred and Profane«, Philadelphia: The Blakiston Co., 1939, S. 66–67, 93.

14. Ashley-Montagu, »Coming into Being«, S. 24.

15. Jung, C. G.: »Antwort auf Hiob«, Zürich: Rascher Verlag, 1952.

16. Durkheim, E.: »The Elementary Forms of the Religious Life«, Glencoe, Ill.: The Free Press, 1947, S. 224.

17. Schneider, D.: a. a. O.

18. Schneider, a. a. O., seine Argumente zurückgeführt auf Bohannan: »Circumcision among the Tiv«, *Man*, 54, 1954, S. 3.

19. Kaberry, a. a. O., S. 81, 164.

20. Ebd., S. 66–67.

21. Berndt und Berndt, »Sexual Behavior«, S. 15ff., S. 86ff.

22. Gutmann, B.: »Das Recht der Dschagga«, München: C. H. Beck, 1926, und Berndt und Berndt, »Sexual Behavior«.

23. Laubscher, B. J. F., »Sex, Custom and Psychopathology: A Study of South African Pagan Natives«, London: Routledge & Sons, 1937, S. 113.

24. Ebd., S. 120.

25. Seligman, C. G. und Seligman, B. Z.: »Pagan Tribes of the Nilotic Sudan«, London: George Routledge & Sons, 1932, S. 518–519.

26. Warner, W. L.: »A Black Civilisation«, New York: Harper & Brothers, 1937, S. 452, 453, Fußn. 3.

27. Seligman und Seligman, a. a. O., S. 518–519.

28. Loeb, E. M.: »Tribal Initiations and Secret Societies«, *University of California Publications in American Archaelogy and Ethnology*, XXV, 1929, S. 249–250.

29. Firth, R.: »We, the Tikopia«, London: George Allen and Unwin, Ltd., 1936, S. 466.

30. Freud, S.: »Das Tabu der Virginität«, GW XII, S. 174.

31. Freud, S.: »Eine Schwierigkeit der Psychoanalyse«, GW XII, S. 6ff.

32. Bohannan, P.: »Circumcision among the Tiv«, *Man*, 54, 1954, S. 4.

33. Durkheim, a. a. O., S. 314.

34. Nunberg, a. a. O., S. 22.

35. Durkheim, a. a. O., S. 314.

36. Merker, M.: »Die Masai«, Berlin: Dietrich Reimer, 1910, S. 2.

37. Bryk, F.: »Neger-Eros«, Berlin: Marcus & Weber, 1928, S. 54.

38. Firth, a. a. O., S. 426–428.

39. Bohannan, a. a. O., S. 2–3.

40. Ebd.

Fruchtbarkeit, der Grundritus

1. Briffault, R.: »Fertility Rites«, *Encyclopaedia of the Social Sciences*, VI, S. 190–192.

2. Kaberry, a. a. O., S. 203.

3. Ebd.

4. Raphael, M.: »Prehistoric Cave Paintings«, Washington, D. C.: Pantheon Books, 1945, S. 5–6.

5. Levy, G. R.: »The Gate of Horn«, London: Faber and Faber, 1946, S. 11–12.

6. Marett, R. R.: »The Threshold of Religion«, 2. Aufl.; London: Methuen & Co., 1914, S. 218.

7. Levy, a. a. O., S. 27.

8. Ebd., S. 36–37.

9. Ebd., S. 53.

10. Ebd., S. 55–57.
11. Ebd., S. 86.
12. Braidwood, R. J.: »From Cave to Village«, *Scientific American*, CLXXXVII, 4, 1952, 64 und private Mitteilung.
13. Strehlow, C.: »Die Aranda und Loritja Stämme in Zentral Australien«, Frankfurt/a. M.: Joseph Baer & Co, 1910, S. 2.
14. Roheim, »Australian Totemism«, S. 272ff.
15. Nevermann, H.: »Masken und Geheimbünde in Melanesien«, Berlin: Reimar Hobbing, 1933, S. 126.
16. Krämer, A.: »Die Malanggane von Tombara«, München: Georg Müller, 1925, S. 60–61.
17. Berndt und Berndt, »Sexual Behavior«, S. 110ff.
18. Ebd., S. 127.
19. Ebd.

Rituelle Chirurgie

1. Browe, P., S. J.: »Zur Geschichte der Entmannung«, Breslau: Müller und Seiffert, *Breslauer Studien zur historischen Theologie*, N. F. 1, 1936, S. 13.
2. Ebd., S. 63ff.
3. Roscher, H. W.: »Lexikon der griechischen und römischen Mythologie«, I, S. 2745.
4. Browe, a. a. O., S. 63.
5. Roth, W. E.: »An Introductory Study of the Arts, Crafts, and Customs of the Guiana Indians«, *38th Annual Report of the Bureau of American Ethnology* ... 1916–1917, Washington: Government Printing Office, 1924, S. 417, 591.
6. Weigert-Vowinkel, E.: »The Cult and Mythology of the Magna Mater from the Standpoint of Psychoanalysis«, *Psychiatry*, I, 1938, S. 348–349.
7. Ebd., S. 352.
8. Ebd., S. 353.
9. Ebd.
10. Chazac, P. P.: »La religion des Kikuyu«, *Anthropos*, V, 1910, S. 317.
11. Spencer und Gillen, »Native Tribes«, S. 251.
12. Spencer, B. und Gillen, F. J.: »The Northern Tribes of Central Australia«, London: Macmillan & Co, 1904, S. 352.
13. Ebd., S. 368.
14. Westermarck, E.: »Ritual and Belief in Morocco«, London: Macmillan & Co, 1926, II, S. 427.
15. Fenichel, a. a. O., S. 83.
16. Harley, G. W.: »Notes on the Poro in Liberia«, *Papers of the*

Peabody Museum of American Archaelogy and Ethnology, XIX, 1941, Nr. 2, S. 15.

17. Firth, a. a. O., S. 446–447.

18. Spencer und Gillen, »Native Tribes«, S. 453.

19. Ebd., S. 454.

20. Ebd., S. 455–456.

21. Loeb, B. M.: »The Blood Sacrifive Complex«, *Memoirs of the American Anthropological Association,* Nr. 30, 1933, S. 18.

22. Barton, G. A.: »Semitic Circumcision«, *Encyclopaedia of Religion and Ethics,* New York: Charles Scribner's Sons, 1911, III, S. 680.

23. Loeb, a. a. O., S. 21.

24. Warner, a. a. O., S. 250.

25. Ebd., S. 512.

26. Berndt, R. und Berndt, C.: »A Preliminary Report on Field Work in the Ooldea Region«, *Oceania,* XIII, 1943, S. 257.

27. Ashley-Montagu: »Ritual Mutilation«, a. a. O., S. 432–433.

28. Spencer und Gillen, »Native Tribes«, S. 442.

29. Ebd., S. 442, 463–464.

30. Ebd., S. 220.

31. Ebd., S. 443.

32. Ebd.

33. Harrison, B. M.: »Savage Civilization«, New York: Alfred A. Knopf, Inc., 1937, S. 43–49.

34. Seligman und Seligman, a. a. O., S. 518.

35. Larken, P. M.: »An Account of the Zande«, *Sudan Notes and Records,* IX, 1926, S. 1ff.

36. Czekanowski, J.: »Forschungen im Nil-Kongo Zwischengebiet«, Leipzig: Klinkhardt und Biermann, 1924, VI Tl. 2, S. 35.

37. Seligman und Seligman, a. a. O., S. 518–519.

38. Bryk, a. a. O., S. 60.

39. Ebd., S. 59.

40. Ashley-Montagu, »Coming into Being«, S. 293.

41. Spencer und Gillen, »Native Tribes«, S. 255–257.

42. Ebd., S. 259.

43. Ebd., S. 93, Fußn. 1.

44. Ebd., S. 263.

45. Roth, W. E.: »Ethnological Studies Among the North-West-Central Queensland Aborigines«, Brisbane: Edmund Gregory, Government Printer, 1897, S. 180.

46. Kaberry, a. a. O., S. 43.

47. Spencer und Gillen, »Native Tribes«, S. 263.

48. Warner, a. a. O., S. 278.

49. Lommel, a. a. O., S. 159.
50. Roth, »Ethnological Studies«, S. 180.
51. Hoogin, H. I.: »Native Culture of Wogoes«, *Oceania*, V, 1934, S. 330.
52. Webster, »Primitive Secret Societies«, S. 38.
53. Smyth, R. B.: »The Aborigines of Victoria«, Melbourne: John Ferres, Government Printer, 1878, I, S. 60–61.
54. Ashley-Montagu, »Ritual Mutilation«, a. a. O., S. 426, 433.
55. Roheim, G.: »The Symbolism of Subincision«, *The American Imago*, VI, 1949, S. 321.
56. Ebd., S. 324.
57. Ashley-Montagu, »Ritual Mutilation«, a. a. O., S. 432–433.
58. Bryk, F.: »Die Beschneidung bei Mann und Weib«, Neubrandenburg: Gustav Feller, 1931, S. 279.
59. G. Roheim, »The Eternal Ones of the Dream«, New York: International Universities Press, 1945, S. 169–170.
60. Ebd., S. 171.
61. Ebd.
62. Ashley-Montagu, »Coming into Being«, S. 301ff.
63. Ashley Montagu, M. F.: »The Origin of Subincision in Australia«, *Oceania*, VIII, 1937, S. 207.
64. Spencer und Gillen, »Native Tribes«, S. 464.
65. Davidson, D. S.: »The Chronological Aspects of Certain Australian Social Institutions as Inferred from Geographical Distribution, Philadelphia, 1928.

Die Männer-Frauen

1. Briffault, R.: »Birth Customs«, *Encyclopaedia of the Social Sciences,* II, S. 566.
2. Im Thurn, Sir E. F.: »Among The Indians of Guiana«, London 1883, S. 218.
3. Briffault, »Birth Customs«, a. a. O., S. 565–566.
4. Malinowski, B.: Cultur«, *Encyclopaedia of the Social Sciences,* IV, S. 31.
5. Bateson, a. a. O., S. 12.
6. Eiselen, W.: »Initiation Rites of the Bamasemola«, *Annals of the University of Stellenbosch,* X, 1932, S. 17.
7. Frazer, a. a. O., *Adonis, Attis, Osiris,* II, S. 263.
8. Raum, O. F.: »Chaga Childhood«, London: Oxford University Press, 1940, S. 309.
9. Frazer, a. a. O., *Adonis, Attis, Osiris,* II, S. 264.

10. Hollis, A. C.: »The Nandi, Their Language and Folk-Lore«, Oxford: The Clarandon Press, 1909, S. 58.

11. Crawley, E.: »The Mystik Rose«, New York: Boni & Liveright, 1927, II, S. 24.

12. Frazer, J. G.: *Der goldene Zweig*. Gekürzte Ausgabe, Leipzig: Hirschfeld Verlag, 1928, S. 1011.

13. Ebd.

14. Harley, a. a. O., S. 15.

15. Schwab, G.: »Tribes of the Liberian Hinterland«, *Papers of the Peabody Museum of American Archeology and Ethnology*, XXXI, 1947, S. 284.

16. Harley, a. a. O., A. 17.

17. Abraham, K.: »Selected Papers«, London: The Hogarth Press, 1949, S. 463.

18. Frazer, a. a. O., »The Magic Art«, I, S. 96–97.

19. Frazer, a. a. O., »Der goldene Zweig«, S. 1010.

20. Hollis, a. a. O., S. 56.

21. Warner, a. a. O., S. 267–328.

22. Bateson, a. a. O., S. 77.

23. Mead, a. a. O., »Mann und Weib«, S. 83.

24. Ebd., S. 115.

25. Miller: »Initiation«, a. a. O., S. 49.

26. Crawley, a. a. O., II, S. 3.

27. Laubscher, a. a. O., S. 113, 123, 130.

28. Gutmann, a. a. O., S. 317ff.

29. Lowie, R. H.: »Age Societies«, *Encyclopaedia of the Social Sciences*, I, S. 428.

30. Blüher, II.: »Die Rolle der Erotik in der Männlichen Gesellschaft«, Jena: E. Diederichs, 1921, II, S. 91ff.

31. Spencer und Gillen, »Native Tribes«, S. 274ff.

32. Ebd., S. 272.

33. Harley, a. a. O., S. 3.

Das Geheimnis der Männer

1. Kaberry, a. a. O., S. 241.

2. Ebd., S. 244–245.

3. Berndt, »Kunapipi«, S. 8.

4. Ebd.

5. Ebd., S. 55.

6. Ebd., S. 58.

7. Harley, a. a. O., S. 14.

8. Lowie, R. H.: »Primitive Society«, New York: Boni and Liveright, 1920, S. 265–266.
9. Blackwood, B.: »Both Sides of Buka Passage«, New York: Oxford University Press, 1935, S. 244.
10. Ebd., S. 245.
11. Ebd., S. 194.
12. Ebd., S. 194–195.
13. Raum, a. a. O., S. 355.
14. Ebd., S. 318–319.
15. Gutmann, a. a. O., 364–365.
16. Roheim, »The Eternal Ones«, S. 171.
17. Raum, a. a. O., S. 350ff.
18. Gutmann, a. a. O., S. 364–365.
19. Ebd., S. 325.
20. Briffault, a. a. O., S. 192.
21. Henry, J. und Henry Z.: »Doll Play of Pilagá Indian Children«, New York: American Orthopsychiatric Association, Inc., 1944, S. 10.

Die Riten der Mädchen

1. Raum, a. a. O., S. 349.
2. Mahlboo, G. W. K. und Krige E. J.: »Transition from Childhood to Adulthodd Amongst the Zulus«, Bantu Studies, VIII, 1934, S. 166.
3. Mead, a. a. O., S. 175.
4. White, C. M. N.: »Conservatism and Modern Adaptation in Luvale Female Puberty Ritual«, Africa, XXIII, 1953, S. 15 ff.
5. Mair, L.: »A Yao Girl's Initiation«, Man, LI, 1951, S. 60.
6. Spencer und Gillen, »Native Tribes«, S. 459–460.
7. Ebd., S. 460–461.
8. Ebd., S. 461.
9. Spencer, B. und Gillen, F. J.: »The Arunta«, London: Macmillan und Co., Ltd. 1927, I, S. 222.
10. McKim, F.: »San Blas: An Account of the Cuna Indians of Panama«, Göteborg: Etnologiska Studien, XV, 1947, S. 79–84.
11. Freud, S.: »Das Tabu der Virginität«, GW XII, S. 166.
12. Freud, S.: »Totem und Tabu«, GW IX, S. 41–42.
13. Ebd., S. 65.
14. Benedict, R.: »Patterns of Culture«, Boston: Houghton Mifflin Co., 1934, S. 28–29. Deutsche Ausg.: »Urformen der Kultur«, Hamburg: Rowohlt Verlag 1960, S. 27.
15. Devereux, G.: »The Psychology of Feminine Genital Blee-

ding«, *The International Journal of Psycho-Analysis,* XXXI, 1950, S. 252.

16. Ebd., S. 252, Fußn. 19.
17. Ebd., S. 252–253.
18. Roth, »Ethnological Studies«, S. 174.
19. Ebd., S. 177–178.
20. Berndt, »Kunapipi«, S. 67.
21. Mathew, J.: »Eaglehawk and Crow«, London: D. Nutt, 1899, S. 21.
22. Kaberry, a. a. O., S. 99.
23. Bryk, »Neger-Eros«, S. 56.
24. Bonaparte, M.: »Notes on Excision«, *Psychoanalysis and the Social Sciences,* New York: International Universities Press, 1950, II, S. 79.
25. Ebd., S. 81–82.
26. Bryk, »Neger-Eros«, S. 55.
27. Herskovits, M. J.: »Dahomey«, New York: J. J. Augustin, 1938, I, S. 282.
28. White, a. a. O., S. 20.
29. Herskovits, M. J.: »Dahomey«, S. 278.
30. Bryk, »Neger-Eros«, S. 34.
31. Bonaparte, M.: »Notes on Excision«, a. a. O., S. 81.

Die biologische Antithese

1. Werner, A.: »The Natives of British Central Africa«, London: Constable & Co., 1906, S. 126–127.
2. Van Waters, M.: »The Adolescent Girl Among Primitiv Peoples«, *The Journal of Religious Psychology,* VI, 1913, S. 375–421, VII, 1914, S. 75–120.
3. Jung, C. G.: »Über Konflikte der kindlichen Seele«, in: »Über die Entwicklung«. Ges. Werke, Bd. 17, Olten/Freiburg, S. 15.

Anhang: Säuglingsbeschneidung

1. Sherman, C. C.: »Circumcision«, in S. M. Jackson, Hrsg. *The New York Schaff-Herzog Encyclopaedia of Religious Knowledge,* New York: Funk and Wagnalls Co., 1908, III, S. 117–119.
2. Benedict, R.: »Rituals«, *Encyclopaedia of the Social Sciences,* XIII, S. 397.
3. Routledge, W. S. und Routledge, K.: »With a Prehistoric People«, London: Edward Arnold, 1910, S. 154.

4. Ebd., S. 151.
5. Harley, »Notes on the Poro«, S. 15.
6. Fenichel, a. a. O., S. 69.
7. Kaberry, a. a. O., S. 198.
8. Freud, S.: »Totem und Tabu«, GW IX, S. 180.
9. Roellenbleck: »Magna Mater im alten Testament«, Darmstadt: Classen & Roether, 1949, S. 71ff.
10. Edb., S. 74.
11. Ebd., S. 71–72.
12. Zimmerman, F.: »Origin and Significance of the Jewish Rite of Circumcision«, *The Psychoanalytic Review*, XXXVIII, 1951, S. 112.

Anhang: Australische Riten

1. Freud, S.: »Totem und Tabu«, GW IX, S. 6.
2. Ashley-Montagu: »Coming into Being«, S. 14.
3. Spencer und Gillen, »Native Tribes«, S. 370–372.
4. Ebd., S. 374–380.
5. Spencer und Gillen: »The Arunta«, I, S. 278ff.
6. Ebd., I, S. 297–299.
7. Lommel, a. a. O., S. 160.
8. Ashley-Montagu: »Ritual Mutilation«, a. a. O., S. 428.
9. Firth, a. a. O., S. 423–424.
10. Freud, S.: »Zur Gewinnung des Feuers«, GW XVI, S. 3.
11. Fenichel, a. a. O., S. 371.
12. Blackwood, a. a. O., S. 216–217.
13. Spencer und Gillen, »Native Tribes«, S. 457.
14. Warner, a. a. O., S. 290ff.
15. Berndt, »Kunapipi«.
16. Ebd., S. 16.
17. Ebd., S. 13.
18. Ebd., S. 20–23.
19. Ebd., S. 25.
20. Ebd.
21. Ebd., S. 31.
22. Ebd., S. 41.
23. Warner, a. a. O., S. 261.
24. Ebd., S. 278.
25. Ebd.
26. Ebd., S. 287.
27. Berndt, »Kunapipi«, S. 110.
28. Ebd., S. 168.

Namen- und Sachregister

255